U0516657

河北大學燕趙文化高等研究院
INSTITUTE FOR ADVANCED STUDY OF YANZHAO CULTURE,HEBEI UNIVERSITY
———— 成 果 文 庫 ————

古釋名輯證

劉青松　輯證

中華書局

圖書在版編目(CIP)數據

古釋名輯證/劉青松輯證. —北京:中華書局,2022.3(2024.4重印)
ISBN 978-7-101-15557-0

Ⅰ.古… Ⅱ.劉… Ⅲ.漢語-訓詁-古代 Ⅳ.H131.3

中國版本圖書館 CIP 數據核字(2022)第 002311 號

書　　名	古釋名輯證
輯 證 者	劉青松
責任編輯	張　可
責任印製	管　斌
出版發行	中華書局
	(北京市豐臺區太平橋西里 38 號　100073)
	http://www.zhbc.com.cn
	E-mail:zhbc@zhbc.com.cn
印　　刷	北京新華印刷有限公司
版　　次	2022 年 3 月第 1 版
	2024 年 4 月第 2 次印刷
規　　格	開本/710×1000 毫米　1/16
	印張 22½　插頁 2　字數 310 千字
印　　數	1501-1900 冊
國際書號	ISBN 978-7-101-15557-0
定　　價	88.00 元

目　録

前　言

　　先秦兩漢的釋名資料是儒家"正名"的産物,多以聲訓的方式呈現,儘管其語義指向大多是社會政治領域而并非語言學,但作爲經典中大量存在的既成事實,也是語言學應該面對的問題。從語言學角度看,這些材料零散不成系統,且符合語言規律的結論不多。但它的價值在於以聲訓的方式傳達出音義關係必然性的觀念,從而成爲詞源學的起點。如果説"任意性"是語言原初階段音義結合的總規律,"音近義通"(理據性)則是語言發展到某一階段的局部規律。音近義通是語言引申孳乳造成的必然結果,是詞源學存在的理論基礎。但隨著語音的發展演變,音義結合的規律性逐漸被掩蓋。漢代以後,聲訓逐漸衰微,因聲求義的觀念逐漸淡化。直到清代,古音學大明,音近義通的規律才重新被認識。

　　不可否認,先秦兩漢聲訓具有很大的主觀隨意性,但這并不意味著"因聲求義"的訓詁方法和"音近義通"的語言規律的失誤。明清以來,就有人以聲訓結論的失誤來反對聲訓方法,但作爲乾嘉樸學中堅的戴震、段玉裁、王念孫等人卻沒有這樣做,因爲他們看到了先秦兩漢聲訓對音義關係的探求,其理論意義遠遠大於其具體結論的價值。自從1916年索緒爾在《普通語言學教程》中提出"任意性"的觀點以來,音義關係的任意性被看作是語言的基本特徵之一,并且成爲語言研究的基本假設。加上20世紀中後期,受政治思潮的影響,音義關係必然性的觀念被貼上"唯心主義"的標籤,以《白虎通》《釋名》爲代表的聲訓遭到了前所未有的批判。但隨著認知科學的發展,人們逐漸認識到,語言符號在發生學的層面存在一定的任意性,但在以後的引申成詞過程中表現出明顯的理據性，從而對語言任意性的原則是否具有普遍性表示懷疑。實際上，語言符號與意義的任意性與理據性是語言發展中的不同階段的問題，并非水火不容、非此即彼的關係，片面地強調一點而否定另一面，都是有失偏頗的。對音義關係的再次重視，説明語言研究在不斷調整自己的視域。

王寧先生將先秦兩漢的聲訓分爲三部分：義理聲訓、民俗聲訓、語言聲訓，從内部厘清了聲訓的類別，避免了片面的否定和誇大。語言聲訓具有詞源學上的重要意義，義理聲訓與民俗聲訓雖不符合詞源學原理，但以聲音爲手段，闡述典章制度、社會生活、倫理道德等各個方面，具有思想、民俗學上的價值。上古釋名資料除了對單音詞用聲訓探源或以確定義位的方式釋名，還對雙音詞甚至多音詞進行名源的探討，或解釋其語法結構，或對其中某一個多義語素的義位進行確定。這些方法反映了學問方式由耳治到目治的變化，是漢代學術由口耳相傳發展到書於竹帛的必經階段。同一個聲音可以對應多個不同的文字，同一個文字可以記録不同的詞，同一個詞具備不同的義位，師法不同，解釋也不盡相同。一旦寫定，便會由文字而詞義，由詞義而義理，生發爲一家之學。這些從聲音出發對意義的探討，有對史實的判定，有對義理的揣測，也不乏對時下政治形勢的附會，客觀上反映了一個時代的社會風俗。

從文字角度看，先秦兩漢釋名大概有三個方法：一是利用經典或日常用字的假借關係構成聲訓，二是利用聲符相同的字做聲訓，三是同字爲訓，包括字形的選擇、單音詞義位的認定、雙音詞或短語内部結構的分析。這些方法，在當時學者如杜子春、鄭衆、鄭玄、孫炎、李巡、宋均等人的訓詁實踐中屢見不鮮，但隨文釋義的特點導致他們留下的成果零散而無系統。直到劉熙將這個方法抽繹出來，系統地運用於《釋名》的創作。由於詞義引申常常伴隨著文字孳乳，形成大量的形聲字，這爲以字爲單位尋求詞源提供了可操作性。

　　《釋名》成書之後，此前的釋名資料因零散而被忽視。清畢沅《釋名疏證》（1789）、王先謙《釋名疏證補》（1896）均附類書、字書所引《釋名》及韋昭《辨釋名》材料若干。嘉慶間張金吾將《釋名》之外探討詞源的材料輯爲《廣釋名》二卷二十七類（1816）。20世紀中期臺灣學者李雲光《三禮鄭氏學發凡》（1966）將鄭玄的釋名材料加以系統整理，輯得389條，在《釋名》二十七類之外增《釋官職》一類。在今天，無論在材料還是認知方面，較之前代，都有了巨大的提高。本書是《釋名》之外先秦兩漢釋名資料的匯編，在前人的基礎上，旁搜博討，更加抉擇，并以新的觀念將這些材料重新組織，以期拓寬詞源研究的範圍。將《釋名》之前的名源資料捉置一處，加以疏證，一來可以看到古人在語言學方面的積極探索，二來通過這些材料，可以分析當時人的思想所在。如此，這些零散的訓詁資料庶可被綴合爲有意義的語言現象。

　　須要説明的是，這些釋名材料中的聲訓，包括先儒舊説（古音），也有漢人造作（今音），甚至爲了攀附某一政治觀念，不惜以方音來附會。因此這些材料反映的語音狀況是雜糅的，不是某一個時期真實的語音狀況，在研究中應當審慎去取。

　　在書稿編輯過程中，徐少娜、魏雪、張瑩瑩、馮元昭幾位同學嘗協助校勘，特此致謝。

凡　例

一、本書所輯，乃漢劉熙《釋名》之外先秦兩漢釋名資料，偶及三國學者，亦去漢未遠。

二、先儒釋名，亦《釋名》所有者，并《釋名》而録之，以見淵源。僅見於《釋名》者，不録。

三、同名異實者，重出。如“州”見《釋水》，復見《釋州國》。

四、同物異名者，重出。如“戴鵀、戴勝”并見《釋禽蟲》。

五、一名爲多家訓釋者，以訓釋詞相同者分類。一名爲一家同時多訓，且無他家訓釋者，不再分。

六、訓釋詞相同、義位不同者，分屬兩條。義位相同而所指不同者，亦分屬。參《釋禽蟲》“螟”條下所分。

七、訓釋詞字異而音義同者，合而爲一。如“午”之訓“忤、仵、悟”，不再分。

八、被訓詞用字假借、異體者，以括號標出。如“籍（藉）田、嫡（適）”之類是。

九、若經典常訓，形似義訓者，則指出被訓詞用假借字，實爲聲訓。如《易·序卦》：“艮者，止也。”表述爲：“艮，很也，止義。”

十、本書并未按《釋名》二十七類分門，以先秦與兩漢異，兩漢與今復不同故。

十一、鈎稽文字假借關係，例不過三，以免繁瑣堆疊。例證多取諸高亨《古字通假會典》、白於藍《簡帛古書通假字大系》，文内不注。

十二、行文中，於常見之書名、人名等，首見用全稱，其後并用簡稱。

十三、引文所涉緯書，名稱不一，如“紀曆樞”，“紀”或作“汜”，“春秋元命苞”，“苞”或作“包”等，今并予統一。

卷 一

釋天第一（上）

天

　　鎭也。《爾雅·釋天》釋文引《春秋説題辭》："天之言鎭也，居高理下，爲人經緯，故其字'一、大'以鎭之也。"《白虎通·天地》："天者，何也？天之爲言鎭也，居高理下，爲人鎭也。"

　　瑱也。《詩·鄘風·君子偕老》"胡然而天也"疏引《春秋元命苞》："天之言瑱。"孔穎達云："取其瑱實也。"

　　顛也。《説文》一部："天，顛也。"

　　顯也，坦也。《釋名·釋天》："天，豫、司、兖、冀以舌腹言之，天，顯也，在上高顯也；青、徐以舌頭言之，天，坦也，坦然高而遠也。"

蒼天

　　蒼，蒼蒼也。《詩·王風·黍離》"悠悠蒼天"毛傳："據遠視之，蒼蒼然，則稱蒼天。"疏引《爾雅·釋天》"春爲蒼天"李巡注："春萬物始生，其色蒼蒼，故曰蒼天。"

穹蒼

　　穹，穹隆也；蒼，蒼蒼也。《爾雅·釋天》"春爲蒼天"疏引李巡注："古時人質[①]，仰視天形穹隆而高，其色蒼蒼然，故曰穹蒼。"

----

① "時"本訛"詩"，據《爾雅正義》改。

昊天

昊，昊大也。《詩·王風·黍離》"悠悠蒼天"疏引《爾雅·釋天》李巡注："夏萬物盛壯，其氣昊大，故曰昊天。"

旻天

旻，閔也。《詩·王風·黍離》"悠悠蒼天"傳："仁覆閔下，則稱旻天。"疏引鄭駁《異義》："秋氣或生或殺，故以閔下言之。"《說文》日部："旻，秋天也。……《虞書說》：'仁閔覆下，則稱旻天。'"（段本）按："旻、閔"右文。

旻，文也。《詩·王風·黍離》"悠悠蒼天"疏引《爾雅·釋天》李巡注："秋萬物成熟，皆有文章，故曰旻天。"按："旻、文"右文、假借，上海博物館藏戰國楚竹書《孔子詩論》"少文"即《小雅》之"小旻"。

上天

上，天在上也。《詩·王風·黍離》"悠悠蒼天"傳："自上降鑒，則稱上天。"疏引鄭駁《異義》："冬氣閉藏而清察，故以監下言之。"

上，陰氣在上也。《詩·王風·黍離》"悠悠蒼天"疏引《爾雅·釋天》李巡注："冬陰氣在上，萬物伏藏，故曰上天。"

日

實也。《開元占經》卷五引《元命苞》："日之為言實也，節也。含一，開度立節，使物咸別，故謂之日，言陽布散合如一，故其立字四合共'一'者為日。"《白虎通·日月》："日之為言實也，常滿有節。"《後漢書·丁鴻傳》："臣聞日者陽精，守實不虧。"《說文》日部："日，實也，太陽之精不虧。"《釋名·釋天》："日，實也，光明盛實也。"按："日、實"假借，《左傳》昭公二十四年"王室實蠢蠢焉"，《說文》心部"惷"下引"實"作"日"。《左傳》襄公九年"是以日知其有天道也"，章太炎以為"日"讀為"實"（《春秋左傳讀》）。

熱也。《緯書集成·說題辭》："日之為言熱也，陽之宗也。遠之則寒，近之則熱也，如人之目也。"宋均注："日為天之一目。"

暈（運）

軍也。《呂氏春秋·明理》"其日有鬭蝕有倍僪有暈珥"高誘注："暈、珥皆日旁之危氣也……氣圍繞日周匝，有似軍營相圍守，故曰暈也。"《開元占經》卷八引如淳曰："一説：暈者，軍營衞氣也，營衞君也。"按："暈、軍"右文。

捲也。《釋名·釋天》："暈，捲也，氣在外捲結之也。"

圓也。《開元占經》卷八引石氏云："日傍有氣，圓而周匝，内赤外青，名爲暈。"

運也，屯也，圍也。《開元占經》卷八引如淳曰："暈，日運也。暈者，屯也；暈者，圍也。"按："暈、運"假借，《史記·天官書》"兩軍相當，日暈"集解引如淳曰："暈讀曰運。"《漢書·天文志》"暈適背穴"顏師古注引如淳曰："暈讀曰運。""暈、圍"假借，《淮南子·覽冥》"畫隨灰而月運闕"高誘注："運讀連圍之圍。"《北堂書鈔》卷一百五引"運"作"暈"。

圍也、軍也。《淮南子》作"運"。《淮南子·覽冥》"月運闕"注："運讀連圍之圍也，運者，軍，將有軍事相圍守，則月運出也。"按："暈、圍"假借，見上。

日珥

珥，耳也。《開元占經》卷七引王朔曰："珥，耳也。珥者，仁也。珥者，近臣也。珥者，親近之人也。珥者，當如珥也。"《釋名·釋天》："珥，氣在日兩旁之名也。珥，耳也，言似人耳之在兩旁也。"按："珥、耳"右文、假借，上海博物館藏戰國楚竹書《凡物流形》甲本"日之又（有）耳"、馬王堆漢墓帛書《五十二病方·胎産書》"欲産女，佩簪（簪）耳"、清華大學藏戰國竹簡《筮法》二十九《爻象》"四之象爲陞（地），爲圓，爲壹，爲耳"，"耳"并"珥"之借。

日璃

璃，決也。《開元占經》卷七引如淳曰："日剌日曰璃，璃，決傷也。"又引王朔曰："日璃，璃者，決也。璃者，臣下走也。璃者，臣下急也。"按："璃"同"玦"，"玦、決"右文，"玦"含決絶義，如《莊子·田子方》："儒者……緩佩玦者,事至而斷。"《白虎通·衣裳》:"能決嫌疑則配玦。"

璚,譎也。《開元占經》卷七引王朔曰:"日璚……形如背狀微小而鈎,則爲璚,璚者,譎也,爲乖離也。"

日格

格,格鬥也。《開元占經》卷七引甘氏曰:"有青氣橫在日上下者,爲格也,格者,格鬥之象也。"

昃

側也。《説文》日部:"昃,日在西方時側也。"按:"昃、側"假借,《周禮·地官·司市》"大市日昃而市",《禮記·郊特牲》注、《後漢書·孔奮傳》李賢注并引"昃"作"側"。

蝕(食)

食也。《緯書集成·詩推度災》:"蝕者,食也,如蟲齧食。"《釋名·釋天》作"食":"食,日月虧曰食,稍稍侵虧,如蟲食草木葉也。"按:"蝕、食"假借,《春秋》隱公三年"日有食之"釋文:"食本或作蝕。"《論語·子張》"如日月之食焉",皇侃本"食"作"蝕";《史記·魯仲連鄒陽列傳》"太白蝕昴",《漢書·鄒陽傳》"蝕"作"食"。

責也。《緯書集成·春秋潛潭巴》:"蝕之爲言責也,凡日月蝕,人君當責躬以自警也。"

月

缺也。《太平御覽》卷四引《元命苞》:"月之爲言闕也。"《白虎通·日月》:"月之爲言闕也,有滿有闕也。所以有闕何?歸功於日也。"《説文》月部:"月,闕也,大陰之精。"《釋名·釋天》:"月,闕也,滿則闕也。"

假也。《緯書集成·説題辭》:"月之爲言假也,陰之相也,假日之光,而助其明。"

霸

魄也,微光義。《説文》月部:"霸,月始生魄然也。"(段本)《釋名·釋天》:

“霸，月始生霸然也。”① 按：“霸、魄”假借，《尚書·武成》“一月壬辰旁死魄”，《漢書·律曆志》引“魄”作“霸”；《尚書》之《康誥》《顧命》“哉生魄”，《說文》月部引“魄”作“霸”；《禮記·鄉飲酒義》“月之三日而成魄”釋文：“魄，《說文》作‘霸’。”

朔

蘇也。《論語·爲政》“殷因於夏禮，所損益可知也”皇侃疏引《尚書大傳》：“朔者，蘇也，革也，言萬物革更於是，故統焉。”（參清儒引證）《白虎通·三正》同。《漢書·武帝紀》“元朔元年”注引應劭曰：“朔，蘇也。……蘇，息也，言萬民品物大繁息也。”《說文》月部：“朔，月一日始蘇也。”《釋名·釋天》：“朔，月初之名也，朔，蘇也，月死復蘇生也。”

望（朢）

望視也。《論衡·四諱》：“十五日，日月相望謂之望。”《文選·枚乘〈七發〉》“將以八月之望”李善注引孔安國《尚書傳》：“十五日，日月相望。”《說文》壬部：“朢，月滿也，與日相望。”（段本）《釋名·釋天》：“望，月滿之名也，月大十六日，小十五日，日在東，月在西，遥相望也。”

胐

條也。《尚書大傳·洪範》“晦而月見西方謂之胐”鄭玄注：“胐，條也，條達行疾貌。”

朓也。《漢書·五行志》“三月晦朓魯衛分”注引服虔曰：“朓，相頰也，日晦食爲朓。”按：“朓、頰”右文。

側匿

縮朒也。《尚書大傳·洪範》“朔而月見東方謂之側匿”鄭玄注：“側匿猶縮縮，行遲貌。”②

---

① “霸然”之“霸”通“魄”。
② 《說文》月部：“朒，朔而月見東方謂之縮朒。”（段本）段玉裁注：“鄭注訛奪，‘側匿’與‘縮朒’叠韵雙聲。”

星

精也、榮也。《御覽》卷五引《説題辭》："星之爲言精也，榮也，陽之精也，陽精爲日，日分爲星，故其字'日、生'爲星。"又卷六引《感精符》："山川之精上爲星。"《玉海》卷一引《河圖括地象》："川德布精上爲星。"《隋書·天文志》引張衡《靈憲》："星也者，體生於地，精發於天。"《白虎通·日月》："所以名之爲星何？星者，精也，據日節言也。"《説文》晶部："曐，萬物之精，上爲列星。"《論衡·説日》："夫星，萬物之精，與日月同。"按："星、精"右文。

散也。《釋名·釋天》："星，散也，列位布散也。"

辰

時也。《詩·大雅·大明》"明明在下，赫赫在上"疏引《左傳》桓二年"三辰旂旗，昭其明也"服虔注："三辰，日、月、星也，謂之辰者，辰，時也，日以照晝，月以照夜，星則運行於天，民得取其時節，故謂之辰也。"

宿

止宿也。《説苑·辨物》："所謂宿者，日月五星之所宿也。"《釋名·釋天》："宿，宿也，星各止宿其處也。"

舍

舍止也，舒也。《史記·律書》："舍者，日月所舍。舍者，舒也。"按："舍、宿"異名。

北辰

辰，時也。《公羊傳》昭公十七年"北辰亦爲大辰"疏引《爾雅·釋天》"北極謂之北辰"李巡注："北極，天心，居北方，正四時，謂之北辰。"孫炎注："北極，天之中，以正四時，謂之北辰。"

宮

宣也。《史記·天官書》"中宮天極星"索隱引《元命苞》："宮之爲言宣也，宣氣立精，爲神垣。"

紫宮

紫，此也；宮，中也。《史記·天官書》"紫宮"索隱引《元命苞》："紫之言此也，宮之言中也，言天神運動，陰陽開閉，皆在此中也。"按："紫、此"右文；"宮、中"蓋右文，《史蒥》"大鐘貞（鼎），美宷室"，"宷"即"宮"字（季旭升《〈上博九·史蒥問於夫子〉釋讀及相關問題》）。

角[①]

犄角也。《史記·律書》："（明庶風）南至於角。角者，言萬物皆有枝格如角也。"《緯書集成·推度災》："角主觸動。"主觸則亦以爲似獸角。

亢[②]

亢進也。《史記·律書》："（明庶風）南至於亢。亢者，言萬物亢見也。"《緯書集成·推度災》："亢主康見。""康"通"亢"。

氐[③]

至也。《史記·律書》："（明庶風）南至於氐。氐者，言萬物皆至也。"

抵也。《緯書集成·推度災》："氐主抵觸。"按："氐、抵"右文、假借，《史記·平準書》"天下大抵無慮皆鑄金錢矣"，《漢書·食貨志》"抵"作"氐"；《史記·大宛列傳》"大觳抵"，《漢書·張騫傳》"抵"作"氐"；周家臺秦簡《日書》"九月：抵，房"，"抵"爲"氐"之借。

柢也。慧琳《一切經音義》卷四十六引《爾雅·釋天》"天根氐也"孫炎注："角亢下繫於氐，若木之有根也。"按：此以"氐"爲根柢義，"氐、柢"右文、假借，《老子》五十九章"深根固柢"，馬王堆漢墓帛書甲、乙本"柢"并作"氐"。

房

房户也。《史記·律書》："（條風）南至於房，房者，言萬物門户也，至于門則出矣。"

---

① 《爾雅·釋天》郝懿行義疏："角者，兩星相對觸。"
② 《爾雅·釋天》郝懿行義疏："亢者，四星似彎弓。"
③ 《爾雅·釋天》郝懿行義疏："氐者，四星側象以承柢。"

心

華心也。《史記·律書》:"(條風)南至於心,言萬物始生有華心也。"

辰馬

馬,駟馬也。《國語·周語下》"月之所在,辰馬農祥也"韋昭注:"辰馬謂房、心星也,心星所在大辰之次爲天駟,駟,馬也,故曰辰馬。"

農祥

農,農事也;祥,象也。《國語·周語下》"月之所在,辰馬農祥也"注:"言月在房,合於農祥也,祥猶象也,房星晨正而農事起,故謂之農祥。"①

尾②

尾巴也。《史記·律書》:"(條風)南至於尾,言萬物始生如尾也。"

箕③

荄也。《史記·律書》:"(條風)南至於箕。箕者,言萬物根棋,故曰箕。""棋"爲"荄"之借,根荄義。錢大昕云:"棋讀如荄,《易》'箕子之明夷',趙賓以爲箕子者萬物方荄茲也。其義蓋本於史公。徐廣云'棋一作橫',橫蓋核字之譌,核亦有該音。"(《廿二史考異·史記卷三》)按:"箕、荄"假借,《易·明夷卦》"箕子之明夷"釋文引劉向云:"今《易》'箕子'作'荄滋'。"《漢書·孟喜傳》:"(蜀人趙賓)以爲箕子明夷,……箕子者,萬物方荄茲也。"

大辰

辰,時也。《春秋》昭公十七年"有星孛于大辰",《左傳》疏引《爾雅·釋天》"大辰,房、心、尾也,大火謂之大辰"李巡注:"大辰,蒼龍宿之體最爲明,故曰房、心、尾也。大火,蒼龍宿心,以候四時,故曰辰。"孫炎注:"龍星明者,以爲時候,故曰大辰。大火,心也,在中最明,故時候主焉。"

---

① 《國語·周語上》"農祥晨正"注:"農祥,房星也。"
② 《爾雅·釋天》郝懿行義疏:"尾者,九星如鈎首上歧。"
③ 《爾雅·釋天》郝懿行義疏:"箕者,四星狀如簸箕。"

柳

聚也。《史記·天官書》“柳爲鳥注，主木草”索隱引《爾雅》“鳥喙謂之柳”孫炎云：“柳，其星聚也。”

注

下注也。《史記·律書》：“（清明風）西至于注。注者，言萬物之始衰，陽氣下注，故曰注。”按：注爲柳星。

張

開張也。《史記·律書》：“（清明風）西至於張。張者，言萬物皆張也。”

軫

軫軫然也，盛大貌。《史記·律書》：“（清明風）至於軫。軫者，言萬物益大而軫軫然。”

翼

羽翼也。《史記·律書》：“（清明風）西至於翼。翼者，言萬物皆有羽翼也。”

畫（奎）

畫蠚也，毒蟲。《史記·律書》：“（閶闔風）北至於奎。奎者，主毒螫殺萬物也，奎而藏之。”按：“奎”，集解引徐廣曰：“一作畫。”

婁

婁空也。《史記·律書》：“（閶闔風）北至於婁。婁者，呼萬物且內之也。”按：此以婁空之“婁”釋婁星，《說文》女部：“婁，空也。”段注：“凡中空曰婁，今俗語尚如是。”

胃

胃胃也，敬貌。《史記·律書》：“（閶闔風）北至於胃。胃者，言陽氣就藏，皆胃胃也。”按：“胃胃”蓋“畏畏”之借，《廣雅·釋訓》：“畏畏，敬也。”或作“謂謂”，《釋名·釋典藝》：“謂，猶謂也，猶得敕不自安，謂謂然也。”

昴

留也。《詩·召南·小星》"嘒彼小星，維參與昴"傳："昴，留也。"疏引《元命苞》："昴之爲言留，言物成就、繫留。"按"昴、留"右文、假借，《爾雅·釋天》"大梁，昴也"，《史記·律書》"昴"作"留"。

大梁

梁，津梁也。《史記·天官書》"昴畢間爲天街"索隱引《爾雅·釋天》"大梁，昴"孫炎注："畢昴之間，日月五星出入要道，若津梁也。"

畢

畢止也，即完全停止。《詩·齊風·盧令·序》"襄公好田獵畢弋"疏引《爾雅·釋天》"濁謂之畢"李巡注："噣，陰氣獨起，陽氣必止，故曰畢，畢止也。"

濁（噣）

獨也。《詩·齊風·盧令·序》"襄公好田獵畢弋"疏引《爾雅·釋天》"濁謂之畢"李巡注："噣，陰氣獨起。"按："噣、獨"右文。

觸也。《史記·律書》："（涼風）北至於濁。濁者，觸也，言萬物皆觸死也，故曰濁。"按："濁、觸"右文。

參

參驗也。《史記·律書》："（涼風）北至於參。參言萬物可參也，故曰參。"

建星

建，建立也。星，生也。《史記·律書》："（廣莫風）東至於建星。建星者，建諸生也。"按："星、生"右文、假借，馬王堆漢墓帛書《周易經傳·要》"而不可以日月生辰盡稱也，故爲之以陰陽"，"生"爲"星"之借；馬王堆漢墓帛書《戰國縱橫家書·蘇秦謂燕王章》"信如尾星"，"星"爲"生"之借。

牽牛

牽，牽引也；牛，冒也。《史記·律書》："（廣莫風）東至牽牛。牽牛者，言陽氣牽引萬物出之也。牛者，冒也，言地雖凍，能冒而生也。牛者，耕植種萬物也。"《緯書集成·推度災》："牽牛主牽冒。"

須女

須，胥也；女，如也。《史記·律書》：“（廣莫風）東至于須女，言萬物變動其所，陰陽氣未相離，尚相胥如也，故曰須女。”按：“須、胥”假借，《荀子·君道》“狂生者不胥時而樂”，《韓詩外傳》卷五“胥”作“須”；《淮南子·説林》“華大旱者不胥時落”，《文子·上德》“胥”作“須”；《史記·廉頗藺相如列傳》“胥後令”索隱：“按：胥、須古人通用。”“女、如”假借，馬王堆漢墓帛書《老子·德經》甲本“天將建之，女以兹（慈）垣（援）之”，乙本“女”作“如”；馬王堆漢墓帛書《老子·道經》甲、乙本“愛以身爲天下，女何（可）以寄天下”，“女”爲“如”之借；郭店楚墓竹簡《魯穆公問子思》“可（何）女而可胃（謂）忠臣”，“女”爲“如”之借。

營室

營胎（孕育）陽氣之室。《史記·律書》：“營室者，主營胎陽氣而産之。”

營制宮室。《史記·天官書》“營室爲清廟，曰離宮、閣道”索隱引《元命苞》：“營室十星，埏陶精類，始立紀綱，包物爲室。”《詩·鄘風·定之方中》鄭玄箋：“定星昏中而正，於是可以營制宮室，故謂之營室。”

定

正也。《詩·鄘風·定之方中》傳“定，營室也”疏引《爾雅·釋天》“營室謂之定”孫炎注：“定，正也，天下作宮室者，皆以營室中爲正。”按：“定、正”右文、假借，《老子》二十二章“枉則直”，馬王堆漢墓帛書乙本作“汪則正”，甲本作“枉則定”。《老子》三十七章“天下將自定”，馬王堆漢墓帛書甲、乙本“定”并作“正”。《管子·小匡》“君若欲正卒伍”，《漢書·刑法志》引“正”作“定”。

虛

虛空也。《史記·律書》：“（廣莫風）東至於虛。虛者，能實能虛，言陽氣冬則宛藏於虛，日冬至則一陰下藏，一陽上舒，故曰虛。”

危

垝也。《史記·律書》：“（不周風）東至于危。危，垝也，言陽氣之垝，故曰危。”《緯書集成·推度災》:“危主垝危。”按:“危、垝”右文、假借,《公羊傳》哀公六年“皆色然而駭”釋文:“色本又作垝,又或作危。”《莊子·繕性》“危然處其所”釋文:“危,崔本作垝。”《韓非子·十過》“集於郎門之垝”,《論衡·感虛》“垝”作“危”。

玄枵

玄,玄色也; 枵,耗也。《左傳》襄公二十八年:“玄枵,虛中也。枵,耗名也,土虛而民耗,不饑何爲?”又“歲在星紀,而淫於玄枵”,疏引《爾雅·釋天》“玄枵,虛也”孫炎注:“虛在正北,北方色玄,故曰玄枵,枵之言耗,耗虛之意也。”

東壁

辟生氣而東之也。《史記·律書》:“東壁居不周風東,主辟生氣而東之。”《緯書集成·推度災》:“壁主闢生。”

娵觜

諏訾也, 歎息之義。《左傳》襄公三十年“歲在娵訾之口”疏引《爾雅》“娵觜之口,營室東壁也”李巡注:“娵觜,玄武宿也,營室東壁,北方宿名。”孫炎注:“娵觜之歎,則口開方,營室東壁,四方似口,故因名云。”按:《開元占經》卷六十四《分野略例》:“自危十六度至奎四度,於辰在亥爲諏訾,諏訾,歎息也。十月之時,陰氣始盛,陽氣伏藏,萬物失藏養育之氣,故哀愁而歎悲,嫌無陽,故曰諏訾。”

七星

北斗七星也。《史記·律書》:“(清明風)西至于七星。七星者,陽數成於七,故曰七星。”

旋機

旋,還也; 機,幾也。《尚書大傳·堯典》:“旋機者,何也? 傳曰:旋者,還也;機者,幾也,微也,其變幾微而所動者大,謂之旋機。”按:“旋、還”假借,銀雀山漢墓竹簡《善者》“道(蹈)白刃而不還踵”、北京大學藏西漢竹書《周馴》“爲人君者,喜怒不可以還發之於前”“有所唯,未可以還唯之”,“還”

并"旋"之借。"機、幾"右文、假借，《易·屯卦》"君子幾"釋文："幾，鄭作機。"《易·繫辭下》"知幾其神乎"，《説文解字繫傳》木部引"幾"作"機"；《尚書·皋陶謨》"一日二日萬幾"，《漢書·王嘉傳》引"幾"作"機"。

玉繩

　　玉製之絲繩。《御覽》卷五引《元命苞》："玉衡北兩星爲玉繩，玉之爲言溝刻也，瑕而不掩，折而不傷。"宋均注："繩能直物，故名玉繩，溝謂作器。"按："溝刻"，玉爲之溝瑑也，即玉上刻凹凸紋。此孫詒讓《周禮正義》之説。

織女

　　織，紡織也；女，神女也。《初學記》卷二十七引《元命苞》："織女之爲言神女也，成衣立紀，故齊能成文繡，應天道。"

弧

　　吳落也。《史記·律書》："（景風）西至于弧。弧者，言萬物之吳落且就死也。"胡文英謂吳下謂物摇動曰"吳落"（《吳下方言考》卷十）。

狼

　　量也。《史記·律書》："（景風）西至于狼。狼者，言萬物可度量，斷萬物，故曰狼。"

罰

　　伐也。《史記·律書》："（涼風）北至於罰。罰者，言萬物氣奪可伐也。"按："罰、伐"假借，《史記·天官書》"可以罰人"，《漢書·天文志》"罰"作"伐"；《公羊傳》昭公十七年"伐爲大辰"，《後漢書·郎顗傳》引"伐"作"罰"；馬王堆漢墓帛書《經法·君正》"衣食足而刑伐必也"，"伐"爲"罰"之借。

留

　　稽留也。《史記·律書》："（涼風）北至於留。留者，言陽氣之稽留也，故曰留。"按：留即昴。

孛

　　茀也，紛亂貌。《穀梁傳》文公十四年："秋七月，有星孛入于北斗，孛之爲言猶孛也。”范甯注引劉向曰：“北斗，貴星，人君之象也。孛星，亂臣之類，言邪亂之臣將并弑其君。”按：“孛、茀”假借，《春秋》哀公十三年“有星孛于東方”，《春秋繁露·觀德》引“孛”作“茀”；《春秋》昭公十七年“有星孛于大辰”，《穀梁傳》釋文本：“孛于本又作茀。”《史記·天官書》“星茀于河戍”，《漢書·天文志》“茀”作“孛”。

孛孛也，盛貌。《漢書·五行志》引董仲舒説：“孛者，惡氣之所生也，謂之孛者，言其孛孛有所妨蔽，闇亂不明之貌也。”《釋名·釋天》：“孛星，星旁氣孛孛然也。”《漢書·文帝紀》“有長星出于東方”注引文穎云：“孛星光芒短，其光四出，蓬蓬孛孛也。彗星光芒長，參參如埽彗。”按：孛即彗星。

彗

似彗也。《公羊傳》昭公十七年：“何以書？記異也。”何休注：“彗者，邪亂之氣，掃故置新之象。”《釋名·釋天》：“彗星，光梢似彗也。”

光

廣也。《詩·周頌·敬之》“學有緝熙于光明”傳：“光，廣也。”《國語·周語中》“叔父若能光裕大德”注：“光，廣也。”《釋名·釋天》：“光……廣也，所照廣遠也。”按：“光、廣”假借，如《尚書·堯典》“光被四表”，《五行大義》引《禮緯含文嘉》“堯廣被四表，致於龜龍”、漢樊毅《復華下民租田口算碑》“聖朝勞神日昃，廣被四表”、沈子琚《縣竹江堰碑》“廣被四表”，“廣”并“光”之借。《穀梁傳》僖公十五年“故德厚者流光”，《荀子·禮論》《史記·禮書》“光”并作“廣”。

晃也。《釋名·釋天》：“光，晃也，晃晃然也。”按：“光、晃”右文。

雲

運也。《御覽》卷八引《説題辭》：“雲之爲言運也，觸石而起，謂之雲。含陽而起，以精運也。”《釋名·釋天》：“雲，運也，運行也。”

云云也，眾盛意。《吕氏春秋·圜道》：“雲氣西行，云云然。”《釋名·釋天》：“雲，猶云云，眾盛意也。”按：“雲、云”右文、假借，《戰國策·秦策四》“楚燕之兵云翔"，《史記·春申君列傳》《新序·善謀》"云"作"雲"；馬王堆漢墓帛書《五十二病方·十問·容成》"則刑（形）有云光"，"云"爲"雲"之借。

風

　　萌也。《御覽》卷九引《考異郵》："風之爲言萌也，其立字，'虫'動於'几'中者爲風。"注："虫動於几，言陽氣無不周也，明昆虫之屬得陽乃生，遇陰則死，故風爲陰中之陽者也。"《御覽》卷九引《禮緯》："風，萌也，養物成功，所以八風象八卦也。"《白虎通·八風》："風者，何謂也？風之爲言萌也。"

　　令也。李鼎祚《周易集解·小畜卦》引《九家易》："風者，天之命令也。"《後漢書·蔡邕傳》："風者，天之號令，所以教人也。"注引《翼氏風角》："風者，天之號令，所以譴告人君者。"

　　泛也，放也。《釋名·釋天》："風，兗、豫、司、冀橫口合脣言之，風，氾也，其氣博氾而動物也；青、徐言風，踧口開脣推氣言之，風，放也，氣放散也。"按：《老子》三十四章"大道氾兮"，馬王堆漢墓帛書乙本"氾"作"渢"，此蓋"風、氾"相通之證。

明庶

　　明者，迎也；庶者，衆庶也。《御覽》卷九引《考異郵》："四十五日明庶風至，明庶，迎惠。"注："春分之候，言庶衆也，陽以施惠之恩德迎衆庶而生之。"《白虎通·八風》："明庶者，迎衆也。"

　　明，明了也；庶者，衆庶也。《史記·律書》："明庶風居東方。明庶者，明衆物盡出也。"

清明

　　精芒也。《御覽》卷九引《考異郵》："四十五日清明風至，精芒挫收。"注："立夏之候也，挫猶止也，時薺麥之屬秀出已備，故挫止其鋒芒，收之使成實。"

　　清芒也。《白虎通·八風》："清明者，清芒也。"[①] 按："清芒"蓋"精芒"之

---

① "清芒"盧本誤"青芒"，據元大德本改。

訛。又，"清芒"之"清"蓋"青"之借，薺麥青芒已備之義。以《白虎通》無更申其説，故兩存之。"芒、亡"右文、假借，郭店楚墓竹簡《緇衣》"君以民芒"，馬王堆漢墓帛書《周易·睽卦》初九"悔（悔）芒"，上海博物館藏戰國楚竹書《平王問鄭壽》"前冬言曰邦必芒我"，"芒"并"亡"之借。"明、亡"假借，郭店楚墓竹簡《尊德義》"亡惪者"，"亡"爲"明"之借（陳偉《郭店竹書別釋》）；馬王堆漢墓帛書《別卦》"亯"爲"明夷"二字。

不周

周，交周也。《御覽》卷九引《考異郵》："四十五日不周風至，不周者，不交也，陰陽未合化也。"《白虎通·八風》："不周者，不交也，言陰陽未合化也。"

廣莫

廣，廣大也；莫，一也，覆一也。《御覽》卷九引《考異郵》云："四十五日廣莫風至，廣莫者，精大滿也。"注："冬至之候也。言冬物無見者，風精大滿莫無偏。"此指風。

廣，廣大也；莫，一也，覆一也。《史記·律書》："廣莫者，言陽氣在下，陰莫陽廣大也，故曰廣莫。"《白虎通·八風》："廣莫者，大莫也，開陽氣也。"此指陽氣。

谷風

谷，穀也。《詩·邶風·谷風》"習習谷風"疏引《爾雅·釋天》"東風謂之谷風"孫炎注："谷之言穀，穀，生也，谷風者，生長之風。"按："谷、穀"假借，《尚書·堯典》"昧谷"，《尚書大傳·九共》作"柳穀"，《周禮·天官·縫人》注引作"柳穀"；《敦煌縣泉月令條詔》月令"揚（暘）穀，咸趨南畝"，"穀"爲"谷"之借。

泰風

泰，豐泰也。《詩·大雅·桑柔》"大風有隧"箋"西風謂之大風"，疏引《爾雅·釋天》"西風謂之泰風"孫炎注："西風成物，物豐泰也。"

凱風

凱，愷樂也①。《詩·邶風·凱風》“凱風自南”疏引《爾雅·釋天》“南風謂之凱風”李巡注：“南風長養萬物，萬物喜樂，故曰凱風，凱，樂也。”按：此以“凱”通“愷”。

條風

條，條治也。《史記·律書》：“條風居東北，主出萬物。條之言條治萬物而出之，故曰條風。”

條，條達也。《御覽》卷九引《考異郵》：“距冬至四十五日條風至，條者，達生也。”

景風

景，竟也。《史記·律書》：“景風居南方。景者，言陽氣道竟，故曰景風。”按：“景、竟”假借，如包山楚簡有以“竟”爲氏者十人，如竟丁、竟得、竟不割（害）等，此竟氏蓋即文獻之景氏，“竟快”當即《史記·秦本紀》之“景快”（劉信芳《包山楚簡中的幾支楚公族試析》）。

閶闔風

閶，倡也；闔，闔藏也。《史記·律書》：“閶闔風居西方。閶者，倡也；闔者，藏也。言陽氣道萬物，闔黃泉也。”按：“閶、倡”右文。

扶搖

猋也。《詩·小雅·谷風》“維風及頹”疏引《爾雅·釋天》：“扶搖謂之猋。”按：“猋”爲“扶搖”之合音，《説文》犬部：“猋，犬走皃。”引申有疾義，“扶搖”即疾風。李巡、孫炎誤作“焱”，云“焱，上也”，郭璞從之，是望文生義。

雨

羽也。《春秋繁露·五行事》：“雨者，水氣也，其音羽也。”②《釋名·釋天》：“雨，羽也，如鳥羽動則散也。”按：“雨、羽”假借，《秦漢瓦當文字》卷一

---

① 凱，“愷”之俗。

② 《説文》雨部：“霝，水音也。”

有"羽陽臨渭""羽陽千歲""羽陽千秋""羽陽萬歲"瓦當,陳直疑"羽陽"爲"雨暘"之借,"漢宮飛羽殿,亦作飛雨,是羽雨二字古通用之明證"(《漢書新證》)。又,《説文》"雩"或作"𩁹",是部件假借之證。

輔也。《釋名·釋天》:"雨者,輔也,言輔時生養也。"

苦雨

苦,勞苦也。《詩·小雅·甫田》"以祈甘雨"疏引《左傳》昭公四年"秋無苦雨"服虔注:"害物之雨,民所苦。"

霽

濟也。《爾雅·釋天》:"(雨)濟謂之霽。"按:"霽、濟"右文、假借,《尚書·洪範》"曰雨曰霽",《史記·宋微子世家》"霽"作"濟",《周禮·春官·大卜》注引"霽"作"濟";《淮南子·覽冥》"於是風濟而波罷",《論衡·感虛》"濟"作"霽"。

霧 (𩃬、霿)

冒也。《尚書大傳·洪範五行傳》"厥咎霿"鄭玄注:"霿,冒也。"《釋名·釋天》:"霧,冒也,氣蒙亂,覆冒物也。"

蒙也。《爾雅·釋天》"天氣下地不應曰霧"疏引《洪範》鄭注云:"霧聲近蒙,《詩》'零雨其濛',則霧是天氣下降,地氣不應而蒙闇也。"按:"霧、蒙"假借,如《尚書·洪範》"曰蒙,恒風若",《史記·宋微子世家》作"曰霧,常風若";《文選·揚雄〈甘泉賦〉》"霧集而蒙合兮"李善注:"《爾雅》曰:'天氣下,地氣不應曰霧。'霧與蒙同。"

冥冥也。《尚書·洪範》"曰蒙"疏引鄭玄本作"霿",云:"霿者,氣澤鬱鬱冥冥也。""霧、冒、蒙、冥"音近義通。

霰

散也。《緯書集成·説題辭》:"盛陰之氣凝滯爲雪,陽氣薄而脅之,則散而爲霰。"《漢書·五行志》載劉向説:"盛陰雨雪,凝滯而冰寒,陽氣薄之不相入,則散而爲霰。"《釋名·釋天》:"霰,星也,水雪相搏如星而散也。"《大戴禮記·曾子天圓》“陰之專氣爲霰”鄭玄注：“陰氣在雨，凝滯爲雪，陽氣薄之，不相入，散而爲霰。”按：“霰、散”右文。

震

振也。《説文》雨部：“震，劈歷，振物者。”按：“震、振”右文、假借，《易·恒卦》“振恒凶”釋文：“振，張作震。”《尚書·舜典》“震驚朕師”，《史記·五帝本紀》“震”作“振”；《詩·周頌·時邁》“薄言震之”，《後漢書·李固傳》引“震”作“振”。

霆

挺也。《易·繫辭上》“鼓之以雷霆”釋文引京氏注：“霆者，雷之餘氣，挺生萬物也。”《説文》雨部：“霆，雷餘聲鈴鈴，所以挺出萬物。”（段本）按：“霆、挺”右文。

霜

亡也。《御覽》卷十四引《考異郵》：“霜之爲言亡也，物以終也。”《緯書集成·潛潭巴》：“霜之爲言亡也，六月隕霜，君其亡之。”《白虎通·災變》：“霜之爲言亡也，陽以散亡。”按：“霜、亡”或右文，《楚帛書》“又（有）電、霝、雨土”，“霝”爲“霜”字（李學勤《論楚帛書中的天象》）。

喪也。《説文》雨部：“霜，喪也，成物者。”《釋名·釋天》：“霜，喪也，其氣慘毒，物皆喪也。”

雹

合也。《後漢書·五行志》“雨雹大如雞子”注引《考異郵》：“陰氣之專精，凝合生雹，雹之爲言合也。”《緯書集成·感精符》：“陰氣之專精，凝合生雹，雹之爲言合也。”《緯書集成·説題辭》：“盛陽之氣温暖爲雨，陰氣薄而脅之，則合而爲雹。”《白虎通·災變》：“雹之爲言合也，陰氣專精，積合爲雹。”

薄也。《緯書集成·潛潭巴》：“雹之爲言薄也，陰氣專精，積合爲雹。”《南齊書·五行志》引《傳》：“雹者，陰薄陽之象也。”

跑也。《釋名·釋天》：“雹，跑也，其所中物皆摧折，如人所蹴跑也。”

旱

乾也。《御覽》卷八百七十九引《洪範五行傳》：“旱之爲言乾也，萬物傷於乾而不得水也。”按：“旱、乾”右文。上海博物館藏戰國楚竹書《柬大王泊旱》“柬大王伯輨”，“輨”即“旱”字。

悍也。《御覽》卷三十五引《考異郵》：“旱之言悍也，陽驕蹇所致也。”《緯書集成·推度災》：“旱者，捍也，毒捍忍殘。”①按：“旱、悍”右文、假借，如《史記·屈原賈生列傳》“水激則旱”索隱：“此乃《淮南子》及《鶡冠子》文也，彼作‘水激則悍’。”

災

傷也。《白虎通·災變》引《春秋潛潭巴》：“災之言傷也，隨事而誅。”按：“隨事而誅”之“誅”不可解，或是“至”字之誤，《公羊傳》隱公五年“記災也”何休注：“災者，有害於人物，隨事而至者。”“隨事而至”針對下文“異”“先發感動之”，即《公羊》注之“先事而至”。

該也。《緯書集成·推度災》：“災者，該也。君不度德，臣不量功，該墾爲災。”

異

怪也。《白虎通·災變》引《春秋潛潭巴》：“異之言怪也，先發感動之也。”《公羊傳》隱公三年“記異也”注：“異者，非常可怪，先事而至者。”《史記·魯周公世家》“群臣不能事魯君，有異焉”集解引服虔曰：“異猶怪也。”

異也。《釋名·釋天》：“異者，異於常也。”

妖

夭也。《漢書·五行志》：“説曰，凡草木之類謂之妖，妖猶夭胎，言尚微。”按：“妖、夭”右文、假借，《禮記·王制》“不殀夭”，《説苑·修文》作“不夭妖”；《莊子·大宗師》“善妖善老”釋文：“妖本又作夭。”睡虎地秦墓竹簡《日

---

① “捍”通“悍”。

書甲種·詰咎》“鳥獸能言，是夭也”，“夭”爲“妖”之借。

妖也。《釋名·釋天》：“妖，夭也，夭害物也。”按：“妖、夭”右文。

殃

央也。《緯書集成·推度災》：“殃者，央也，土地非常，情性匪當，不遑爲從，氣患爲殃。”按：“殃、央”右文、假借，《老子》五十二章“無遺身殃”，馬王堆漢墓帛書甲、乙本，北京大學藏西漢竹書《老子》“殃”并作“央”；《隸釋》三《無極山碑》“爲民來福除央”，洪适以“央”爲“殃”。馬王堆漢墓帛書《十六經·兵容》“國家有幸，當者受央”，“央”爲“殃”之借。

魃

拔也。《緯書集成·推度災》：“夫魃者，拔也，拔苗而薪。”按：“魃、拔”右文、假借，《周禮·秋官·序官》“赤友氏”注：“赤友猶言抹拔也。”《説文》鬼部引作“赤魃氏”。

沴

薴也。《漢書·五行志》：“氣相傷謂之沴，沴猶臨莅不和意也。”

戾也。《漢書·孔光傳》“六沴之作”宋祁引韋昭云：“沴謂皇極五行之氣相沴戾不和。”（宋慶元元年刻本）《漢書·五行志》“唯金沴木”注引如淳曰：“沴音拂戾之戾，義亦同。”

眚

省瘦也。《周禮·夏官·大司馬》“馮弱犯寡則眚之”注：“眚，猶人眚瘦也。”“眚瘦”之“眚”爲“省”之借。《釋名·釋天》：“眚，省也，如病者省瘦也。”按：“眚、省”假借，《易·復卦》“迷復凶有災眚”、《易·無妄卦》“其匪正有眚”、《易·震卦》“震行無眚”、《易·訟卦》“其邑人三百户無眚”，馬王堆漢墓帛書本“眚”并作“省”；《尚書·洪範》“王省惟歲”，《史記·宋微子世家》“省”作“眚”；左氏、穀梁《春秋》莊公二十二年“肆大眚”，公羊《春秋》“眚”作“省”。

朝

朝夕（覲見之禮）之“朝”也。《白虎通·四時》：“日言朝何？……日晝見夜藏，有朝夕，故言朝也。”

夜

　　舍也。《説文》夕部：“夜，舍也，天下休舍也。”

宵

　　消也。《爾雅·釋言》“宵，夜也”釋文引舍人云：“宵，陽氣消也。”按：“宵、消”右文、假借，馬王堆漢墓帛書《十問·文摯見齊威王》“夫臥，使食靡（糜）宵”，“宵”爲“消”之借。

釋天第一（下）

歲

　　遂也。《御覽》卷十七引《元命苞》：“歲之爲言遂也。”《白虎通·四時》：“所以名爲歲何？歲者，遂也。三百六十六日一周天，萬物畢成，故爲一歲也。”

　　越也。《釋名·釋天》：“歲，越也，越故限也。”

　　歲星行一次也。《詩·大雅·雲漢》“旱既太甚”疏引《爾雅·釋天》“夏曰歲，周曰年”孫炎注：“四時一終曰歲，取歲星行一次也。”

祀

　　祭祀也。《尚書·堯典》“九載”疏引孫炎曰：“祀，取四時祭祀一訖也。”

　　已也。《釋名·釋天》：“殷曰祀，祀，已也，新氣升，故氣已也。”

年

　　仍也。《白虎通·四時》：“年者，仍也，年以紀事，據月言年。”

　　進也。《釋名·釋天》：“年，進也，進而前也。”

　　取年穀一熟也。《春秋·序》“必表年以首事”疏引孫炎《爾雅·釋天》注：“年，取年穀一熟也。”按：《説文》禾部：“年，穀孰也。”

載

　　載成、覆載也。《白虎通·四時》：“載之言成也，載成萬物，終始言之也。”

《獨斷》卷上：“載，歲也，言一歲莫不覆載，故曰載也。”

　　載生也。《釋名·釋天》：“唐虞曰載，載生物也。”

　　始也。《尚書·堯典》“九載”疏引孫炎云：“載，取萬物終而更始。”

時

　　期也。《白虎通·四時》：“時者，期也，陰陽消息之期也。”《釋名·釋天》：“時，期也，物之生死各應節期而止也。”

春

　　蠢也。《禮記·鄉飲酒義》：“東方者春，春之爲言蠢也，産萬物者聖也。”《緯書集成·元命苞》：“春之爲言蠢也，蠢蠢蝡運也。”《玉燭寶典》卷一引《説題辭》：“春，蠢興也。”《春秋繁露·王道通三》：“春之爲言猶偆偆也。……偆偆者，喜樂之貌也。”《白虎通·五行》：“春之爲言偆，偆動也。”“偆、蠢”通。《漢書·律曆志》：“時爲春，春，蠢也，物蠢生乃動運。”《釋名·釋天》：“春，蠢也，萬物蠢然而生也。”《風俗通·祀典》：“春者，蠢也。蠢蠢搖動也。”《楚辭·大招》“春氣奮發”王逸注：“春，蠢也。”按：“春、蠢”右文、假借，《周禮·考工記·梓人》“則春以功”注：“春讀爲蠢。”《全上古三代秦漢三國六朝文·全後漢文》卷九十八《嵩岳太室石闕銘》“春生萬物，膚寸起雲”，此“春”當讀爲“蠢”。

　　生也。《緯書集成·元命苞》：“春之爲言生也，當春之氣，萬物屯生也，故其立字‘屯’下‘日’爲春也。”按：“‘屯’下‘日’爲春”，即 🈀（《郭店楚墓竹簡·語叢一》）。漢印“宜春左園”中“春”作 🈀（《漢印文字徵·艸部》）。《白虎通·四時》：“四時不隨正朔變何？以爲四時據物爲名，春當生……皆以正爲時也。”

　　出也。《尚書大傳·堯典》：“何以謂之春？春，出也。”《御覽》卷十九引《元命苞》：“春含名出，位東方動，春明達。”注：“合此名以自明自達也。”

　　推也。《御覽》卷十九引《元命苞》：“春者，神明推移，精華結紐。”注：“神明猶陰陽也，相推使物精華結成，紐結要也。”《説文》艸部：“春，推也。”

夏

大也。《緯書集成·元命苞》:"夏之爲言大也,萬物當夏而壯也。其象深,其質堅也,故其立字'百'下'夂'爲夏也。"《白虎通·五行》:"夏之言大也。"

假也,大義。《禮記·鄉飲酒義》:"南方者夏,夏之爲言假也,養之、長之、假之,仁也。"《尚書大傳·堯典》:"何以謂之夏? 夏者,假也,吁荼萬物養之外者也。"《漢書·律曆志》:"時爲夏,夏,假也,物假大乃宣平。"《釋名·釋天》:"夏,假也,寬假萬物,使生長也。"

興也。《尸子》卷下:"夏爲樂,南方爲夏,夏,興也;南,任也。是故萬物莫不任興,蕃殖充盈,樂之至也。"

秋

愁也,揫也,遒也,𪓰也,緧也,聚義。《禮記·鄉飲酒義》:"西方者秋,秋之爲言愁也,愁之以時察,守義者也。"《尚書大傳·堯典》:"何以謂之秋? 秋者,愁也。愁者,萬物愁而入也。"《寶典》卷七引《元命苞》:"時爲秋,秋者物愁。"又:"秋,愁也,物愁而入也。"《緯書集成·元命苞》:"秋之爲言愁也,萬物至此而愁,恐殘敗也。故其立字'禾'被'火'者爲秋也。"《白虎通·五行》:"秋之爲言愁也。"《緯書集成·援神契》:"秋者,揫也,萬物于此揫斂也。"《周禮·秋官·司寇》鄭玄《目録》云:"秋者,遒也。"《漢書·律曆志》:"時爲秋,秋,𪓰也,物𪓰斂乃成孰。"《釋名·釋天》:"秋,緧也,緧迫品物,使時成也。"按:"秋、愁"右文、假借,馬王堆漢墓帛書《易之義》"橬(晉)如秋如,所以辟怒","秋"爲"愁"之借。

湫湫也。《春秋繁露·王道通三》:"秋之爲言猶湫湫也。……湫湫者,憂悲之狀也。"

就也。《太玄·玄文》:"秋也,物皆成象而就也。"《文選·潘岳〈秋興賦〉》李善注引劉熙《釋名》:"秋,就也,言萬物就成也。"

肅也。《尸子》卷下:"秋爲禮,西方爲秋,秋,肅也,萬物莫不肅敬,禮之至也。"

冬

　　終也。《尸子》卷下：“冬爲信，北方爲冬，冬，終也。”《寶典》卷十引《元命苞》：“冬者，終也。”《緯書集成·元命苞》：“冬之爲言終也，言萬物終成也，水至是而堅冰，故其立字‘冰’在‘舟’中者爲冬也。”《緯書集成·河圖稽耀鈎》：“冬，終也，立冬之時，萬物成終，爲節名。”《七緯·援神契》：“冬者，終也，萬物皆收藏也。”《白虎通·五行》：“冬之爲言終也。”又，《四時》：“四時不隨正朔變何？以爲四時據物爲名……冬當終，皆以正爲時也。”《漢書·律曆志》：“時爲冬，冬，終也，物終藏，乃可稱。”《御覽》卷二十六引《説文》：“冬，終也，盡也。”《釋名·釋天》：“冬，終也，物終成也。”《御覽》卷二十七引《月令章句》：“冬，終也，萬物於是終也。”按：“冬、終”右文、假借，《易·訟卦》“中吉……終凶”“小有言，終吉”，馬王堆漢墓帛書本“終”作“冬”。《老子》六十三章“聖人終不爲大”，馬王堆漢墓帛書甲本“終”作“冬”；六十四章“慎終如始”，馬王堆漢墓帛書乙本“終”作“冬”。

　　中也。《禮記·鄉飲酒義》：“北方者冬，冬之爲言中也，中者，藏也。”《尚書大傳·堯典》：“何以謂之冬？冬者，中也，中也者，萬物方藏於中也。”按：“冬、中”假借，如《易·夬卦》“无號，終有凶”，馬王堆漢墓帛書本“終”作“冬”，上海博物館藏戰國楚竹書《周易》作“中”。九店楚簡《太歲》“八月才（在）東，冬奈”，睡虎地秦墓竹簡《日書甲種·歲》“冬”作“中”。《日書乙種·見人》“西見兵，冬之吉”，“冬”爲“中”之借。

立春

　　立，建立也。《緯書集成·援神契》：“正月節，立，始建也，春氣始至，故爲之立也。”

雨水

　　雪散爲水而雨也。《緯書集成·援神契》：“正月中，雨水中氣，雪散爲水也。”

驚蟄

　　蟄蟲震驚也。《月令廣義》卷六引《孝經緯》："二月節，驚蟄者，蟄蟲震驚起而出也。"

春分

　　分，中分也。《緯書集成·援神契》："二月中，分者半也，當九十日之半也，故謂之分。夏、冬不言分，言天地間二氣而已矣。陽生於子，極於午，即其中分也。"

清明

　　萬物清明也。《月令廣義》卷七引《孝經緯》："三月節，萬物至此，皆潔齊而清明矣。"

穀雨

　　生百穀之雨也。《緯書集成·援神契》："三月中，言雨生百穀，清净明潔也。"

立夏

　　夏，假也，大義。《月令廣義》卷九引《孝經緯》："四月節，言物至此，皆假大也。"

小滿

　　物小得盈滿也。《月令廣義》卷九引《孝經緯》："四月中小滿者，物長于此，小得盈滿也。"

芒種

　　芒，芒剌也；種，播種也。《月令廣義》卷十引《孝經緯》："五月節，言有芒之穀，可播種也。"

夏至

　　夏，假也，寬假義；至，極至也。《緯書集成·援神契》："言萬物于此假大而極至也。"

伏日

伏，伏藏也。《月令廣義》卷十一引《曆忌釋》：“伏者何也？金氣伏藏之日也。”

小、大暑

暑之小大也。《緯書集成·援神契》：“六月中，小、大者，就極熱之中，分爲大小，初後爲小，望後爲大也。”

處暑

處，潛處也。《緯書集成·援神契》：“言漬暑將退，伏而潛處也。”

白露

露凝而白也。《月令廣義》卷十五引《孝經緯》：“言陰氣漸重，露凝而白也。”

秋分

分，中分也。《緯書集成·援神契》：“陰生于午，極於亥，故酉其中分也，仲月之節爲秋分，秋爲陰中，陰陽適中，故晝夜長短亦均焉。”

寒露

露冷寒欲結也。《月令廣義》卷十六引《孝經緯》：“言露冷寒，而將欲凝結也。”

霜降

露凝爲霜而降也。《緯書集成·援神契》：“言氣肅露凝，結而爲霜矣。”

小雪

時雪尚小也。《緯書集成·援神契》：“天地積陰，溫則爲雨，寒則爲雪，時言小者，寒未深而雪未大也。”

大雪

雪栗烈而大也。《月令廣義》卷十九引《孝經緯》：“十一月節，言積陰爲雪，至此栗烈而大矣。”

小寒

其寒尚小也。《月令廣義》卷二十引《孝經緯》：“十二月節，陽極陰生，乃爲寒，今月初寒，尚小也。”

冬至

至，**陰氣極致也、陽氣始至也**，日行南至也。《御覽》卷二十八引《孝經説》：“斗指子，爲冬至，至有三義：一者陰極之至，二者陽氣始至，三者日行南至，故謂爲至。”

三微

微，隱微也。《白虎通·三正》：“三微者，何謂也？陽氣始施黄泉，萬物動，微而未著也。”

五行

行，**運行也**。《白虎通·五行》：“言行者，欲言爲天行氣之義也。”《洪範政鑒》卷一引鄭玄云：“行者，言順天行氣。”《釋名·釋天》：“五行者，五氣也，於其方各施行也。”

行，**品行也**。《春秋繁露·五行之義》：“五行者，乃孝子忠臣之行也，五行之爲言也猶五行歟？是故以得辭也。”又《五行對》：“五行者，五行也。”

水

準也。《管子·水地》：“水者，萬物之準也。”《天地瑞祥志》卷十六引《元命苞》：“水之爲言準也。”《白虎通·五行》：“水之爲言準也，養物平均，有準則也。”《説文》水部：“水，準也，北方之行，象衆水并流，中有微陽之氣也。”《釋名·釋天》：“水，準也，準平物也。”按：“水、準”假借，《周禮·考工記·輈人》“輈注則利準”注：“故書準作水。”又《考工記·㮚氏》“權之然後準之”注：“準，故書或作水，杜子春云當爲水。”

演也。《御覽》卷五十八引《元命苞》：“水之爲言演也，陰化淖濡，流施潛行也。故其立字兩‘人’交‘一’，以中出者爲水。一者數之始，兩人譬男女，言陰陽交，物以一起也。”

毀也。《緯書集成·元命苞》：“水之爲言毀也，毀盡則更生，故物遇水而生，亦遇水而敗也。”

木

觸也。《御覽》卷九百五十二引《元命苞》：“木者陽精，生於陰，故水者木之母也。木之爲言觸也，氣動躍也，其字‘八’推‘十’爲木，八者陰，合十者陽數。”《七緯·元命苞》：“木者，觸也，觸地而生。”《白虎通·五行》：“木之爲言觸也，陽氣動躍，觸地而出也。”

牧也。《白虎通·情性》：“肝者，木之精也，木之爲言牧也。”

火

委隨也。《御覽》卷八百六十八引《元命苞》：“火之爲言委隨也，故其立字‘人’散‘二’者爲火也。”《白虎通·五行》：“火之爲言委隨也，言萬物布施。”

化也。《白虎通·五行》：“火之爲言化也，陽氣用事，萬物變化也。”《釋名·釋天》：“火，化也，消化物也。”

毀也。《釋名·釋天》：“火，亦言毀也，物入中皆毀壞也。”按：“火”音轉爲“燬”，《説文》火部：“火，燬也。”《爾雅·釋言》：“燬，火也。”釋文引孫炎云：“方言有輕重，故謂火爲燬。”《詩·周南·汝墳》“王室如燬”疏引《爾雅》李巡注：“燬一名火。”“燬、毀”右文、假借，《詩·召南·汝墳》“王室如燬”，《列女傳》引“燬”作“毀”。

金

禁也。《緯書集成·元命苞》：“金之爲言禁也，當秋之時，萬物收禁而止也。”《白虎通·五行》：“金在西方，西方者，陰始起，萬物禁止，金之爲言禁也。”《釋名·釋天》：“金，禁也，其氣剛毅，能禁制物也。”按：“金、禁”字可通，“襟”爲“衿”之俗，《荀子·正論》“金舌弊口”楊倞注：“金或讀爲噤。”《戰國策·趙策一》“韓乃西師以禁秦國”，馬王堆漢墓帛書《戰國縱橫家書》“禁”作“唫”。

土

吐也。《御覽》卷三十七引《元命苞》："土爲言吐也，言子成父道，吐也，氣精以輔也，陽立於三，故成生，其立字'十'夾'一'爲土。"《七緯·元命苞》："土之爲言吐也，含吐氣精，以生於物。"《白虎通·五行》："土在中央，中央者土，主吐含萬物，土之爲言吐也。"按："土、吐"右文、假借，《逸周書·王會》"北方謂之吐嘍"，《説文》内部"嚠"下"吐嘍"作"土螻"；馬王堆漢墓帛書《十問·天下至道談》"下咸土陰光陽"，"土"爲"吐"之借。

東

動也。《五行大義》卷一引《尸子》："東者，動也，震氣故動。"《尚書大傳·堯典》："東方者何也？動方也。物之動也。"《白虎通·五行》："所以名之爲東方者，動方也，萬物始動生也。"《漢書·律曆志》："少陽者東方，東，動也，陽氣動物。"《説文》東部："東，動也。"《後漢書·五行志》"虎賁寺東壁"注引《風俗通》："東者，動也。"《御覽》卷十九引《元命苞》："春含名出，位東方動。"注："春之言蠢，東之言動。"按："東、動"右文。

南

任也①。《尸子》卷下："南，任也。"《尚書大傳·堯典》："南方者何也？任方也。任方者，物之方任。"《寶典》卷四引《元命苞》："位在南方，南方者任長。"《白虎通·五行》："南方者，任養之方，萬物懷任也。"《漢書·律曆志》："大陽者南方，南，任也，陽氣任養物。"《説文》宋部："南，艸木至南方，有枝任也。"按："南、男"多通，《左傳》昭公十三年"鄭伯，男也"，《國語·周語中》"男"作"南"；《左傳》哀公二年"子南僕"，《周禮·考工記》疏引"南"作"男"；《史記·夏本紀》"男氏"索隱："《系本》男作南。""男、任"假借，《尚書·禹貢》"二百里男邦"，《史記·夏本紀》作"二百里任國"；《尚書·酒誥》"侯甸男衛邦伯"，《白虎通·爵》引"男"作"任"。

---

① "任"爲"妊"之借。

西

遷也。《寶典》卷七引《元命苞》："名爲西方，西方者遷，方者，旁也。"
《白虎通·五行》："西方者，遷方也，萬物遷落也。"《漢書·律曆志》："少陰
者，西方，西，遷也，陰氣遷落物。"按："遷、栖"異體，"栖、西"右文。

鮮也。《尚書大傳·堯典》："西方者，何也？鮮方也。鮮，訊也，訊者，始
入之兒。"

北

伏也。《尸子》卷下："北方爲冬，冬，終也，北，伏方也，是故萬物至冬
皆伏。"《尚書大傳·堯典》："北方者，何也？伏方也。伏方也者，萬物伏藏
之方。"《白虎通·五行》："北方者，伏方也，萬物伏藏也。"《漢書·律曆志》：
"大陰者北方，北，伏也，陽氣伏於下。"

甲

孚甲也。《史記·律書》："甲者，言萬物剖符甲而出也。"[1]《寶典》卷一
引《元命苞》："甲者，物始荸甲。"《緯書集成·推度災》："甲者，甲也，萬物孚
甲，猶苞幕也。"《白虎通·五行》："甲者，萬物孚甲也。"《禮記·月令》"其日
甲乙"鄭玄注："時萬物皆解孚甲。"《漢書·律曆志》："出甲於甲。"《説文》
甲部："甲，東方之孟，陽氣萌動，從木戴孚甲之象。"《釋名·釋天》："甲，孚
甲也，萬物解孚甲而生也。"

押也。《五行大義》卷一引《推度災》："甲者，押也，春則開也，冬則闔
也。"《寶典》卷一引《詩紀曆樞》："甲，押者也。春則闔，冬則闔。"宋均注：
"押之爲言苞押，言萬物苞押也。"按："甲、押"右文。

乙

屈（詘）也。《緯書集成·推度災》："乙者，屈也，屈折而起也。"《寶典》
卷一引《元命苞》："乙者，物蟠詘有萌，欲出，陽氣含榮以一達。"宋均注："乙

---

[1]　索隱："符甲猶孚甲也。"

者,一之詰詘者也。"《白虎通·五行》:"乙者,物蕃屈有節欲出。"《説文》乙部:"乙,象春艸木冤曲而出,陰氣尚彊,其出乙乙也。"[1]

　軋也。《禮記·月令》"其日甲乙"注:"乙之言軋也。"《史記·律書》:"乙者,言萬物生軋軋也。"《漢書·律曆志》:"奮軋於乙。"《釋名·釋天》:"乙,軋也,自抽軋而出也。"按:"乙、軋"右文、假借,上例"軋"并"乙"之借。

丙

　炳也。《緯書集成·推度災》:"丙者,炳也,萬物明見,無有所隱也。"《寶典》卷四引《元命苞》:"丙者,物炳明。"《白虎通·五行》:"丙者,其物炳明。"《禮記·月令》"其日丙丁"注:"丙之言炳也。"《漢書·律曆志》:"明炳於丙。"《説文》丙部:"丙,位南方,萬物成,炳然。"《釋名·釋天》:"丙,炳也,物生炳然,皆著見也。"又,《史記·律書》:"丙者,言陽道著明,故曰丙。"是亦炳明義。按:"丙、炳"右文、假借,《太玄·從中至增》"盛哉日乎,丙明離章"范望注:"丙,炳也。"

　柄也。《寶典》卷四引《紀曆樞》:"丙者,柄也。"按:"丙、柄"右文、假借,《淮南子·説林》"椎固有柄",《文子·上德》"柄"作"丙"。

丁

　强也。《寶典》卷四引《元命苞》:"丁者,强。"宋均注:"時物炳然且丁强,因以爲日名也。"《白虎通·五行》:"丁者,强也。"《禮記·月令》"其日丙丁"注:"時萬物皆炳然著見而强大,又因以爲日名焉。"

　丁寧也。《御覽》卷五百二十七引《五經通義》:"王者所以祭天地何?王者父事天、母事地,故以子道事之也。祭日以丁與辛何?丁者,反復自丁寧;辛者,當自剋辛也。"

　丁實也。《説文》丁部:"丁,夏時萬物皆丁實。"

　丁壯也。《史記·律書》:"丁者,言萬物之丁壯也,故曰丁。"《釋名·釋

---

① "曲"通"屈"。

天》："丁，壯也，物體皆丁壯也。"

　　亭也。《寶典》卷四引《紀曆樞》："丁者亭。"宋均注："亭猶止，陽氣著止而止也。"按："丁、盛"右文。

　　勁也。《緯書集成·推度災》："丁者，勁也，正強壯也。"

　　盛也。《漢書·律曆志》："大盛于丁。"按："丁、盛"右文。

戊

　　茂也。《寶典》卷六引《元命苞》："戊者，茂也。"《白虎通·五行》："戊者，茂也。"《禮記·月令》"其日戊己"注："戊之言茂也……至此萬物皆枝葉茂盛。"《漢書·律曆志》："豐楙於戊。"①《釋名·釋天》："戊，茂也，物皆茂盛也。"按："戊、茂"右文、假借，《戰國策·韓策一》"甘茂"，鮑本作"甘戊"；《戰國策·東周策》"甘茂"《説苑·雜言》"茂"作"戊"；青川木牘《更修田律》"王命丞相戊、内史匽、吏臂更脩爲田律"，"戊"通"茂"。

　　貿也。《寶典》卷六引《紀曆樞》："戊者，貿也，陰貿陽、柔變剛也。"宋均注："貿，易也。"②

　　富也。《緯書集成·推度災》："戊者，富也，庶類富滿也。"

己

　　起也。《寶典》卷六引《元命苞》："己者，抑詘而起。"宋均注："此陽物盡盛，抑詘者猶起。"《緯書集成·推度災》："己者，起也，萬物壯起也。"《白虎通·五行》："己者，抑屈起。"《禮記·月令》"其日戊己"注："己之言起也……至此萬物皆枝葉茂盛，其含秀者抑屈而起，故因以爲日名焉。"按："己、起"右文、假借。

　　紀也。《寶典》卷六引《紀曆樞》："己者，紀也，陰陽造化，臣子成道。"《漢書·律曆志》："理紀於己。"《釋名·釋天》："己，紀也，皆有定形可紀識也。"按："己、紀"右文、假借，《穀梁傳》桓公十三年"其不地於紀也"注引

---

① "楙、茂"異體。

② "易"本訛"男"。

鄭君曰:"紀當爲己,……字之誤耳。"《老子》十四章"是謂道紀",敦煌唐寫本"紀"作"己"。《墨子·節葬》"葬南己之市",《後漢書·趙咨傳》注引"己"作"紀"。

庚

更也。《緯書集成·推度災》:"庚者,更也,物至是而改,將更之也。"又引《紀曆樞》:"庚者,更也,陰代陽也。"又引《元命苞》:"庚者,物色更。"宋均注:"於是物更而成,故因以爲日名之也。"《史記·律書》:"庚者,言陰氣庚萬物,故曰庚。""陰氣庚萬物"之"庚"即"更"也。《白虎通·五行》:"庚者,物更也。"《漢書·律曆志》:"斂更於庚。"《禮記·月令》"其日庚辛"注:"庚之言更也……萬物皆肅然改更。"《釋名·釋天》:"庚,猶更也,庚,堅强貌也。"按:"庚、更"假借,《逸周書·度邑》"汝幼子庚厥心","庚"通"更";《列子·黃帝》"五年之後,心庚念是非,口更言利害"張湛注:"庚,更也。"《廣雅·釋言》:"更,償也。"《禮記·檀弓下》"請庚之"注:"庚,償也。"王念孫以爲"庚、更"通[1]。

庚庚也。《説文》庚部:"庚,位西方,象秋時萬物庚庚有實也。"

辛

成也。《寶典》卷七引《元命苞》:"辛者,陰治成。"[2]宋均注:"於是物更而成,故因以爲日名之也。"《白虎通·五行》:"辛者,陰始成。"《説文》辛部:"辛,秋時萬物成而孰。"

新也。《史記·律書》:"辛者,言萬物之辛生,故曰辛。"《御覽》卷五百二十七引《五經通義》:"王者所以祭天地何?王者父事天、母事地,故以子道事之也。祭日以丁與辛何?丁者,反復自丁寧;辛者,當自剋辛也。"[3]《寶典》卷七引《紀曆樞》:"辛者,新也,萬物成熟,始嘗新也。"宋

---

① 《廣雅疏證·釋言》:"更,償也。"

② "治"蓋"始"之訛。

③ "辛生、剋辛"之"辛"并"新"之借。

均注："新既辛螫，且兼物新成者也。"《漢書·律曆志》："悉新於辛。"《禮記·月令》"其日庚辛"注："辛之言新也……萬物皆肅然改更，秀實新成。"《釋名·釋天》："辛，新也，物初新者，皆收成也。"按："辛、新"右文、假借，《戰國策·趙策三》"辛垣衍"，《史記·魯仲連列傳》作"新垣衍"；《説苑·政理》"不幸宮室以費財"，俞樾以"幸"乃"辛"字之誤，辛者，"新"之借字（《諸子平議補録》卷十五）；《楚辭·自悲》"列新夷與椒楨"洪興祖補注："新夷即辛夷也。"

兵也。《緯書集成·推度災》："辛者，兵也，物至是而殘篤也。"

壬

任也，陰氣孕妊。《寶典》卷十引《元命苞》："壬者，陰始任。"宋均注："壬，始任育。"《白虎通·五行》："壬者，陰始任。"① 按："壬、任"右文、假借，《國語·吳語》"今齊侯壬不鑒于楚"《舊音》"壬"作"任"，宋庠本同。《管子·形勢》"獨壬之國勞而多禍"（王念孫校），《形勢解》"壬"作"任"；《韓非子·外儲説左上》"壬登爲中牟令"，《吕氏春秋·知度》"壬"作"任"。

任也，萬物孕妊。《説文》壬部："壬，象人裹妊之形。"餘皆爲萬物懷任，如《漢書·律曆志》："懷任於壬。"《禮記·月令》"其曰壬癸"注："壬之言任也，癸之言揆也……時萬物懷任於下，揆然萌芽。"《釋名·釋天》："壬，妊也，陰陽交，物懷妊也，至子而萌也。"《太平經》卷四十："壬者，任也，已任必滋，日益巨，故子者，滋也。"

任也，任養、任事義。《史記·律書》："壬之爲言任也，言陽氣任養萬物於下也。"《緯書集成·推度災》："壬者，任也，至精之專。"《寶典》卷十引《紀曆樞》："壬者，任也，陰任事于上，陽任事于下，陰爲政，民不與，陽持爲政，王天下，故其立字'壬'似'王'也。"②

---

① "始"盧本訛"使"，據元大德本。
② 後一"王"本訛"土"。

癸

挨也。《史記·律書》：“癸之爲言挨也，言萬物可揆度，故曰癸。”《寶典》卷十引《紀曆樞》：“癸者，挨也，度息陽持法者則也。”又引《元命苞》：“癸者，有度可揆繹。”宋均注：“至癸，萌漸欲生，可揆尋繹而知。”《緯書集成·推度災》：“癸者，挨也，謂可度其將生之理也。”《白虎通·五行》：“癸者，揆度也。”《禮記·月令》“其曰壬癸”注：“壬之言任也，癸之言揆也……時萬物懷任於下，揆然萌芽。”《漢書·律曆志》：“陳揆於癸。”《説文》癸部：“癸，冬時水土平，可揆度也。”《釋名·釋天》：“癸，揆也，揆度而生，乃出土也。”按：“癸、揆”右文、假借，《管子·輕重乙》“癸度”，張文虎以爲即“揆度”（《舒藝室隨筆》卷六）。

子

滋也。《史記·律書》：“子者，滋也，滋者，言萬物滋於下也。”《緯書集成·推度災》：“子者，孳也，自是漸孳生也。”《寶典》卷十一引《紀曆樞》：“子者，孳也，天地壹觳，萬物蕃孳，上下接體，天下治也。”又引《元命苞》：“壯於子，子者，孳也。”宋均注：“番孳生物也。”《淮南子·天文》：“子者，茲也。”《白虎通·五行》：“子者，孳也。”《漢書·律曆志》：“孳萌於子。”《説文》子部：“子，十一月，陽氣動，萬物滋。”《釋名·釋天》：“子，孳也，陽氣始萌，孳生於下也。”“滋、孳、茲”通。按：“子、孳”右文，“孳、滋、茲”假借，“子”與“滋、茲”假借，《易·明夷卦》“箕子之明夷”釋文：“劉向云：‘今《易》箕子作荄滋。’”《漢書·儒林傳》載蜀人趙賓以“箕子者，萬物方荄茲也”。郭店楚墓竹簡《老子》甲“民复（復）季（惠）子”，馬王堆漢墓帛書本“子”作“茲”。

丑

紐也。《史記·律書》：“丑者，紐也，言陽氣在上未降，萬物厄紐未敢出。”（正義引一本云）《淮南子·天文》：“丑者，紐也。”《寶典》卷十二引《元命苞》：“衰中於丑，丑者，紐也。”宋均注：“紐心不進，避陽之解紐當生也，於是紐合義。”《白虎通·五行》：“丑者，紐也。”《漢書·律曆志》：“紐牙於丑。”《説文》丑部："丑，紐也，十二月，萬物動，用事。"《釋名·釋天》："丑，紐也。寒氣自屈紐也。"按："丑、紐"右文。

紐也。《緯書集成·推度災》："丑者，紐也，萬物之生已定樞紐也。"按："丑、紐"右文。

好也。《寶典》卷十二引《紀曆樞》："丑者，好也，陽施氣，陰受道，陽好陰，陰好陰，剛柔相好，品物厚，制禮作樂，道文明也。"按："好、丑"蓋假借，如《尚書·洪範》"無有作好"，《説文》女部引作"玅"。

寅

演也。《寶典》卷一引《元命苞》："少陽見於寅，寅者，演。"宋均注："演猶生也。"《緯書集成·推度災》："寅者，演也，物演漸大，少陽之氣也。"《白虎通·五行》："寅者，演也。"《釋名·釋天》："寅，演也，演生物也。"按："寅、演"右文、假借，《左傳》哀公十三年"趙鞅呼司馬寅"，《國語·吳語》"乃令董褐請事"注"司馬寅"作"司馬演"。《莊子·外物》"演門有親死者"成玄英疏："（演）亦有作寅者。"

移也。《寶典》卷一引《紀曆樞》："寅者，移也，陽氣動從内戲，盍氏執功，天兵修。"宋均注："盍氏執其農功之事，天兵修。"

螾也[1]《史記·律書》："寅言萬物始生螾然也。"《淮南子·天文》："指寅，則萬物螾螾也。"注："動生貌。"《漢書·律曆志》："引達於寅。"

卯

茂也。《史記·律書》："卯之爲言茂也，言萬物茂也。"《淮南子·天文》："卯則茂茂然。"《緯書集成·推度災》："卯者，茂也，物茂漸成也。"《寶典》卷二引《元命苞》："卯者，茂也。"《白虎通·五行》："卯者，茂也。"

質也。《寶典》卷二引《紀曆樞》："卯者，質也，陰質陽。"按：此"質"蓋"貿"之誤。"陰貿陽"者，陰易爲陽也。

---

[1] 同"引"，《説文》虫部"螾"或作"蚓"。

冒也。《漢書·律曆志》:“冒茆於卯。”《説文》卯部:“卯,冒也。二月萬物冒地而出。”《釋名·釋天》:“卯,冒也,載冒土而出也。”

辰

震也。《淮南子·天文》:“辰則振之也。”《緯書集成·推度災》:“辰者,震也,物振而連也。”《寶典》卷三引《紀曆樞》:“辰者,震也,雷電起而萬物震。”又引《元命苞》:“辰者,震也。”《白虎通·五行》:“辰者,震也。”《説文》辰部:“辰,震也。三月陽氣動,雷電振,民農時也,物皆生。”《漢書·律曆志》:“振美於辰。”[1]按:“辰、震”右文、假借,《易·震卦》“震來虩虩”“震驚百里”,六二“震來厲”、六三“震蘇蘇”、九四“震遂泥”、六五“震往來”,馬王堆漢墓帛書本“震”并作“辰”。

娠也。《史記·律書》:“辰者,言萬物之娠也。”（索隱引或本）按:“辰、娠”右文。

伸也。《釋名·釋天》:“辰,伸也,物皆伸舒而出也。”

巳

起也。《寶典》卷四引《元命苞》:“巳者物畢起。”《白虎通·五行》:“巳者,物必起。”[2]按:“巳、起”假借,《易·姤卦》“包无魚,起凶”,上海博物館藏戰國楚竹書本“起”作“巳”。

次也。《緯書集成·推度災》:“巳者,次也,漸次而進也。”

已也。《史記·律書》:“巳者,言陽氣之已盡也。”《淮南子·天文》:“巳則生已定也。”《寶典》卷四引《紀曆樞》:“巳者,已也。陽氣已出,陰氣已藏,萬物出,成文章。”《漢書·律曆志》:“已盛於巳。”《説文》巳部:“巳,已也。四月陽氣已出,陰氣已藏,萬物見,成文章,故巳爲蛇,象形。”《釋名·釋天》:“巳,已也。陽氣畢布已也。”按:“巳、已”假借,嶽麓書院藏秦簡《猩、敞知盜分贓案》“巳到前,不得錫”、《芮盜賣公列地案》“材巳治蓋,喜欲,與

---

① “震”通“振”。

② “必、畢”通。

喜賀”、《學爲僞書案》“毋擇巳爲卿”，“巳”并“已”之借。

午

滿也。《寶典》卷五引《元命苞》：“午者，物滿長。”宋均注：“午，五也。五，陽所立，故應而謂滿長也。”《白虎通·五行》：“午，物滿長。”

甫也，哺也。《緯書集成·推度災》：“午者，甫也，其時可以哺也。”

午也，仵也，仟也，啎也，咢也，交午義。《史記·律書》：“午者，陰陽交，故曰午。”《淮南子·天文》：“午者，仵也。”《寶典》卷五引《紀曆樞》：“午，仟也。陽氣極于上，陰氣起于下，陰爲政，時有武，故其立字‘十’在‘人’下爲午。”宋均注：“午，仵也，適也，皆相敵之言也。”《説文》午部：“午，啎也，五月陰氣午逆陽，冒地而出。”《釋名·釋天》：“午，仵也，陰氣從下上，與陽相仵逆也。”《漢書·律曆志》：“咢布於午。”按：“午、仵”右文，與“仟、啎、咢”音近義通，并交午義。“午、仵”假借，馬王堆漢墓帛書《春秋事語·殺里克章》“韓閒（簡）午秦□”，“午”爲“仵”之借。

未

味也。《史記·律書》：“未者，言萬物皆成，有滋味也。”《緯書集成·推度災》：“未者，味也，別其滋味，異其美惡也。”《白虎通·五行》：“未，味也。”《説文》未部：“未，味也，六月滋味也。”按：“未、味”右文、假借，《老子》六十三章“味無味”，馬王堆漢墓帛書甲本作“味无未”，郭店楚墓竹簡《老子》甲本作“未亡未”；郭店楚墓竹簡《語叢一》“又（有）臭（嗅）又（有）未”、上海博物館藏戰國楚竹書《凡物流形》（乙本）“虡（咀）之又（有）未”，“未”并“味”之借。

味也，幽昧義。《淮南子·天文》：“未，昧也。”《寶典》卷六引《元命苞》：“未者，昧也。”宋均注：“昧，蒙昧，明少貌也。”《漢書·律曆志》：“昧薆於未。”《釋名·釋天》：“未，昧也，日中則昃向幽昧也。”按：“未、昧”右文。

昧也，衆多義。《寶典》卷六引《紀曆樞》：“未者，昧也，昧者，盛也。”宋均注：“昧者，昧昧，事衆多之類，故曰盛也。”

申

申（伸）也，氣之申也。《史記·律書》：“申者，言陰用事，申賊萬物。”
《緯書集成·推度災》：“申者，伸也，至是而萬物大舒精也。”《寶典》卷七引
《紀曆樞》：“申者，伸也。”宋均注：“陽氣衰，陰氣伸。”按：“申、伸”右文。

申也，物申束也。《説文》申部：“申，神也。七月陰氣成，體自申束。”“神”
當作“申”，詳段注。

吞也。《寶典》卷七引《元命苞》：“申者，吞也。”注：“吞陽所生而成之
也。”《淮南子·天文》：“申之者，呻之也。”按：此“呻”爲“吞”之借。又據
《淮南子·天文》，寅（螾，動生貌）、卯（茂茂然）、辰（振之）、巳（生已定）、午
（忤，陰陽忤逆）、未（眛，幽昧、衰老）、申（呻）、酉（飽）、戌（滅）、亥（閡）、子
（滋）、丑（紐）十二支，自子至巳自物言，自午至亥自氣言。此時爲秋七月，
律中夷則，《淮南子》云：“夷則者，易其則也，德以去矣。”《白虎通·五行》：
“七月謂之夷則何？夷，傷也；則，法也。言萬物始傷，被刑法也。”然則夷
則爲創傷萬物者。故此“呻”爲吞義，故下文“酉”訓“飽”。又，“呻、吞”假
借，如馬王堆漢墓帛書《戰國縱橫家書·蘇秦獻書趙王章》“欲以亡韓、呻兩
周”、《五十二病方·胎產書》“懷子未三月者，呻爵（雀）甕（甕）二，其子男
殹（也）”“取爵（雀）甕（甕）中虫青北（背）者三，產呻之”，“呻”并“吞”之
借。“申、呻”右文。

身也。《白虎通·五行》：“申者，身也。”《釋名·釋天》：“申，身也，物皆
成其身體，各申束之，使備成也。”按：“申”與“信”多通，“信、身”假借，《周
禮·春官·大宗伯》“侯執信圭”注：“信當爲身，聲之誤也。”《禮記·儒行》
“竟信其志”注：“信或爲身。”

堅也。《漢書·律曆志》：“申堅於申。”

酉

老也。《史記·律書》：“酉者，萬物之老也。”《寶典》卷八引《紀曆樞》：
“酉者，老也，萬物衰，枝葉槁。”又引《元命苞》：“壯於酉，酉者，老也，物收

殿。"宋均注："物壯健極則老，老則當殿。"《白虎通·五行》："酉者，老也，物收斂。"《搜神記》卷十九引孔子曰："六畜之物，及龜、蛇、魚、鱉、草木之屬，久者神皆憑依，能爲妖怪，故謂之五酉。五酉者，五行之方，皆有其物。酉者，老也，物老則爲怪。"

飽也。《淮南子·天文》："酉者，飽也。"

醜也。《緯書集成·推度災》："酉者，醜也，物至是而形不嘉，凋殘老醜也。"按："酉、醜"右文。

留也。《漢書·律曆志》："留孰於酉。"按：《説文》"酉"古文作"丣"。"丣、留"右文。

就也。《説文》酉部："酉，就也，八月黍成，可爲酎酒。"

秀也。《釋名·釋天》："酉，秀也；秀者，物皆成也。"按："酉、秀"蓋假借，《説文》艸部："莠，讀若酉。""莠、秀"通，《詩·鄭風·出其東門》"有女如荼"箋"荼，茅秀"釋文："秀本或作莠，音同。"《太玄·從減至晦》"枯垣生莠"司馬光集注："王本莠作秀。"《隸釋》卷三《三公山碑》"稂秀"洪适云："碑以……秀爲莠。"

戌

滅也。《史記·律書》："戌者，言萬物盡滅。"《淮南子·天文》："戌者，滅也。"《緯書集成·推度災》："戌者，滅也，物至是而衰滅也。"《白虎通·五行》："戌者，滅也。"《説文》戌部："戌，滅也。九月陽氣微，萬物畢成，陽下入地也。"按："戌、滅"假借，《莊子·大宗師》"成然寐"釋文："本或作戌，音恤，簡文云：'當作滅。'"

入也。《漢書·律曆志》："畢入於戌。"

恤也。《釋名·釋天》："戌，恤也，物當收斂，矜恤之也。"按："戌、恤"假借，《史記·司馬相如列傳》"眇閻易以戌削"，《漢書·司馬相如傳》"戌"作"恤"。

亥

該也，核也，閡也，閉塞義。《史記·律書》：“亥者，該也，言陽氣藏於下，故該也。”《白虎通·五行》：“亥者，該也。”①《漢書·律曆志》：“該閡於亥。”《寶典》卷十引《紀曆樞》：“亥者，核也。”《淮南子·天文》：“亥者，閡也。”按：“亥、核”右文、假借，《山海經·大荒西經》《竹書紀年》商先王名“亥”，《世本》作“核”，張家山漢簡《奏讞書》“臧（贓）千二百錢，己亥，孔完爲城旦”，“亥”爲“核”之借。

凝核也。《太平經》卷四十：“亥者，核也，乃始凝核也，故水始凝於十月。”

核也，核查、堅核義。《釋名·釋天》：“亥，核也，收藏百物，核取其好惡真僞也，亦言物成皆堅核也。”

駭也。《寶典》卷十引《元命苞》：“亥者，駭。”宋均注：“子爲母主藏寶物，亦還歸其母，出入無畏懼之心，故鳥獸饒馴，不可驚駭也。”按：“亥、駭”右文。

太也。《緯書集成·推度災》：“亥者，太也，既滅既盡，將復，又有始者也。”

荄也。《說文》亥部：“亥，荄也，十月微陽起，接盛陰。”按：“亥、荄”右文。

攝提格

攝，攝持也；提，提攜也；格，格至也。《史記·天官書》“攝提”索隱引《元命苞》：“攝提之爲言提攜也，言提斗攜角，以接於下也。”《淮南子·天文》“攝提格之歲”注：“格，起，言萬物承陽而起也。”《開元占經》卷二十三引《爾雅·釋天》“太歲在寅曰攝提格”李巡注：“言萬物承陽而起，故曰攝提格，格，起也。”孫炎注：“陽攝持提攜萬物使上至。”

單閼

單，殫也；閼，閼遏也。《淮南子·天文》“單閼之歲”注：“單，盡；閼；止

---

① “該”盧本誤“佖”，據《史記》改。

也。陽氣推萬物而起,陰氣盡止也。"《開元占經》卷二十三引《爾雅·釋天》
"太歲在卯曰單閼"李巡注:"日在卯,言陽氣推萬物而起,故曰單閼,單,盡
也;閼,止也。"

單,申也;閼,閼雍也。《開元占經》卷二十三引《爾雅·釋天》孫炎注:
"本單作殫,釋曰殫猶申也,閼雍之物,於此盡申也。"

執徐

執,蟄也;徐,舒也。《淮南子·天文》"執徐之歲"注:"執,蟄;徐,舒也。
伏蟄之物皆散舒而出也。"《開元占經》卷二十三引《爾雅·釋天》"太歲在
辰曰執徐"李巡注:"言蟄之物皆敷舒而出,故曰執徐。執,蟄也;徐,舒也。"
孫炎注:"勾者畢達,蟄伏之物盡敷舒也。"

大荒落

荒,荒大也;落,落落也。《淮南子·天文》"大荒落之歲"注:"荒,大也。
方萬物熾盛而大出,霍然落落大布散。"《開元占經》卷二十三引《爾雅·釋
天》"太歲在巳曰大荒落"李巡注:"言萬物皆熾茂而大出,霍然落落,故曰
荒落。"孫炎注:"物長大荒蕪落莫者也。"

敦牂 (羘)

敦,敦盛也;牂,壯也。《淮南子·天文》"敦牂之歲"注:"敦,盛也;牂,
壯也。言萬物皆盛壯也。"《開元占經》卷二十三引《爾雅·釋天》"太歲在
午曰敦牂"李巡注:"言萬物皆茂狀,猗移其枝,故曰敦牂,敦,茂也;牂,狀
也。"孫炎注:"萬物茂狀也。"

協洽

協,協和;洽,合也。《淮南子·天文》"協洽之歲"注:"協,和;洽,合也。
言陰欲化萬物和合。"《開元占經》卷二十三引《爾雅·釋天》"太歲在未曰
協洽"李巡注:"陰陽化生,萬物和合,故曰協洽。協,和也;洽,和也。"(據《史
記·曆書》正義引校)孫炎注:"物生和洽,含英秀也。"

涒灘

涒，君也，大義；灘，暵也，乾義。《淮南子·天文》"涒灘之歲"注："涒，大；灘，脩也。言萬物皆脩其精氣也。"按：《詩·王風·中谷有蓷》："暵其脩矣。"傳："脩，且乾也。"

灘，單（殫）也。《開元占經》卷二十三引《爾雅·釋天》"太歲在申曰涒灘"李巡注："言萬物皆脩其精氣，故曰涒灘。灘，單盡也。"[1]孫炎注："涒灘，物吐秀傾垂之貌也。"按：《説文》水部："涒，食已而復吐之。"

作鄂（愕）

作，作起也；鄂，落也。《淮南子·天文》"作鄂之歲"注："作鄂，零落也，万物皆跢落。"《開元占經》卷二十三引《爾雅·釋天》"太歲在酉曰作愕"李巡注："在酉，言萬物墜落，故曰作愕，作，索也；愕，茂也。"[2]孫炎注："作愕者，物落而枝起之貌。"《史記·曆書》正義引李巡注："作鄂，萬物皆落，枝起之貌也。"

掩（閹）茂

掩，掩蔽也；茂，冒也。《淮南子·天文》"掩茂之歲"注："掩，蔽；茂，冒也。言万物皆蔽冒。"《開元占經》卷二十三引《爾雅·釋天》"太歲在戌曰閹茂"李巡注："言萬物皆蔽冒，故曰閹茂。閹，蔽也；茂，冒也。"孫炎注："霜閹茂物使俱落也。"

大淵獻

淵，淵深也；獻，獻迎也。《淮南子·天文》"大淵獻之歲"注："淵，藏；獻，迎也。言万物終于亥，大小深藏窟伏以迎陽。"《開元占經》卷二十三引《爾雅·釋天》"太歲在亥曰大淵獻"李巡注："言萬物落於亥，大小深藏，屈近陽，故曰淵獻。淵，藏也；獻，近也。"[3]孫炎注："獻萬物於大深，謂蓋藏也。"

---

① "灘，單盡也"四字，據玄應《音義》卷十七引增。

② "茂"當作"落"。

③ "近"當作"迎"。

困敦

混沌也。《淮南子·天文》"困敦之歲"注："困，混；敦，沌也。言陽氣皆混沌，万物牙蘗也。"《開元占經》卷二十三引《爾雅·釋天》"太歲在子曰困敦"李巡注："在子，言陽氣皆混，萬物芽蘗，故曰困敦。"孫炎注："困敦，混沌也，萬物初萌，混沌於黃泉之下。"

赤奮若

赤，赤色也；奮，奮起也；若，順也。《淮南子·天文》"赤奮若之歲"注："奮，起也；若，順也。言陽奮物而起之，无不順其性也。赤，陽色。"《開元占經》卷二十三引《爾雅·釋天》"太歲在丑曰赤奮若"李巡注："言陽氣奮迅萬物而起，不若其性，故曰赤奮若陽也。奮，迅也；若，順也。"孫炎注："物萌色赤，奮動順其性，而氣始芽也。"

閼蓬（逢）

閼，閼遏也；蓬，鋒也。《淮南子·天文》"寅在甲曰閼蓬"注："言萬物鋒芒欲出，擁遏未通，故曰閼蓬也。"玄應《音義》卷十七引《爾雅·釋天》"太歲在甲曰閼逢"李巡注："言萬物鋒芒欲出，擁遏未通，曰閼逢。"

旃蒙

蒙，蒙覆也。《淮南子·天文》"卯在乙曰旃蒙"注："在乙，言萬物遏蒙甲而出，故曰旃蒙也。"

柔兆

柔，柔婉也；兆，徵兆也。《淮南子·天文》"辰在丙曰柔兆"注："在丙，言萬物皆生枝布葉，故曰柔兆也。"玄應《音義》卷十七引《爾雅·釋天》"太歲在丙曰柔兆"孫炎注："萬物柔婉有條兆也。"李巡注："言萬物皆垂枝布葉，故曰柔兆也。"

強圉

強，剛強也；圉，圉圉也。《淮南子·天文》"巳在丁曰強圉"注："在丁，言萬物剛盛，故曰強圉也。"玄應《音義》卷十七引《爾雅·釋天》"太歲在丁曰強圉”李巡注:“言萬物皆剛盛未通,故曰强圉。”孫炎注:“萬物皮孚堅者也。”

著雝

著,附著也;雝,雍也。《淮南子·天文》“午在戊曰著雝”注:“在戊,言位在中央,萬物繁養四方,故曰著雝也。”按:《説文》戊部:“戊,中宫也。”《漢書·律曆志》:“宫,中也,居中央,暢四方。”《樂書》卷一百五《樂圓論》:“宫,土音,其性圓而居中。”然則此著雝義爲萬物附著四方,獨環擁其中,若水繞辟雍然。

屠維

屠,剮屠也,别義;維,離也。《淮南子·天文》“未在己曰屠維”注:“在己,言萬物各成其性,故曰屠維,屠,别;維,離也。”按:《説文》尸部:“屠,剮也。”剮即中分,中分爲别。

上章

上升彰顯也。《淮南子·天文》“申在庚曰上章”注:“在庚,言陰氣上升,万物畢生,故曰上章也。”

重光

重,重複也;光,光明也。《淮南子·天文》“酉在辛曰重光”注:“在辛,言萬物就成熟其煌煌,故曰重光也。”

玄黓

玄,玄色;黓,黓色也。并黑義。《淮南子·天文》“戌在壬曰玄黓”注:“在壬,言歲終包任萬物,故曰玄黓也。”

昭陽

昭,召也;陽,陽氣也。《淮南子·天文》“子在癸曰昭陽”注:“在癸,言陽氣始萌,萬物合生,故曰昭陽。”

陬月

陬,陬隅也。《寶典》卷一引《爾雅》“正月爲陬”李巡注:“正月万物萌牙,陬隅欲出曰陬,陬出之也。”

如月

如，自如也。《寶典》卷二引《爾雅》“二月爲如”李巡注：“二月萬物戴甲負荤，其性自如也，故曰如。”孫炎注：“萬物皆生，如其性也。”

病月

病，病弱也。《寶典》卷三引《爾雅》“三月爲病”李巡注：“三月陰氣在上，陽氣未壯，万物微弱，故曰病，病，微弱也。”

病，柄也。《寶典》卷三引《爾雅》“三月爲病”孫炎注：“物已絶地，有莖柄也。”按：“病、柄”右文。

余月

余，舒也。《詩·小雅·小明》“日月方除”疏引《爾雅·釋天》“四月爲余”李巡注：“四月萬物皆生枝葉，故曰余，余，舒也。”孫炎注：“物之枝葉敷舒然。”按：“余、舒”假借，《爾雅·釋天》“四月爲余”釋文：“余，孫作舒。”清華大學藏戰國竹簡《第十五章》“陳公子謹（徵）余殺其君霝（靈）公”，“余”爲“舒”之借。

皋月

皋，高也。《寶典》卷五引《爾雅》“五月爲皋”李巡注：“五月万物盛壯故曰皋，皋，大也。”孫炎注：“皋，物長之貌。”

且月

且，次且也，行不進也。《寶典》卷六引《爾雅》“六月爲且”李巡注：“六月陰氣將盛，萬物將衰，故曰且，時也。”

粗也。《寶典》卷六引《爾雅》“六月爲且”孫炎注：“且之言麁，物麁大。”按：“麁、粗”異體，“且、粗”右文。

相月

相，相視也。《寶典》卷七引《爾雅》“七月爲相”李巡注：“七月萬物勁剛，大小善惡皆可視而相，故曰相也。”

相，糠也。《寶典》卷七引《爾雅》“七月爲相”孫炎注：“相，糠也，物實生皮之也。”

壯月

壯，壯大也。《寶典》卷八引《爾雅》“八月爲壯”李巡注：“八月萬物成熟，形體剛，故曰壯也。”孫炎注：“物實完壯而勁成也。”

玄月

玄，玄色，黑也。《詩·小雅·何草不黃》“何草不玄”疏引《爾雅·釋天》“九月爲玄”孫炎注：“物衰而色玄也。”李巡注：“九月萬物畢盡，陰氣侵寒，其色皆黑。”

陽月

避諱而稱陽也。《西京雜記》卷五引董仲舒《雨雹對》：“十月陰雖用事，而陰不孤立，此月純陰，疑於無陽，故謂之陽月。”《詩·小雅·采薇》“歲亦陽止”箋：“十月爲陽，時坤用事，嫌於無陽，故以名此月爲陽。”《寶典》卷十引《爾雅》“十月爲陽”李巡注：“十月萬物深藏伏而待陽也。”孫炎注：“純陰用事，嫌於無陽，故曰陽。”

辜月

辜，辜任也。《寶典》卷十一引《爾雅》“十一月爲辜”李巡注[①]：“十一月，萬物虛無，須陽任養，故曰辜任也。”

辜，罪辜也。《寶典》卷十一引《爾雅》“十一月爲辜”孫炎注：“物幽閉蟄伏，如有罪辜。”

涂月

涂，舒也。《寶典》卷十二引《爾雅》“十二月爲涂”李巡注：“十二月萬物始牙，陽氣尚微，故曰涂，涂，微也。”按：此言陽氣雖微、氣漸舒也。

太昊（皞）

太，大也；昊，擾也。《寶典》卷一引《元命苞》：“其帝太昊，太昊者大起，

---

① “辜”本訛“事”。

言萬物動擾擾。"《白虎通·五行》："太皥者,大起萬物擾也。"按:《周禮·天官·大宰》"以安邦國,以教官府,以擾萬民"注:"擾猶馴也。"然則此"擾"義爲少陽之氣大起驚擾萬物使之順從。

句芒

句,句曲也;芒,萌也。《寶典》卷一引《元命苞》:"其神勾芒者,始萌。"《白虎通·五行》:"句芒者,物之始生,……芒之爲言萌也。"

蓐收

蓐,紉也。《寶典》卷七引《元命苞》:"(秋)其神蓐收者,紉收也。"注:"物結紉而强也。"

玉燭

德如玉,明若燭也。《爾雅·釋天》"(四時)四氣和謂之玉燭"疏引李巡云:"人君德美如玉,而明若燭。"

發生

發,生發也;生,生長也。《爾雅·釋天》"(四時)春爲發生"釋文引李巡云:"萬物各發生長也。"

釋地第二

土

吐也。《尚書·周官》"司空掌邦土"孔安國傳:"土能吐生百穀,故曰土。"《説文》土部:"土,地之吐生萬物者也,二象地之上、地之中,丨,物出形也。"(段本)《尚書·禹貢》"厥田惟中中"疏引鄭玄云:"地當陰陽之中,能吐生萬物者曰土。"《周禮·地官·大司徒》"辨十有二壤之物"注:"壤亦土也,變言耳。以萬物自生焉則言土,土猶吐也。"《釋名·釋天》:"土,吐也,能吐生萬物也。"又《釋地》:"土,吐也,吐生萬物也。"按:《韓詩外傳》卷七:"夫土者,掘之得甘泉焉,樹之得五穀焉,草木植焉,鳥獸魚鼈遂焉。"此蓋"吐"之義也。又,"土、吐"右文、假借,見《釋天》"土"。

地

易也。《御覽》卷三十六引《元命苞》：“地者，易也，言養物懷任，交易變化，含吐應節，故其立字‘土、力’於‘一’者爲地。”

施也，諦也。《白虎通·天地》：“地之言施也，諦也，言養萬物懷任，應施變化，審諦不誤，敬始重終，故謂之地也。”（據劉師培說改）《釋名·釋地》：“地……亦言諦也，五土所生，莫不審諦也。”

媲也。《御覽》卷三十六引《說題辭》：“地之爲言媲也[①]，承天行其義也，居下，以山爲位，道之經也，山陵之大，非地不制，含功以牧生，故其立字‘土、力’於‘一’者爲地。”

麗也。《爾雅·釋地》釋文引許慎注《淮南子》：“地，麗也。”

底也。《釋名·釋地》：“地，底也，其體底下，載萬物也。”

田

敕也，陳也。《爾雅·釋地》“郊外謂之牧”釋文引李巡本“牧”作“田”，云：“田，敕也，謂敕列種穀之處。”[②]《說文》田部：“田，陳也，樹穀曰田。”

佃也。《周禮·考工記·匠人》“一耦之伐，廣尺深尺謂之畎，田首倍之”注：“田，一夫之所佃。”按：“田、佃”右文。

填也。《釋名·釋地》：“已耕者曰田，田，填也，五稼填滿其中也。”

畋

田也。《說文》攴部：“畋，平田也。”按：“畋、田”右文、假借，《尚書·大禹謨》“往于田”釋文：“田本或作畋。”《禮記·王制》“佐車止，則百姓田獵”，《說苑·修文》引“田”作“畋”；《老子》十二章“馳騁畋獵”，馬王堆漢墓帛書甲、乙本“畋”并作“田”。

井田

田似井字也。《周禮·地官·小司徒》“九夫爲井”注：“采地制井田……

立其五溝五塗之界,其制似'井'之字,因取名焉。"《釋名·釋州國》:"周制:
九夫爲井,其制似'井'字也。"

菑

災殺也。《詩·小雅·采芑》"于彼新田,于此菑畝"疏引《爾雅·釋地》
"一歲曰菑"孫炎注:"菑,始災殺其草木也。"《爾雅》釋文引孫注:"菑,音
災。"按:此以"災"釋"菑","菑、災"右文、假借,《尚書·微子》"天毒降災荒
殷邦",《史記·宋微子世家》"災"作"菑";《詩·魯頌·閟宮》"無災無害"釋
文:"災本亦作菑。"《史記·孝文帝本紀》"則天示之以菑",《漢書·文帝紀》
"菑"作"災"。

新田

新成之田也。《詩·小雅·采芑》"于彼新田,于此菑畝"疏引《爾雅·釋
地》"二歲曰新田"孫炎注:"新田,新成柔田也。"

畬

舒也,和義。《詩·小雅·采芑》"于彼新田,于此菑畝"疏引《爾雅·釋
地》"三歲曰畬"孫炎注:"畬,和也,田舒緩也。"按:"畬"從"余"聲,"余、
舒"假借,《爾雅·釋天》"四月爲余"釋文:"余,孫作舒。"

籍(藉、耤)田

籍,借也。《説文》耒部:"耤,帝耤千畝也,古者使民如借,故謂之耤。"
《初學記》卷三引蔡邕《月令章句》:"天子藉田千畝,以供上帝之粢盛,借
人力以成其功,故曰帝藉。"《禮記·王制》"古者公田藉而不税"注:"藉之
言借也,借民力,治公田。"《周禮·天官·甸師》"耕耨王藉"注:"藉之言借
也。"《詩·周頌·載芟·序》"春籍田而祈社稷也"箋:"籍之言借也,借民力
治之,故謂之籍田。"《國語·周語上》"不藉千畝"注:"籍,借也,借民力以
爲之。"《穀梁傳》宣公十五年"藉而不税"疏引徐邈曰:"藉,借也,謂借民力
治公田,不税民之私也。"《風俗通·祀典》:"古者使民如借,故曰籍田。"按:
"藉、籍、借"右文、假借,《戰國策·韓策一》"其寡力者籍外權",《韓非子·説

林上》“籍”作“借”；《史記·季布欒布列傳》“少年多時時竊籍其名以行”，
《漢書·季布傳》“籍”作“借”；《史記·范雎蔡澤列傳》“借賊兵而齎盜糧者
也”索隱：“借……一作籍。”《詩·大雅·抑》“借曰未知”，《漢書·霍光傳》
引“借”作“藉”（宋慶元元年刻本）；《戰國策·西周策》“而藉兵乞食於西周”，
《史記·孟嘗君列傳》“藉”作“借”。

籍，蹈籍也。《史記·孝文本紀》“其開籍田”集解引臣瓚曰：“景帝詔
曰：‘朕親耕，后親桑，爲天下先。’本以躬親爲義，不得以假借爲稱也，籍，蹈
籍也。”

籍，典籍也。《詩·周頌·載芟》“春籍田而祈社稷也”疏引《漢書》孝文
二年開籍田，應劭曰：“籍田千畝，典籍之田。”

爰（轅、赳）田

爰，易也。《左傳》僖公十五年“晉於是乎作爰田”疏引服虔云：“爰，易
也，賞衆以田，易其疆畔。”《國語·晉語三》“作轅田”注引賈侍中云：“轅，
易也，爲易田之法賞衆，以田易疆界也。”《說文》走部：“赳，赳田，易居也。”

轅，車轅也，指車賦。《國語·晉語三》“作轅田”注引或云：“轅，車也，
以田出車賦。”韋昭云：“此欲賞以悦衆，而言以田出車賦，非也。”

圭田

圭，蠲也，潔義。《周禮·考工記·匠人》“九夫爲井”注：“圭之言珪潔
也。”《孟子·滕文公上》“卿以下必有圭田”趙岐注：“古者卿以下至於士，
皆受圭田五十畝，所以供祭祀也。圭，潔也。”按：“圭、珪”異體字。“圭潔”
之“圭”通“蠲”，“蠲潔”爲明潔義。“圭、蠲”假借，《周禮·秋官·蜡氏》“令
州里除不蠲”注：“蠲讀如‘吉圭惟饎’之圭。”《詩·小雅·天保》作“吉蠲爲
饎”；《儀禮·士虞禮記》“圭爲而哀薦之”注：“圭，絜也。《詩》曰：‘吉圭爲
饎。’”《吕氏春秋·尊師》“臨飲食，必蠲絜”注：“蠲讀曰圭也。”

宅田

宅，民宅也。《周禮·地官·載師》“以宅田、士田、賈田任近郊之地”注引

鄭司農云：“宅者，民宅曰宅，宅田者，以備益多也。”

宅，致仕者之宅也。《周禮·地官·載師》注：“宅田，致仕者之家所受田也。”

士田

士大夫之子得而耕之田也。《周禮·地官·載師》“以宅田、士田、賈田任近郊之地”注引鄭司農云：“士田者，士大夫之子得而耕之田也。”

士大夫所受田也。《周禮·地官·載師》注：“士讀爲仕，仕者亦受田，所謂圭田也。”

賈田

吏爲縣官賈貨與之田也。《周禮·地官·載師》“以宅田、士田、賈田任近郊之地”注引鄭司農云：“賈田者，吏爲縣官賣財與之田。”

在市賈人之家所受田也。《周禮·地官·載師》注：“賈田，在市賈人其家所受田也。”

官田

官家之田也。《周禮·地官·載師》“以官田、牛田、賞田、牧田任遠郊之地”注引鄭司農云：“官田者，公家之所耕田。”

庶人在官者之田也。《周禮·地官·載師》注：“官田，庶人在官者其家所受田也。”

牛田

養公家牛之田也。《周禮·地官·載師》“以官田、牛田、賞田、牧田任遠郊之地”注引鄭司農云：“牛田者，以養公家之牛。”

牧牛者之家所受田也。《周禮·地官·載師》注：“牛田、牧田，畜牧者之家所受田也。”

牧田

畜牧者之家所受田也。《周禮·地官·載師》“以官田、牛田、賞田、牧田任遠郊之地”注引鄭司農云：“牧田者，牧六畜之田。”鄭玄注：“牛田、牧田，畜牧者之家所受田也。"按：孔穎達以爲，官田、牛田、牧田，鄭玄與司農不同者，因載師所司田爲出賦税而言，司農之説爲公田，無賦税之事，"（玄）必易司農者，以載師掌任土之法，以物地事所陳者爲制貢賦而言也。若官所耕田及牛牧之田，則自公家所田，無賦税之事。"（《詩·魯頌·駉》疏）

賞田

賞賜之田也。《周禮·地官·載師》"以官田、牛田、賞田、牧田任遠郊之地"注引鄭司農云："賞田者，賞賜之田。"

甫田

丈夫所税田也。《詩·小雅·甫田》"倬彼甫田"箋："甫之言丈夫也。明乎彼大古之時，以丈夫税田也。……九夫爲井，井税一夫，其田百畝。井十爲通，通税十夫，其田千畝。通十爲成，成方十里，成税百夫，其田萬畝。"

鳩

九也。《左傳》襄公二十五年"井衍沃"注"衍沃，平美之地，則如《周禮》制，以爲井田六尺爲步，步百爲畝，畝百爲夫，九夫爲井"，疏引賈逵云："藪澤之地，九夫爲鳩，八鳩而當一井也。"按："九、鳩"右文、假借，《莊子·天下》"而九雜天下之川"釋文："九音鳩，本亦作鳩。"

規

九也。《左傳》襄公二十五年"井衍沃"注"衍沃，平美之地，則如《周禮》制，以爲井田六尺爲步，步百爲畝，畝百爲夫，九夫爲井"，疏引賈逵云："偃豬之地，九夫爲規，四規而當一井也。"

原

端也。《御覽》卷五十七引《説題辭》："原，端也，平而有度也。"宋均注："度，法則也。"

元也。《釋名·釋地》："廣平曰原，原，元也，如元氣廣大也。"按："原、元"假借，《史記·司馬相如傳》"非常之原，黎民懼焉"，《漢書·司馬相如傳》"原"作"元"。

墠

坦也。《詩·鄭風·東門之墠》“東門之墠”，《華嚴經音義》卷八引韓詩：“墠猶坦，言平地也。”按：《説文》土部：“墠，野土也。”“墠、壇”多通，《鄭風·東門之墠》釋文本作“壇”，云：“依字當作墠。”《周禮·夏官·大司馬》“暴内陵外，則壇之”注：“壇讀如同墠之墠……鄭司農云：‘……書亦或爲墠。’”《史記·孝文帝本紀》“其廣增諸祀墠場珪幣”，《漢書·文帝紀》“墠”作“壇”。“壇、坦”右文。

坪

平也。《説文》土部：“坪，地平也。”按：“平、坪”右文、假借，《老子》三十五章“往而不害，安平太”，郭店楚墓竹簡《老子》丙“平”作“坪”；郭店楚墓竹簡《尊德義》“不川（順）不坪”，“坪”爲“平”之借；放馬灘秦墓簡牘《日書甲種·建除》“坪於未”，睡虎地秦墓竹簡《日書》甲、乙種“坪”皆作“平”。

澤

潤澤也。《風俗通·山澤》：“傳曰：‘水草交厝名之爲澤，澤者。’言其潤澤萬物以阜民用也。”《釋名·釋地》：“下而有水曰澤，言潤澤也。”

墳壤

墳，蚡鼠也。《周禮·地官·草人》“凡糞種……墳壤用麋”注引鄭司農云：“墳壤，多蚡鼠也。”

田燭

田首爲燭也。《禮記·郊特牲》：“喪者不哭，不敢凶服，氾埽反道，鄉爲田燭。”注：“田燭，田首爲燭也。”疏：“六鄉之民，各於田首設燭照路，恐王祭郊之早。”

伐

發也。《周禮·考工記·匠人》“一耦之伐，廣尺深尺謂之甽，田首倍之”注：“壟中曰甽，甽上曰伐，伐之言發也。”《續漢書·禮儀志》“天子、三公、九卿、諸侯、百官以次耕”注引盧植注《禮記》曰：“一耦之伐，廣尺深尺，伐，發也。"孔穎達云："言伐者，以耜擊伐此地，使之發起也。"（《詩·周頌·噫嘻》"駿發爾私"疏）按："伐、發"假借，《逸周書·官人》"發其所能"，《大戴禮記·文王官人》"發"作"伐"；銀雀山漢墓竹簡《六韜·兵令》"全功發之得"，"發"爲"伐"之借；北京大學藏西漢竹書《老子》"不自發故有功"，今本二十二章"發"作"伐"。

釋山第三

山

宣也。《開元占經》卷一引張衡《靈憲》："地有山嶽以宣其氣。"《藝文類聚》卷七引《説題辭》："山之爲言宣也，含澤布氣，調五神也。"《説文》山部："山，宣也，謂能宣散氣，生萬物也。"（段本）

含也。《類聚》卷七引《元命苞》："山者氣之包含，所含精藏雲，故觸石布出。"

産也。《釋名·釋山》："山，産也，産生物也。"

阜

茂也。《風俗通·山澤》："阜者，茂也，言平地隆踊，不屬於山陵也。"

厚也。《釋名·釋山》："土山曰阜，阜，厚也，言高厚也。"按：《文選·陸倕〈石闕銘〉》"歲阜民和"李善注引賈逵《國語》注："阜，厚也。"《國語·周語上》"其所以阜財用衣食者也"、《周語中》"不義則利不阜""惠以和民則阜"、《晉語四》"利以阜姓"注并云："阜，厚也。"此雖非土山義，亦《釋名》聲訓之由來。

陵

棱也。《御覽》卷五十三引《説題辭》："陵之爲言棱也，輔山成其廣，層棱扶推益厥長也。"[①]按："陵、棱"右文。

隆也。《釋名·釋山》："大阜曰陵，陵，隆也，體隆高也。"

---

① 二"棱"字本并訛"稜"。

陂

　　繁也。《風俗通·山澤》:"傳曰:'陂者,繁也。'言因下鍾水以繁利萬物也。"

　　陂陁也。《釋名·釋山》:"山旁曰陂,言陂陁也。"

隰

　　濕也。《尚書大傳·禹貢》:"下而平者謂之隰,隰之言濕也。"《御覽》卷五十七引《説題辭》:"下濕曰隰,隰者,濕也,下而澤也。"《爾雅·釋地》:"下濕曰隰。"疏引李巡曰:"下濕謂土地宨下,常沮洳,名爲隰也。"《尚書·禹貢》"原隰底績"傳、《詩·邶風·簡兮》"隰有苓"傳、《秦風·車鄰》"隰有栗"傳、《小雅·皇皇者華》"于彼原隰"傳、《周禮·地官·大司徒》"辨其山林川澤丘陵墳衍原隰之名物"注、《國語·周語上》"猶其有原隰衍沃也"注、《吕氏春秋·孟春紀》"善相丘陵阪險原隰"注并云:"下濕曰隰。"《釋名·釋地》:"下濕曰隰,隰,墊也,墊濕意也。"[①]按"隰、濕"右文、假借,如《左傳》桓公三年"逐翼侯于汾隰",《山堂考索》後集卷四十五引"隰"作"濕";《春秋》襄公八年"獲蔡公子濕"《穀梁傳》釋文:"濕本又作隰。"阜陽漢簡《詩經·邶風》"山有業亲(榛),濕有□",今本《詩·邶風·簡兮》"濕"作"隰"。

麓(鹿)

　　林也。《穀梁傳》僖公十四年:"林屬於山爲鹿。"《説文》林部"麓"下引一曰:"林屬於山爲麓。"《春秋》僖公十四年"沙鹿崩",《左傳》疏引服虔曰:"林屬於山曰鹿。"《淮南子·泰族》"既入大麓,烈風雷雨而不迷"注:"林屬於山曰麓。"《風俗通·山澤》:"麓,林屬於山者也。"《易·屯卦》"即鹿无虞"集解引虞翻注:"山足稱鹿,鹿,林也。"

　　陸也。《釋名·釋山》:"山足曰麓,麓,陸也,言水流順陸燥也。"

石

　　托也。《御覽》卷五十一引《説題辭》:"《周易》艮爲山,爲小石,石,陰中

---

① 二"墊"本并作"蜇",從王先慎説改,詳《釋名疏證補》。

之陽,陽中之陰,陰精輔陽,故山合石,石之爲言託,立法也。”

格也。《釋名·釋山》:“山體曰石,石,格也,堅捍格也。”

磐

磐紆也。《易·漸卦》“鴻漸于磐”疏引馬融云:“山中石磐紆,故稱磐也。”

安也。《易·漸卦》“鴻漸于磐”王弼注:“磐,山石之安者也。”釋文:“磐,山石之安也。”

會稽

會計也。《史記·夏本紀》:“禹會諸侯江南,計功而崩,因葬焉,命曰會稽,會稽者,會計也。”《吳越春秋》卷四:“禹登茅山以朝四方群臣,觀示中州諸侯,防風後至,斬以示衆,示天下悉屬禹也,乃大會計治國之道……遂更名茅山曰會稽之山。”

柱州

柱,中柱也。《緯書集成·春秋命曆序》“天皇被迹在柱州崑崙山下”注:“崑崙爲天之中柱,故曰柱州。”

繹繹之山

繹,絡繹也。《白虎通·封禪》:“三皇禪於繹繹之山,明已成功而去,有德者居之,繹繹者,無窮之意也。”

亭亭之山

亭,諟也。《白虎通·封禪》:“五帝禪於亭亭之山,亭亭者,制度審諟,道德著明也。”

梁甫(父)

梁,諒也,諒,信也,信,申也;甫,輔也。《白虎通·封禪》:“三王禪於梁甫之山,梁者,信也。甫者,輔也。信輔天地之道而行之也。”按:“梁、諒”假借,《禮記·喪服四制》:“《書》曰:‘高宗諒闇。’”注:“諒,古作梁。”《論語·憲問》“高宗諒陰”釋文:“諒陰,鄭讀《禮》爲梁鶹。”“甫、輔”右文、假借,上海博物館藏戰國楚竹書《天子甲》《天子乙》“冐=(日月)得其甫”,“甫”爲

“輔”之借（蘇建洲《讀〈上博（六）·天子建州〉筆記》）。

梁，諒也，諒，信也，信，申也；甫，父也。《風俗通·正失》：“三王禪于梁父，梁者，信也，信父者子，言父子相信與也。”《御覽》卷五三六引《禮記·逸禮》：“三王禪梁父，連延不絕，父死子繼也。”“甫、父”假借，《詩·大雅·緜》“古公亶父”釋文：“父本亦作甫。”《孟子·梁惠王下》引作“甫”；《儀禮·士冠禮》“曰伯某甫”注：“甫字或作父。”《春秋》桓公十四年“齊侯禄父卒”，《史記·齊太公世家》“父”作“甫”。

嶽

捔也。《白虎通·巡狩》：“嶽者何謂也？嶽之爲言捔也，捔功德也。”《風俗通·山澤》：“嶽者，捔功考德，黜陟幽明也。”

岱

代也。《御覽》卷三十九引《五經通義》：“（泰山）一曰岱宗，言王者受命易姓，報功告成，必于岱宗也，東方，萬物始交代之處。”《白虎通·封禪》：“所以必於泰山何？萬物之始交代之處也。”《風俗通·正失》：“所以必于岱宗者……萬物之宗，陰陽交代。”按：“岱、代”右文、假借，《莊子·説劍》“齊岱爲鍔”，《類聚》卷六十引“岱”作“代”；《楚辭·大招》“代秦鄭衛”，《考異》：“代一作岱。”

始也。《風俗通·山澤》：“岱者，始也；宗者，長也。萬物之始，陰陽交代，云觸石而出，膚寸而合，不崇朝而遍雨天下，其惟泰山乎！”[1]

霍山

霍，護也。《白虎通·巡狩》：“南方爲霍山者何？霍之爲言護也，言太陽用事，護養萬物也。”

霍，霍然也。《風俗通·山澤》：“南方衡山，一名霍山，霍者，萬物盛長，垂枝布葉，霍然而大。”

---

[1] “始也，宗者”四字本無，據《尚書·舜典》疏、《左傳》昭公四年疏引補。

華山

華，穰也。《白虎通·巡狩》：“西方爲華山者何？華之爲言穰也，言萬物成熟，可得穰也。”

華，譁也。《風俗通·山澤》：“西方華山，華者，華也，萬物滋熟，變華於西方也。”[①]按：“華、譁”右文、假借，銀雀山漢墓竹簡《晏子·内篇問上》二十、二十一“弗華於外”、《六韜·葆啓》“夫以百生（姓）而攻天子，可華而舍乎”，“華”并“譁”之借。

恒山

恒，恒常也。《白虎通·巡狩》：“北方爲恒山者何？恒者，常也，萬物伏藏於北方有常也。”《風俗通·山澤》：“北方恒山，恒者，常也，萬物伏藏於北方有常也。”

嵩高

嵩，高也。《白虎通·巡狩》：“中央爲嵩高者何？嵩言其高大也。”《風俗通·山澤》：“中央曰嵩高，嵩者，高也。”按：“嵩、高”假借，《文選·陸機〈赴洛川道中作〉》“頓轡倚嵩巖”舊校：“嵩，五臣作高。”《漢書·武帝紀》“翌日親登崇嵩”（宋慶元元年刻本），王念孫《讀書雜志》以爲“嵩”當依景祐本作“高”。

嵩，竦也。《釋名·釋山》：“山大而高曰嵩，嵩，竦也，亦高稱也。”按：“嵩、竦”假借，《釋名疏證補》引許克勤云：“漢碑多以‘嵩’爲‘嵸’，《桐柏碑》‘宫廟嵩峻’、《三公山碑》‘厥體嵩厚’、《唐扶頌》‘嵩如不傾’，‘嵸’皆作‘嵩’。此訓‘嵩’爲‘竦’者，楊雄《長楊賦》‘整輿竦戎’李注云‘竦與嵸古字通’是也。”又徐復云：“嵩亦作崧，見《爾雅》。《白虎通·宗廟》：‘松者，所以自竦動。’崧字從松，故有竦訓。”（徐復《釋名補疏》）

朝陽

朝，晨朝；陽，太陽也。《尚書·武成》“歸馬于華山之陽”疏引李巡曰：

---

①　王念孫《廣雅疏證》以“變華”之“華”通“譁”。

"山東朝乃見日，故云朝陽。"《大雅·卷阿》疏引孫炎云："（朝陽）朝先見日也。"《釋名·釋山》："山東曰朝陽，山西曰夕陽，隨日所照而名之也。"

夕陽

夕，日夕也。《尚書·武成》"歸馬于華山之陽"疏引李巡曰："山西暮乃見日，故曰夕陽。"《大雅·公劉》疏引孫炎云："（夕陽）夕乃見日。"

畝丘

畝，田畝也。《詩·小雅·巷伯》"猗于畝丘"疏引李巡曰："謂丘如田畝，曰畝丘也。"《釋名·釋丘》："畝丘，丘體滿一畝之地也。"

乘丘

乘，車乘也。《爾雅·釋丘》："如乘者，乘丘。"釋文引李云"形如車乘"。《釋名·釋丘》："如乘曰乘丘，四馬曰乘，一基在後，似車，四列在前，似駕馬車之形也。"

陼丘

陼，渚也。《爾雅·釋丘》："如陼者，陼丘。"[1]《説文》𨸏部："陼，如渚者陼丘，水中高者也。"《釋名·釋丘》："如陼者曰陼丘，形似水中之高地，隆高而廣也。"按："陼、渚"右文、假借，《爾雅·釋水》"小洲曰陼"，《説文》水部"渚"下引作"陼"；《國語·齊語》"渠弭於有渚"，《管子·小匡》"渚"作"陼"；《史記·司馬相如列傳》"掩薄草渚"，《漢書·司馬相如傳》"渚"作"陼"。

負丘

負，背負也。《爾雅·釋丘》："丘背有丘爲負丘。"按：《禮記·明堂位》"天子負斧依南鄉而立"注："負之言背也。"又《曲禮上》"負劍辟咡詔之"注："負謂置之於背。"《儀禮·喪服記》"負廣出於適寸"注："負，在背上者也。"

墳

如墳墓也。《爾雅·釋丘》"墳，大防"疏引李巡曰："墳謂厓岸狀如墳

---

① 上"陼"通"渚"。

墓，名大防也。"

釋水第四

海

委也。《禮記·鄉飲酒義》"祖天地之左海也"注："海，水之委也。"

晦也。《釋名·釋水》："海，晦也，主承穢濁，其色黑而晦也。"按："海、晦"右文、假借，《易·明夷卦》"不明晦"、馬王堆漢墓帛書本"晦"作"海"。《老子》二十章"澹兮其若海"釋文："嚴遵作'忽兮若晦'。"《吕氏春秋·求人》"北至人正之國、夏海之窮"，《淮南子·時則》"海"作"晦"。

江

貢也。《風俗通·山澤》引《尚書大傳》《禮·三正記》："江者，貢也，珍物可貢獻也。"按："江、工"假借，馬王堆漢墓帛書《戰國縱橫家書·麛皮對邯鄲君章》"工君奚恤"，"工"爲"江"之借。"工、貢"右文、假借，《易·繫辭上》"六爻之義易以貢"釋文："貢，陸、虞作工。"馬王堆漢墓帛書《周易經傳·繫辭》作"工"。

公也。《釋名·釋水》："江，公也，諸水流入其中，所公共也。"按："工、公"假借，《詩·大雅·靈臺》"矇瞍奏公"，《楚辭·九章·懷沙》注引"公"作"工"（四部叢刊景明翻宋本）。《隸釋》卷十《太尉陳球碑》"公生公子完，適齊，爲桓公公正"洪适云："陳敬仲至齊爲工正，掌百工之官也，而此作'公正'……借用也。"

河

伯也。《御覽》卷八引《援神契》："河者，水之伯，上應天漢。"宋均注："伯，其最長也，水始於河，而終入於海，故曰'河者水之伯'也。"[①]

荷也。《水經注·河水》引《説題辭》："河之爲言荷也，荷精分布，懷陰

---

① 宋均注語見《緯書集成》引清河郡本。

引度也。"按："河、荷"右文，假借，《尚書·禹貢》"達于河"，《説文》水部引"河"作"荷"。又，此"荷精分布"之"荷"爲"何"之借，"河、何"右文，假借，《詩·商頌·玄鳥》"景員維河"釋文："河本或作何。"箋："河之言何也。"《史記·天官書》"其北河鼓"，《爾雅·釋天》"河"作"何"；《隸釋》卷九《故民吳仲山碑》"感痛奈河"，洪适以爲"河"爲"何"。

播也。《風俗通·山澤》引《尚書大傳》《禮·三正記》："河者，播也，播爲九流，出龍圖也。"

下也。《釋名·釋水》："河，下也，隨地下處而通流也。"

徒駭

徒，徒衆也；駭，驚駭也。《尚書·禹貢》"九河既道"疏引《爾雅·釋水》李巡注："徒駭，禹疏九河，以徒衆起，故云徒駭。"孫炎注："徒駭，禹疏九河，用功雖廣，衆懼不成，故曰徒駭。"

太史

太，大也；史，使也。《尚書·禹貢》"九河既道"疏引《爾雅·釋水》李巡、孫炎注："太史，禹大使徒衆，通其水道，故曰太史。"按："大、太"右文、假借，《尚書·禹貢》"大行"，《史記·夏本紀》作"太行"；《詩·小雅·巧言》"昊天大幠"，《新序·節士》引"大"作"太"；《禮記·樂記》"樂著大始"，《史記·樂書》"大"作"太"。"史、使"右文、假借，《易·巽卦》"用史巫紛若吉"，馬王堆漢墓帛書本"史"作"使"；《禮記·雜記上》"客使自下由路西"注："使或爲史。"馬王堆漢墓帛書《戰國縱橫家書·公仲倗謂韓王章》"史信王之救己也"，"史"爲"使"之借。

馬頰

狀如馬頰也。《尚書·禹貢》"九河既道"疏引《爾雅·釋水》李巡、孫炎注："馬頰，河勢上廣下狹，狀如馬頰也。"

覆釜

形如覆釜。《尚書·禹貢》"九河既道"疏引《爾雅·釋水》李巡、孫炎注：

“覆釜,水中多渚,往往而處,形如覆釜。”

胡蘇

　　胡,下也;蘇,流也。《尚書·禹貢》“九河既道”疏引《爾雅·釋水》李巡、孫炎注:“胡蘇,其水下流,故曰胡蘇。胡,下也;蘇,流也。”

　　水流胡蘇然。《尚書·禹貢》“九河既道”疏引孫炎注:“胡蘇,水流多散胡蘇然。”按:“胡蘇”蓋分散義,詳程瑤田《果贏轉語記》。

簡

　　簡大也。《尚書·禹貢》“九河既道”疏引《爾雅·釋水》李巡、孫炎注:“簡,大也,河水深而大也。”按:《詩·周頌·般》“允猶翕河”疏引孫炎注:“簡者,水通易也。”亦大義。

絜

　　苦絜也。《尚書·禹貢》“九河既道”疏引《爾雅·釋水》李巡、孫炎注:“絜,言河水多山石,治之苦絜,絜,苦也。”

鈎盤

　　鈎,鈎曲;盤,盤折也。《尚書·禹貢》“九河既道”疏引《爾雅·釋水》李巡、孫炎注:“鈎盤,言河水曲如鈎,屈折如盤也。”《詩·周頌·般》“允猶翕河”疏引孫炎注:“鈎盤者,水曲如鈎,盤桓不前也。”

鬲津

　　鬲,隔也;津,津渡也。《尚書·禹貢》“九河既道”疏引《爾雅·釋水》李巡、孫炎注:“鬲津,河水狹小,可鬲以爲津也。”《詩·周頌·般》“允猶翕河”疏引孫炎注:“鬲津者,水多厄狹,可隔以爲津而橫渡也。”按:“鬲、隔”右文、假借,“丁零、鬲昆”,《漢書·匈奴傳》“鬲昆”作“隔昆”;又“以鬲絶胡與羌通之路”,《漢書·匈奴傳》“鬲”作“隔”;張家山漢簡《脈書》“在胃管(脘),癃,爲鬲中”,“鬲”爲“隔”之借。

瀆

　　通也。《風俗通·山澤》引《尚書大傳》《禮·三正記》:“瀆者,通也,所以通中國垢濁。"

濁也。《白虎通·巡狩》："謂之瀆何？瀆者，濁也，中國垢濁，發源東注海，其功著大，故稱瀆也。"

獨也。《釋名·釋水》："瀆，獨也，各獨出其所而入海也。"

湖

都也。《風俗通·山澤》："湖者，都也，言流瀆四面所猥都也，川澤所仰以溉灌也。"

淮

均也。《水經注·淮水》引《説題辭》："淮者，均其勢也。"《風俗通·山澤》引《尚書大傳》《禮·三正記》："淮者，均，均其勢也。"①

圍也。《釋名·釋水》："淮，圍也，圍繞揚州北界，東至海也。"

濟

齊也。《水經注·濟水》引《説題辭》："濟，齊也，齊，度也，貞也。"《風俗通·山澤》引《尚書大傳》《禮·三正記》："濟者，齊，齊其度量也。"按："濟"爲"泲"字之借，此泲水，非濟水也。《説文》水部："泲，沇也，東入于海。"四瀆之名曰"泲"，後世多以"濟"字爲之，《尚書》《周禮》《爾雅》、《春秋》三傳、《史記》等并如此。又，"濟、齊"右文、假借，《禮記·祭義》"齊齊乎其敬也"，《公羊傳》桓公八年注引"齊齊"作"濟濟"；《荀子·儒效》"然而明不能齊"，《韓詩外傳》卷五"齊"作"濟"；《老子》五十二章"濟其事"，馬王堆漢墓帛書乙本"濟"作"齊"。

濟也。《釋名·釋水》："濟，濟也，言源出河北，濟河而南也。"按："泲、濟"假借，《尚書·禹貢》"達于濟""浮于濟漯""濟河惟兗州"，《漢書·地理志》并"濟"作"泲"。

---

① "勢"本誤"務"，據《説題辭》改。

川

穿也。《説文》川部："川，貫穿通流水也。"《爾雅·釋水》"所渠并千七百一川"釋文引李云："水流而分，交錯相穿，故曰川也。"《釋名·釋水》："川，穿也，穿地而流也。"

澗

間也。《左傳》隱公三年"澗谿沼沚之毛"疏引《爾雅·釋山》"山夾水澗"李巡曰："山間有水。"《釋名·釋水》："山夾水曰澗，澗，間也，言在兩山之間也。"按："間、澗"右文、假借，《史記·項羽本紀》"相與臨廣武間而語"，《水經注·濟水》引"間"作"澗"；《漢書·揚雄傳》"踔夭蟜娛澗門"，六臣本《文選》"澗"作"間"；北朝時河間碑志"間"多作"澗"，如獻縣文物管理所藏北魏《邵遠冢磚銘》、東魏《范思彦墓志銘》"河間"并作"河澗"（朱惠民主編《獻縣墓志銘鉤沉》）。

洛（雒）

絡也。《御覽》卷六十二引《説題辭》："洛出熊耳山，雒之爲言繹也，繹其燿也。"宋均注："水光燿也。"按：此以"絡"訓"洛"，"絡、洛"右文，"雒、洛"右文、假借，《莊子·馬蹄》"刻之雒之"，《御覽》卷八九六引"雒"作"絡"。

渭

渭渭也，流行之貌。《初學記》卷六引《説題辭》："渭之爲言布也，渭渭流行貌。"[①]

汝

女也。《御覽》卷六十三引《説題辭》："汝出猛山，汝之爲言女也。"宋均注："女取其生孕也。"按："汝、女"右文、假借，《尚書·舜典》"汝陟帝位"，《史記·五帝本紀》"汝"作"女"；《周禮·考工記·梓人》"故抗而射女"，《説文》矢部引"女"作"汝"；《禮記·樂記》"居，吾語汝"，釋文本"汝"作"女"。

---

① "布"，《廣雅·釋水》"渭，倡也"王念孫疏證引作"渭"，云："《説文》《玉篇》《廣韵》《集韵》皆無'倡'字，疑是'徊'字之譌。……'渭'也之'渭'，'渭渭'之'渭'疑皆'徊'字之譌，《玉篇》《廣韵》并云'徊，行也'，正合流行之義。"（《〈廣雅〉疏證》，303頁）

潮

朝也。《説文》水部：“潮，水朝宗于海也。”

罍

門也。《詩·大雅·鳧鷖》“鳧鷖在罍”傳：“罍，山絶水也。”箋：“罍之言門也。”

谿

隱也。《御覽》卷六十七引《説題辭》曰：“谿者，隱也，深虚繞山，令得博也。”宋均注：“無水曰谷，有水曰谿。”

肥泉

肥，肥腯也。《水經注》卷九《淇水》引犍爲舍人云：“水異出，流行合同曰肥。”《釋名·釋水》：“所出同、所歸異曰肥泉，本同出時，所浸潤少，所歸各枝散而多，似肥者也。”按：此以肥泉之“肥”爲肥腯義。

涌泉

涌，上涌也。《爾雅·釋水》“濫泉正出，正出，涌出也”疏引李巡注：“水泉從下上出曰涌泉。”《釋名·釋水》：“水上出曰涌泉、瀵泉并是也。”[①]

渠

居也。《風俗通·山澤》引傳曰：“渠者，水所居也。”《説文》水部：“渠，水所居。”

淪

輪也。《詩·魏風·伐檀》“河水清且淪猗”傳：“小風水成文，轉如輪也。”按：“淪、輪”右文。

倫也。《釋名·釋水》：“水小波曰淪，淪，倫也，水文相次有倫理也。”按：“淪、倫”右文、假借，《吕氏春秋·古樂》“伶倫”，《漢書·古今人表》作“泠淪”；

---

① “瀵”本作“潰”，據徐復説改。徐復云：“潰泉無考，當爲瀵泉形近之誤。《爾雅·釋水》：‘瀵泉，直泉也。’《公羊傳》昭公五年：‘叔弓帥師敗莒師於瀵，瀵泉者何？直泉也。直泉者何？涌泉也。’《左傳》作蚡泉，《穀梁傳》作賁泉，皆與瀵音近，可通用。”（《釋名補疏》，見《徐復語言文字學晚稿》7頁）

《尚書·微子》“今殷其淪喪”，莊述祖云：“《史記》作‘典喪’，是今文淪作倫[1]，以下文‘商其淪喪’例之，作‘倫’以聲近而誤也。”（《尚書今古文考證》卷二《商書》）

匯

回也。《尚書·禹貢》“東匯澤爲彭蠡”傳：“匯，回也。”慧琳《音義》卷十引《三蒼》：“水回之貌也。”

州（洲）

居也。《尚書·舜典》“流共工于幽洲”傳：“水中可居者曰州。”《楚辭·九懷·陶壅》“淹低個兮京沶”注：“水中可居爲洲。”《淮南子·時則》“以息壤堙洪水之州”注：“州，水中可居也。”

周也。《説文》川部：“州，水中可居者曰州，水周繞其旁。”（段本）按：“州、周”假借，《左傳》襄公二十三年“華周”，《漢書·古今人表》作“華州”；馬王堆漢墓帛書《十問·天下至道談》“爲而耎脊，翕周”，“周”爲“州”之借；銀雀山漢墓竹簡《孫臏兵法·官一》“制卒以周閭”，“周”爲“州”之借。

聚也。《釋名·釋水》：“水中可居者曰洲，洲，聚也，人及鳥獸所聚息之處也。”

渚

居也。《國語·齊語》“渠弭於有渚”注引賈逵注：“水中可居者曰渚。”慧琳《音義》卷七十、七十三引《爾雅》“小洲曰渚”李巡注：“四方有水，獨高可居，故曰渚。”《淮南子·墜形》“東方曰大渚”注：“水中可居者曰渚。”

遮也。《釋名·釋水》：“小洲曰渚，渚，遮也，體高能遮水，使從旁回也。”

沆

莽也。《風俗通·山澤》引傳曰：“沆者，莽也，言其平望莽莽無涯際也。”

沛

蔽也。《風俗通·山澤》：“沛者，草木之蔽茂，禽獸之所蔽匿也。”

---

① 按：莊以“典”爲倫義。

降水

降，投降也。《尚書·禹貢》"北過降水，至于大陸"疏："鄭以降讀爲降，下江反，聲轉爲共，河内共縣，淇水出焉，東至魏郡黎陽縣入河，北近降水也，周時國於此地者，惡言降水，改謂之共。"

黃泉

黃，黃色也。《史記·鄭世家》"不至黃泉，毋相見也"集解引服虔曰："天玄地黃，泉在地中，故言黃泉。"

瀕

賓也，顰也。《説文》頻部："瀕，水厓，人所賓附，顰戚不前而止。"（段本）按："瀕、濱"古今字，"濱、賓"右文、假借，《詩·小雅·北山》"率土之濱"，《白虎通·封公侯》引"濱"作"賓"；上海博物館藏戰國楚竹書《容成氏》"匃於河賓"，"賓"爲"濱"之借。又，"瀕、顰"右文。

汭（芮）

入也。《尚書·禹貢》"涇屬渭汭"釋文引馬云："汭，入也。"《説文》水部："汭，水相入皃。"（段本）《詩·大雅·公劉》"芮鞫之即"箋："芮之言内也，水之内曰隩，水之外曰鞫。"[1]《水經注》卷十九《渭水》"東入於河"引王肅云："汭，入也。"按："汭、内"多通，"内、入"假借，《禮記·月令》"無不務内"，《淮南子·時則》"内"作"入"；《左傳》襄公九年"以出内火"，《漢書·五行志》"内"作"入"；郭店楚墓竹簡《性自命出》"智（知）宜（義）者能内之"，"内"爲"入"之借。

鞫

究也，水外爲鞫。《詩·大雅·公劉》"芮鞫之即"傳："鞫，究也。"孔穎達云："此鞫是水厓之名，言其曲水窮盡之處也，故傳解其名鞫之意。"按：《周禮·夏官·職方氏》注引"芮鞫之即"之"鞫"作"坬"，《爾雅·釋丘》"厓内爲

---

[1] "芮"即"汭"之借，《周禮·夏官·職方氏》作"汭"。

隩,外爲隈"釋文"隈"作"鞠",云:"《字林》作阢。"《漢書·地理志》注引韓詩"芮鞠"之"鞠"作"阢","坁、阢"與"究"右文。

方

併也。《説文》方部:"方,併船也。"《國語·齊語》"方舟設沜"注:"方,併也。"《詩·大雅·大明》"造舟爲梁"疏引李巡曰:"并兩船曰方舟。"按:"併、并"同,"方、并"假借,《尚書·微子》"小民方興",《史記·宋微子世家》作"小民乃并興"。《老子》十六章"萬物并作",郭店楚墓竹簡《老子》甲"并"作"方"。

維舟

維,維繫也。《詩·大雅·大明》"造舟爲梁"疏引李巡曰:"中央左右相維持曰維舟。"《公羊傳》宣公十二年"舟中之指可掬矣"疏引《爾雅·釋水》"諸侯維舟"孫氏注:"維連四船。"

釋草木第五

蓍

耆也。《御覽》卷九百九十七引《洪範五行傳》:"蓍之爲言耆也[①],百年一本生百莖,此草木之壽知吉凶者也,聖人以問鬼神焉。"《禮記·曲禮上》"假爾泰筮有常"疏引劉向云:"蓍之言耆……蓍百年而神,以其長久,故能辯吉凶也。"《論衡·卜筮》引孔子曰:"夫蓍之爲言耆也,龜之爲言舊也,明狐疑之事,當問耆舊也。"《白虎通·蓍龜》:"蓍之爲言耆也,久長意也。"按:"蓍、耆"右文、假借,馬王堆漢墓帛書《五十二病方·疽病》"黃蓍","蓍"爲"耆"之借;《楚辭·九懷·匡機》"蓍蔡兮踴躍",《補注》引《文選》"蓍"作"耆"。

禾

和也。《説文》禾部:"禾,嘉穀也,以二月始生,八月而孰,得之中和,

---

① "耆"本訛"蓍"。

故謂之禾。"（段本）按："禾、和"右文、假借,上海博物館藏戰國楚竹書《民之父母》"上下禾同","禾"爲"和"之借;馬王堆漢墓帛書《戰國縱橫家書·蘇秦自趙獻書燕王章》"趙之禾也,陰外齊、謀齊,齊趙必大惡矣","禾"爲"和"之借;《莊子·山木》"以和爲量",《呂氏春秋·必己》"和"作"禾"。

穀

續也。《説文》禾部:"穀,續也。"

稼

家也。《説文》禾部:"稼,家事也。"按："稼、家"右文、假借,《詩·大雅·桑柔》"好是稼穡"釋文:"稼,鄭作家。"箋:"好任用是居家嗇嗇。"清華大學藏戰國竹簡《皇門》"能家嗇"、放馬灘秦墓簡牘《日書乙種·貞在》"不家不嗇","家"并"稼"之借。

嫁也。《周禮·地官·稻人》"稻人掌稼下地"注:"謂之稼者,有似嫁女相生。"《周禮·地官·序官》"司稼"注:"種穀曰稼,如嫁女以有所生。"按："稼、家"右文。

嗇

濇也,吝嗇義。《説文》嗇部:"嗇,愛濇也。從來從㐭,來者,㐭而藏之,故田夫謂之嗇夫。"按："嗇、穡"古今字。又,"嗇、濇"右文。

稻

蹈也,蹈,藉也。《御覽》卷八百三十九引《説題辭》曰:"稻之爲言藉也,稻冬含水,盛其德也,故稻太陰精,含水漸泗乃能化也,江旁多稻,固其宜也。"宋均注:"稻,苞裹也,稻非水不生,故曰陰精也。"

麥

殖也。《御覽》卷八百三十八引《説題辭》:"麥之爲言殖也,寢生觸凍而不息,精射刺直,故麥含芒生且立也。"

薶也。《説文》麥部:"麥,芒穀,秋種厚薶,故謂之麥。"

來

行來也。《説文》來部：“來，周所受瑞麥來麰。一來二縫，象芒束之形。天所來也，故爲行來之來。《詩》曰：‘詒我來麰。’”

粟

續也。《説文》卤部引孔子曰：“粟之爲言續也。”《御覽》卷八百四十引《説題辭》：“粟助陽扶陰，粟之爲言續也。……西者，金所立，米者，陽精，故‘西’字合‘米’而爲‘粟’。”

菽

屬也。《御覽》卷八百四十一引《説題辭》：“菽者，屬也，春生秋熟，理通體屬也。”

黍

緒也。《寶典》卷五引《説題辭》：“黍者，緒也，若仲夏物并長，故縱酒，人衆聚，厥象也。”宋均注：“‘緒’當作‘序’，言使人尊卑有次序，黍稷散布而相牽連，此又衆集會，有次序，列居之象也。”《御覽》卷八百四十二引《説題辭》：“黍者，緒也，故其立字‘禾’入‘米’爲‘黍’，爲酒以扶老。”

暑也。《齊民要術》卷二引《泛勝之書》：“黍者，暑也，種者必待暑。”《説文》黍部：“以大暑而種，故謂之黍。”

麻

微也。《御覽》卷九百九十五引《説題辭》：“麻之爲言微也，陰精寢密，女作纖微也。”

枲

微也。《説文》枲部：“枲，萉之總名也。枲之爲言微也，微纖爲功。”

韭

久也。《説文》韭部：“韭，菜名，一種而久者，故謂之韭。”

芋

吁也。《説文》艸部：“芋，大葉實根，駭人，故謂之芋也。”按：徐鍇曰：

"芋猶言吁也。吁，驚詞，故曰駭人。"又，"芋、吁"右文、假借，《詩·小雅·斯干》"君子攸芋"釋文："芋或作吁。"

薦

廌也。《説文》廌部："薦，獸之所食艸。从廌从艸。古者神人以廌遺黃帝。帝曰：'何食？何處？'曰：'食薦；夏處水澤，冬處松柏。'"按："薦、廌"右文。

蚩廉

廉，清廉也。《緯書集成·潛潭巴》："王者清廉，則蚩廉草生。"注："言瑞應之物，應行而生。"

萬歲

萬，億萬也。《詩·唐風·山有樞》"隰有杻"疏引陸機疏云："杻，檍也。葉似杏而尖白色，皮正赤，爲木多曲少直，枝葉茂好，二月中葉疏，花如練而細蕊，正白蓋樹，今官園種之，正名曰萬歲，既取名於億萬其葉，又好，故種之。"

駁馬

木皮似駁犖之馬也。《詩·秦風·晨風》"隰有六駁"疏引陸機疏："駁馬，梓榆也，其樹皮青白駁犖，遙視似駁馬，故謂之駁馬。"

蘋

賓也。《詩·召南·采蘋》"于以采蘋"箋："蘋之言賓也……婦人之行尚柔順，自絜清，故取名以爲戒。"按："薲、蘋"古今字，"薲、賓"右文。

藻

澡也。《詩·召南·采蘋》"于以采藻"箋："藻之言澡也，婦人之行尚柔順，自絜清，故取名以爲戒。"按："藻、澡"右文、假借，《禮記·喪服小記》"帶澡麻不絶本"釋文："澡本又作藻。"

竹

蹙也。《白虎通·喪服》："所以杖竹桐何？取其名也。竹者，蹙也。"

蕭茅

蕭蒿與茅草也。《周禮·天官·甸師》"祭祀共蕭茅"注："杜子春讀爲蕭，蕭，香蒿也。"

蕭，縮也；蕭茅，縮酒之茅草也。《周禮·天官·甸師》"祭祀共蕭茅"注引鄭大夫云："蕭字或爲茜，茜讀爲縮，束茅立之，祭前沃酒其上，酒滲下去，若神飲之，故謂之縮，縮，浚也。"

益母

有益於母也。《詩·王風·中谷有蓷》"中谷有蓷"疏引陸機疏云："《韓詩》及《三蒼》説，悉云益母，故曾子見益母而感。"

耳璫

草實如婦人耳中璫也。《詩·周南·卷耳》"采采卷耳"疏引陸機疏："葉青白色，似胡荽，白華細莖蔓生，可煮爲茹，滑而少味，四月中生子，如婦人耳中璫，今或謂之耳璫。"

綬草

草有綬文也。《詩·陳風·防有鵲巢》"邛有旨鷊"疏引陸機疏云："鷊，五色作綬文，故曰綬草。"

竊衣

竊，盜竊也。《齊民要術》卷十引《爾雅·釋草》"蘮蒘竊衣"孫炎注："似芹，江河間食之，實如麥，兩兩相合，有毛著人衣，其華著人衣，故曰竊衣。"

蕙

譓也。《説文》艸部："蕙，令人忘憂之艸也。……《詩》曰：'安得蕙艸。'"（段本）按：今《詩·衛風·伯兮》作"焉得諼草"，蕙之言譓也，譓，忘也。又，"蕙、薉"異體，"薉、諼"右文。

木

冒也。《説文》木部："木，冒也，冒地而生，東方之行，從屮，下象其根。"《釋名·釋天》："木，冒也，華葉自覆冒也。"

槐

歸也。《御覽》卷六百三十九引《元命苞》："樹棘槐,聽訟於其下,棘赤心有刺,言治人者,原其心不失赤實事,所以刺人其情,令各歸實,槐之言歸也,情見歸實也。"①

懷也。《周禮·秋官·朝士》："面三槐,三公位焉。"注："槐之言懷也,懷來人於此,欲與之謀。"《淮南子·時則》："九月官候,其樹槐。"注："槐,懷也,可以懷來遠人也。"

楓

風則鳴也。《史記·司馬相如列傳》"華氾檘櫨"索隱引《爾雅·釋木》"楓,欇欇"犍爲舍人注："楓爲樹厚葉弱莖,大風則鳴,故曰楓。"按:此蓋《説文》所謂"厚葉弱枝,善摇"。又,"風、楓"右文。

荆

究也。《白虎通·蓍龜》："必以荆者,取其究音也。"

松

竦也。《白虎通·宗廟》引《論語》云："魯哀公問主於宰我,宰我對曰:'夏后氏以松,松者,所以自竦動。'"

容也。《公羊傳》文公二年"練主用栗"注："夏后氏以松,殷人以柏,周人以栗,松猶容也,想見其容貌而事之,主人正之意也。"按:"松"異體字作"案","案、容"右文。

柏

迫也。《白虎通·宗廟》引《論語》云："魯哀公問主於宰我,宰我對曰:'……殷人以柏,柏者,所以自迫促。'"《公羊傳》文公二年"練主用栗"注:"夏后氏以松,殷人以柏,周人以栗……柏猶迫也,親而不遠,主地正之意也。"按:"柏、迫"右文、假借,《漢書·溝洫志》"魚弗鬱兮柏冬日"注:"柏讀

---

① "原其心不失赤實事,所以刺人其情"當有訛文,四庫本作"原其心不失其實,所以刺人情"。

與迫同。”

栗

　　慄也。《白虎通·宗廟》引《論語》云：“魯哀公問主於宰我，宰我對曰：‘……周人以栗，栗者，所以自戰慄。’”集解引孔曰：“凡建邦立社，各以其土所宜之木，宰我不本其意，妄爲之説，因周用栗，便云‘使民戰慄’。”《説文》卤部引徐巡曰：“木至西方戰栗。”《公羊傳》文公二年“練主用栗”注：“夏后氏以松，殷人以柏，周人以栗……栗猶戰栗謹敬貌，主天正之意也。”按：此爲栗木。又，“栗、慄”右文、假借，《尚書·大禹謨》“虁虁齋慄”，《孟子·萬章上》引“慄”作“栗”；《詩·秦風·黄鳥》“惴惴其慄”，《孟子·公孫丑上》注引“慄”作“栗”；《韓非子·初見秦》“戰戰栗栗”，《戰國策·秦策一》“栗”作“慄”。

栗

　　慄也。《白虎通·瑞贄》：“栗，戰慄自正也。”《公羊傳》莊公二十四年“棗栗云乎”注：“棗栗取其早自謹敬。”此取戰慄義。《國語·魯語上》“夫婦贄不過棗、栗”注：“栗取敬栗。”敬栗之“栗”爲“慄”之借。按：此爲栗實。又，“栗、慄”右文、假借。

棗

　　早也。《白虎通·瑞贄》：“（棗）取其朝早起。”《公羊傳》莊公二十四年“棗栗云乎”注：“棗栗取其早自謹敬。”《國語·魯語上》“夫婦贄不過棗、栗”注：“棗取蚤起。”“蚤”爲“早”之借。按：“棗、早”假借，睡虎地秦墓竹簡《日書甲種·秦除》“利棗不利莫（暮）”，“棗”爲“早”之借。又，“早”或作“曓”，郭店楚墓竹簡《老子》乙“夫唯嗇，是以曓，是以曓備（服）”，今本五十九章“曓”作“早”；郭店楚墓竹簡《語叢四》“曓與智恗（謀）”、清華大學藏戰國竹簡《鄭武夫人規孺子》：“印（抑）曓耑（前）句（後）之以言”，“曓”并“早”字。“棗、曓”右文。

壺棗

　　壺，瓠也。《爾雅·釋木》“棗，壺棗”釋文引孫云：“棗形上小下大，似瓠，故曰壺。”按：“瓠、壺”假借，《詩・豳風・七月》“八月斷壺”毛傳：“壺，瓠也。”《左傳》襄公元年“瓠丘”，《韓非子・説林下》作“壺丘”；《爾雅・釋器》“康瓠謂之甈”，《方言》卷五郭注引“瓠”作“壺”。

棘

刺也。《御覽》卷六百三十九引《元命苞》：“樹棘槐，聽訟於其下，棘赤心有刺，言治人者，原其心不失赤實事，所以刺人其情，令各歸實。”《周禮・秋官・朝士》“左九棘，孤卿大夫位焉”注：“樹棘以爲位者，取其赤心而外刺，象以赤心三刺也。”

吉也。《禮記・雜記上》“枇以桑，長三尺，或曰五尺”注：“枇所以載牲體者，此謂喪祭也。吉祭枇用棘。”按：此“棘”爲祭祀之用，但取諧音耳。

桑

喪也。《御覽》卷五百三十一引《五經要義》：“主者，神象也。凡虞主用桑，桑，猶喪也，喪禮取其名。《漢書・五行志》：“《書序》曰：‘伊陟相太戊，亳有祥，桑穀共生。’……劉向以爲……桑猶喪也，穀猶生也。”《儀禮・士喪禮》“醫笄用桑”注：“桑之爲言喪也，用爲笄，取其名也。”《禮記・雜記上》“枇以桑，長三尺，或曰五尺”注：“枇所以載牲體者，此謂喪祭也。”按：“桑、喪”假借，清華大學藏戰國竹簡《子産》“乃又（有）喪丘中（仲）𢝔（文）”，“喪”爲“桑”之借。

桑弧蓬矢

桑，相也；蓬，逢也。《白虎通・姓名》：“必桑蓬何？桑蓬者，相逢接之道也。”（據劉師培説改）按：“桑、相”假借，《爾雅・釋蟲》“諸慮奚相”釋文：“相，舍人本作桑。”《荀子・解蔽》“乘杜作乘馬”注：“《世本》云：‘相土作乘馬。’”王念孫《讀書雜志》：“乘杜蓋桑杜之誤。”“蓬、逢”右文、假借，《孟子・離婁下》“逢蒙”，《莊子・山木》作“蓬蒙”；《爾雅・釋天》“太歲在甲，曰閼逢”，《淮南子・天文》“閼逢”作“閼蓬”；《列子・天瑞》“攓蓬而指”釋文“蓬”作“逢”。

桐

痛也。《白虎通·喪服》："所以杖竹桐何？取其名也。……桐者，痛也。"

含桃

含，含食也。《淮南子·時則》"羞以含桃"注："含桃，鶯所含食，故言含桃。"《呂氏春秋·仲夏紀》"羞以含桃"，注："含桃，鸎桃，鸎鳥所含食，故言含桃。"

桃弧

桃，逃也。《左傳》昭公四年"桃弧棘矢以除其災"疏引服虔云："桃，所以逃凶也。"《韓詩外傳》卷十："齊桓公出游，遇一丈夫，褒衣應步，帶著桃殳。桓公怪而問之曰：'是何名？何經所在？何篇所居？何以斥逐？何以避余？' 丈夫曰：'是名戒桃，桃之爲言亡也。'"此亦以桃含"逃"義。按："桃、逃"右文。

樊

藩也。《詩·齊風·東方未明》"折柳樊圃"疏引《爾雅·釋言》"樊，藩也"孫炎注："樊，圃之藩也。"按："樊、藩"假借，《詩·小雅·青蠅》"營營青蠅，止于樊"，《漢書·武五子傳》《論衡·商蟲》引"樊"作"藩"。

芬

分也。《説文》屮部："芬，艸初生，其香分布。"按："芬、分"右文。

鬯

暢也。《説苑·修文》："天子以鬯爲贄，鬯者，百草之本也，上暢於天，下暢於地，無所不暢，故天子以鬯爲贄。"按："鬯、暢"假借，《禮記·曲禮下》"天子鬯"，《春秋繁露·執贄》作"天子用暢"；《禮記·王制》"資鬯於天子"，《白虎通·考黜》引"鬯"作"暢"；《史記·封禪書》"草木暢茂"，《漢書·郊祀志》"暢"作"鬯"。

鬱鬯

鬱人所貢之鬯也。《説文》鬯部："鬱，鬱鬯，百艸之華，遠方鬱人所貢芳艸,合釀之以降神。鬱,今鬱林郡也。”

蔧莆（脯）

蔧,筵也,扇也。《論衡·是應》:“儒者言蔧脯生於庖厨者,言厨中自生肉脯,薄如蔧形,摇鼓生風,寒凉食物,使之不臭。”《説文》艸部:“蔧,蔧莆,瑞艸也。堯時生於庖厨,扇暑而凉。”

茇

撥也。《説文》艸部:“茇艸根也。……春艸根枯,引之而發土爲撥,故謂之茇。”

马

函也。《説文》马部:“马,嘾也,草木之華未發函然。”按:函,舌也。“马、函”右文。

㹂

裹也。《説文》艸部:“椒、㹂食裹如裹也。”（段本）按:“㹂、裹”右文。

撕

茇也。《禮記·禮器》“有撕而播也”注:“撕之言茇也。”

耨

入也。《吕氏春秋·任地》“其耨六寸,所以間稼也”注:“耨,所以耘苗也,刃廣六寸,所以入苗間也。”

薅也。《釋名·釋用器》:“耨,似鋤,嫗薅禾也。”按:“耨、薅”右文。

釋禽蟲第六

禽

擒也。《白虎通·闕文》:“禽者何? 鳥獸之總名,明爲人所禽制。”按:“禽、擒”古今字,典籍多通用。

獸

守也。《説文》嘼部:“獸,守備者。”按:“獸、守”假借,馬王堆漢墓帛書

《戰國縱橫家書·朱已謂魏王章》"若禽守耳"、《二三子問》"鳥守弗干"，"守"并"獸"之借。

龍

萌也。《御覽》卷十九引《元命苞》："其精青龍，龍之言萌也，陰中之陽也。"

麟

凌也。《緯書集成·元命苞》"麟龍鬭，則日月薄蝕"注："麟之爲言凌也，陽中之陰也。"

龜

久也。《初學記》卷三十引《洪範五行傳》："龜之言久也，千歲而靈，此禽獸而知吉凶者也。"《禮記·曲禮》"假爾泰龜有常"疏引劉向云："龜之爲言久，龜千歲而靈……以其長久，故能辯吉凶也。"《緯書集成·說題辭》："龜之爲言久也，千歲知吉凶也。"《白虎通·蓍龜》："龜之爲言久也。"

舊也。《論衡·卜筮》引孔子曰："夫蓍之爲言耆也，龜之爲言舊也，明狐疑之事，當問耆舊也。"《說文》龜部："龜，舊也。"

虎

搏討也。《白虎通·五行》："虎之爲言搏討也。"按：《方言》卷八："虎，自關東西或謂之伯都。""搏討"蓋"伯都"之轉。又西方屬秋，主刑殺，虎有威，《漢上易》引馬注："兑爲虎，秋主肅殺，征討不義，故取于白虎。"

虦

淺也。《爾雅·釋獸》："虎竊毛謂之虦貓。"《說文》虎部："虦，虎竊毛謂之虦苗……竊，淺也。"按："苗"爲"貓"之借。又，"虦、淺"右文。

麋

迷也。《春秋》莊公十七年："冬，多麋。"《公羊傳》注引《感精符》："象魯爲鄭瞻所迷惑也。"《白虎通·鄉射》："諸侯射麋何？示遠迷惑人也，麋之言迷也。"《春秋》莊公十七年"冬，多麋"《公羊傳》注："麋之爲言猶迷也。"《周禮·天官·司裘》"王大射則共虎侯、熊侯、豹侯"注："用虎、熊、豹、麋之皮，示服猛，討迷惑者。”《漢書·五行志》：“麋之爲言迷也，蓋牝獸之淫者也。”按：
“麋、迷”右文、假借，馬王堆漢墓帛書《經法·六分》“主兩，男女分威，命曰大
麋，國中有師”、《十六經·道原》“上用□□而民不麋惑”，“麋”并“迷”之借。

豸

行豸豸然。《説文》豸部：“豸，獸長脊，行豸豸然，欲有所司殺形。”徐鍇
云：“豸豸，背隆長兒。”

犬

懸也。《説文》犬部：“犬，狗之有縣蹏者也。”徐灝《説文解字注箋》：“縣
蹏，蓋指獵犬言……惟獵犬足上有一趾不履地。”

狗

叩也。《説文》犬部引孔子曰：“狗，叩也。叩氣吠以守。”[1]

獂

獂獂兒也。《説文》豕部：“獂，生三月豚，腹獂獂兒也。”按：“獂獂”之
“獂”通“奚”，《説文》亢部：“奚，大腹也。”“獂、奚”右文、假借，《周禮·夏
官·職方氏》“獂養”注引杜子春讀“獂”爲“奚”，《説文》艸部“藪”下引作
“奚養”，《風俗通·山澤》作“奚養”。

豨

豨豨也。《説文》豕部：“豨，豕走豨豨。”徐鍇《繫傳》：“豨，走且戲兒。”
段玉裁注：“豨豨，走兒。以其走兒名之曰豨。”

馬

怒也，武也。《説文》馬部：“馬，怒也，武也。”

馴

八也。《説文》馬部：“馴，馬八歲也。”

---

[1] “吠以”當作“以吠”。

驒

文如鼉也。《説文》馬部：“驒，青驪白鱗，文如鼉魚。”

騢

色似蝦也。《説文》馬部：“騢，馬赤白雜毛……謂色似鰕魚也。”按：“騢、蝦”右文。

驎

色似魚鱗也。《詩·魯頌·駉》“有驒有駱”傳“青驪驎曰驒”疏引《爾雅·釋獸》“青驪驎驒”孫炎注：“色有淺深，似魚鱗也。”按：驎爲馬之毛色。又，“驎、鱗”右文。

牛

冒也。《史記·律書》：“牛者，冒也，言地雖凍，能冒而生也。牛者，耕植種萬物也。”

事也，理也。《説文》牛部：“牛，事也，理也。”（段本）段玉裁云：“事也者，謂能事其事也，牛任耕。理也者，謂其文理可分析也，庖丁解牛，依乎天理，批大卻，道大窾。”

㸬

三也。《説文》牛部：“㸬，三歲牛。”

牭

四也。《説文》牛部：“牭，四歲牛。”按：“牭、四”右文。

羊

詳也。《初學記》卷二十九引《説題辭》：“羊者，詳也，詳以改也，合三爲生，以養士也，故羊高三尺。”按：“羊、詳”右文、假借，《春秋》昭公十一年“盟于侵羊”，《公羊傳》疏：“服氏注引者直作詳字。”馬王堆漢墓帛書《戰國縱橫家書·蘇秦獻書趙王章》“臣願王兵〈與〉下吏羊計某言而竺（篤）慮之也”、《周易經傳·易之義》“此鍵（乾）之羊説也”，“羊”并“詳”之借。

祥也。《通典》卷五十八引鄭氏《婚物贊》曰：“羊者，祥也。群而不黨，跪乳有義。"[1]如《春秋繁露·執贄》:"羔有角而不任,設備而不用,類好仁者;執之不鳴,殺之不啼,類死義者;羔食於其母,必跪而受之,類知禮者。故羊之爲言猶祥與!"《御覽》卷九百二引《説題辭》:"羊者,祥也,合三而生,以養王也,故羊高三尺。"《説文》羊部:"羊,祥也。"按:"羊、祥"右文、假借,左氏、穀梁《春秋》昭公十一年"盟于祲祥",公羊《春秋》"祥"作"羊";《隸續》卷十三《沛相范皮闕》"日利千萬曾羊"洪适云:"漢代器物銘多以羊爲祥。"銀雀山漢墓竹簡《晏子·内篇問上》第三"攻義者不羊","羊"爲"祥"之借。

兔

僖呼也。《五行大義》卷四引《元命苞》:"月中有蟾蜍與兔……兔善走,象陽動也。兔之言僖呼,僖呼,温暖名也。"

吐也。《緯書集成·説題辭》:"兔之爲言吐也,不能以類從也。"宋均注:"兔不生,以口吐之。"

鼸鼠

鼸,嗛也。《爾雅·釋獸》"鼸鼠"釋文引孫云:"鼸者,頰裏也。"則是讀"鼸"爲"嗛"。按:"鼸、嗛"右文、假借,《爾雅·釋獸》"鼸鼠",《大戴禮記·夏小正》作"嗛鼠"。

乙

其鳴乙乙也。《説文》乙部:"乙,玄鳥也,齊魯謂之乙,取其鳴自呼。"

烏

亏呼也。《説文》烏部引孔子曰:"烏,亏呼也。"是以烏爲其名自呼者。

鶩

鶩鶩也。《説苑·修文》:"庶人以鶩爲贄,鶩者,鶩鶩也,鶩鶩無他心,故庶人以鶩爲贄者,所以質也。"按:《禮記·曲禮下》疏:"家鴨曰鶩,鶩不能飛騰,如庶人但守耕稼而已。故鄭注《宗伯》云:'鶩取其不飛遷。'"

---

[1] "群而不黨,跪乳有義"爲《類聚》卷九十四引鄭氏《婚禮謁文贊》語。

雞

佳也。《御覽》卷九百十八引《説題辭》：“雞爲積陽，南方之象，火陽精，物炎上，故陽出雞鳴，以類感也。雞之爲言佳也，佳而起，爲人期，莫寶也。”

鷯

其名自呼也。《詩·小雅·車舝》“有集維鷯”疏引陸機疏：“鷯，微小於鷯也，走而且鳴曰鷯鷯。”

雊

句也。《説文》隹部雊：“雊，雄雉鳴也，雷始動，雉鳴而句其頸。”（段本）按：“雊、句”右文。

望帝

望帝化爲子巂，故以之名鳥也。《説文》隹部：“巂，蜀王望帝，婬其相妻，慚亡去，爲子巂鳥，故蜀人聞子巂鳴，皆起曰，是望帝也。”（段本）

戴紝（紝）

戴，頂戴也；紝，織紝也。《御覽》卷九百二十三引《説題辭》：“戴紝之爲言戴勝也，陽衒表以期達，蠶珥絲，在四月，故孟夏載紝出，以任氣成天津也，故載紝出，蠶期起。”[1]注：“紝而載之，明趣時急也。衒天表候，以于期已至，唯蠶是務。珥，吐也。”《寶典》卷四引《説題辭》“孟夏戴紝出”宋均注：“任而戴之，明當趣時急也。”又引《考異郵》“孟夏戴紝降”宋均注：“戴勝也，孟夏則織紝，止以趣蠶，故各因時要物，惟以明其所爲，戴之而已，言不施也。”

戴勝

勝，縢也。《禮記·月令》“戴勝降于桑”注：“戴勝，織紝之鳥，是時恒在桑。”按：此以“勝”爲“縢”，《説文》木部：“縢，機持經者。”段玉裁云：“戴勝之鳥，首有橫紋似縢，故鄭云‘織紝之鳥’。”又，“勝、縢”右文。

---

① 二“載紝”蓋“戴紝”之誤。

鴈

鴈鴈也，其名自呼，諧晏也，晚義。《御覽》卷九百十七引《説題辭》："鴈之言鴈鴈，起聖以招期，知晚蚤，故鴈南北以陽動也。"注："鴈鴈，音聲皃也。"

雅

雅雅也。《説文》隹部："雅，鳥肥大雅雅也。"按：此鴻雁之"鴻"本字。又，"雅、鴻"右文。

鳩

勼也。《左傳》昭公十七年："五鳩，鳩民者也。"按：下"鳩"字通"勼"，聚也。

雉

夷也。《左傳》昭公十七年："五雉爲五工正，利器用正度量，夷民者也。"疏引樊光、服虔云："雉者，夷也，夷，平也，使度量器用平也。"按："雉、夷"假借，《文選·揚雄〈甘泉賦〉》"列新雉於林薄"服虔注："雉、夷聲相近。"李善注："新雉，辛夷也。"

弟也。《類聚》卷九十九引《感精符》"魯昭公時，雉銜環入"注："雉之爲言弟也，喻昭公弟爲季氏，入之爲君也。"《天地瑞祥志》卷十八引《援神契》"魯昭公時，雉銜環入"注："雉之爲言弟也，喻昭公弟爲季氏，入之爲君之也。"按："雉"古文作"䔄"，"䔄、弟"右文。

扈（雇）

户也，止義。《左傳》昭公十七年："九扈爲九農正，扈民無淫者也。"[1]《説文》隹部："雇，九雇，農桑候鳥，扈民不婬者也。"按："扈、户"右文、假借，《尚書·甘誓》"有扈氏"，《史記·夏本紀》正義："扈又作户。"《莊子·大宗師》"子桑户"，《風俗通·十反》作"桑扈"；《吕氏春秋·有度》"東户季子"，《漢書·古今人表》作"東扈氏"。

---

[1] "扈民"之"扈"通"户"。

鶪

晏也。《左傳》昭公十七年"九扈爲九農正"疏引賈逵云："老扈，鶪鶪，趣民收麥，令不得晏起者也。"疏引賈逵、服虔云："鶪鶪，亦聲音爲名也。"《御覽》卷九百二十一引《爾雅》犍爲舍人注："主趨民收麥，不得晏起也。""鶪、晏"右文。

鶪也，安義。如《御覽》卷九百二十一引《考異郵》"水滅火，故虵螫鶪"宋均注："鶪，柔良之鳥，鶪于水也。"

鳻鶞

分循也。《左傳》昭十七年"九扈爲九農正"疏引《爾雅·釋鳥》"鳻鶞"賈逵云："春扈分循相五土之宜，趣民耕種者也。"樊光云："鳻鶞言分循也，春扈分循五土之宜，乃以人事名鳥。"疏以舍人注與賈同。按："鳻、分"右文、假借，《爾雅·釋鳥》"鳻鶞"釋文："鳻本亦作分。""鶞、循"右文。

鶡（盍）旦

鶡，盍也，何不義；旦，旦明也。《禮記·月令》"鶡旦不鳴"注："鶡旦，求旦之鳥也。"《易稽覽圖》"鶡旦不鳴"鄭玄注："鶡旦，寒號鳥也，常夜鳴求旦，夏月毛盛，冬月裸體，晝夜鳴號。"《禮記·坊記》："《詩》云：'相彼盍旦，尚猶患之。'"注："盍旦，夜鳴求旦之鳥也。"

污澤

污，濡污也；澤，水澤也。《禮記·表記》："《詩》云：'惟鵜在梁，不濡其翼。彼記之子，不稱其服。'"注："鵜，鵜胡，污澤也，污澤善居泥水之中，在魚原以不濡污其翼爲才，如君子以稱其服爲有德。"

淘河

淘，淘盡也；河，河水也。《詩·曹風·候人》"維鵜在梁"疏引陸機疏："鵜，水鳥，形如鶚而極大，喙長尺餘，直而廣，口中正赤，頷下胡大如數升囊。若小澤中有魚，便群共杼水，滿其胡而棄之，令水竭盡魚陸地，乃共食之，故曰淘河。"

鶪

鶪鶪也，其名自呼。《詩·豳風·七月》"七月鳴鶪"疏引陳思王《惡鳥論》："伯勞以五月鳴，應陰氣之動，陽氣爲仁養，陰爲殺殘賊，伯勞蓋賊害之鳥也，其聲鶪鶪，故以其音名云。"

竊脂

竊，盜竊也；**脂**，脂膏也。《詩·小雅·小宛》"交交桑扈"傳："桑扈，竊脂也。"疏引陸機云："青雀也，好竊人脯肉脂及膏，故曰竊脂也。"

連錢

連，相連也；**錢**，錢幣也。《詩·小雅·常棣》"脊令在原"疏引陸機云："（脊令）大如鶪雀，長腳，長尾，尖喙，背上青灰色，腹下白，頸下黑，如連錢，故杜陽人謂之連錢是也。"

白鳥

白，潔白也。《詩·陳風·宛丘》"值其鷺羽"疏引陸機云："鷺，水鳥也，好而潔白，故謂之白鳥。"

鶼鶼

兼兼也。《爾雅·釋鳥》"鶼鶼比翼"釋文："鶼鶼，衆家作'兼兼'。"引李云："鳥有一目一翅，相得乃飛，故曰兼兼也。"按："鶼、兼"右文。

趣織

趣，催趣也；**織**，織紝也。《御覽》卷九百四十九引《考異郵》"立秋趣織鳴"宋均注："趣織，蟋蟀也，立秋女功急，故趣也。"又引《説題辭》："趣織爲言趣織也，織興事遽，故趣織鳴，女作兼。"

螽

衆也。《類聚》卷一百引《春秋佐助期》："螽之爲蟲，赤頭甲身，而翼飛行，陰中陽也，螽之爲言衆，暴衆也。"《公羊傳》文公三年"雨螽者何"注："螽，猶衆也。"按："螽"異體作"蝩"，"蝩、衆"右文。

虫

中也。《御覽》卷九百四十九引《考異郵》：“虫之爲言屈中也。”[①]《說文·敘》：“虫者，屈中也。”按：小篆本爲蝮蛇之形，隸書變爲（石門頌）、（馬王堆漢墓帛書《相馬經》）之形，象“中”下彎曲之形，因此漢印中有（虫志）形，故有此說。

即炤

即，即近也；炤，照明也。《禮記·月令》“腐草爲螢”疏引《爾雅·釋蟲》“螢火，即炤”李巡注：“螢火夜飛，腹下如火光，故曰即炤。”

螟

吏冥冥則生也。《說文》虫部：“螟，蟲食穀心者，吏冥冥犯法即生螟。”（段本）按：“螟、冥”右文、假借，《晏子春秋·外篇八》“東海漁者命曰焦冥”，《列子·湯問》“焦冥”作“焦螟”；銀雀山漢墓竹簡《陰陽時令、占候·爲政不善之應》“爲正（政）壹擾則虫（蟲），再則蛾（蟻），三則冥”、馬王堆漢墓帛書《五十二病方·螟病方》“冥者，蟲，所齧穿者□”，“冥”并“螟”之借。

蟲冥冥難知也。《春秋》隱公五年“螟”，《左傳》疏引《爾雅·釋蟲》“食苗心螟”舍人注：“食苗心者名螟，言冥冥然難知也。”《詩·小雅·大田》“去其螟螣”疏引《爾雅·釋蟲》“食苗心螟”李巡注：“食禾心爲螟，言其姦冥冥難知也。”孫炎注：“皆政貪所致，因以爲名也。”

蟘

吏貪貸則生也。《說文》虫部：“蟘，蟲食苗葉者，吏乞貸則生蟘。”按：“蟘、蟘”異體，“蟘（蟘）、貸（貣）”右文、假借，《隸釋》卷三《楚相孫叔敖碑》“野無螟貸”，洪适以“貸”爲“蟘”；馬王堆漢墓帛書《五十二病方·蟲蝕》“貣食（蝕）口鼻”“貣食（蝕）齒”，“貣”并“蟘”之借。

蟲貪貸也。《詩·小雅·大田》"去其螟螣"疏引《爾雅·釋蟲》"食葉蟖"李巡注："食禾葉者言假貸無厭,故曰蟖也。"

賊

賊害也。《詩·小雅·大田》"去其螟螣,及其蟊賊"疏引《爾雅·釋蟲》"食節賊"李巡注："食禾節言貪很,故曰賊也。"

蟊（蝥）

冒也。《説文》蚰部："蝥,吏抵冒取民財則生。"《詩·小雅·大田》"去其螟螣,及其蟊賊"疏引《爾雅·釋蟲》"食根蟊"李巡注："食禾根者,言其税取萬民財貨,故云蟊也。"亦抵冒取民財義。孫炎注："（四者:螟、蟖、賊、蟊）皆政貪所致,因以爲名也。"

蟘

代也。《緯書集成·推度災》："蟘者,代之,小臣爲亂,政變其法,故立字同於'代'。"按："蟘、代"右文。

蚹蠃

蚹,負也;蠃,螺也。《埤雅·釋魚》引《爾雅·釋魚》"蚹蠃"孫炎正義："負螺而行,因以名之。"按："蠃、螺"假借,《易·説卦》離"爲蠃"釋文："蠃,京作螺。"《爾雅·釋魚》"蚹蠃"釋文："蠃,注作螺,字亦同。"

親客

親,親屬也;客,賓客也。《詩·豳風·東山》"蠨蛸在户"疏引陸機疏："蠨蛸,長踦,一名長脚,荆州河内人謂之喜母,此蟲來著人衣,當有親客至,有喜也,幽州人謂之親客。"

蜡

胆也。《説文》虫部："蜡,蠅胆也。"按："胆"俗作"蛆"。又,《周禮·秋官·序官》"蜡氏"注："蜡讀如狙司之狙。""狙、胆"右文。

風

放也。《尚書·費誓》"馬牛其風"疏引《左傳》僖公四年"唯是風馬牛不相及也”賈逵注：“風，放也，牝牡相誘謂之風。”《左傳》僖公四年“唯是風馬牛不相及也”疏引服虔注：“風，放也，牝牡相誘謂之風。”

互物

互，蚆胡也，大義。《周禮·天官·鼈人》“鼈人掌取互物”注引鄭司農云：“互物謂有甲蚆胡，龜鼈之屬。”

貍物

貍，埋也。《周禮·天官·鼈人》“凡貍物，春獻鼈、蜃，秋獻龜、魚”注：“鄭司農云：‘貍物，龜鼈之屬，自貍藏伏於泥中者。’玄謂貍物亦謂鱳刀、含漿之屬。”按：此以“貍”爲“薶”之借①，“貍、薶”右文、假借，睡虎地秦墓竹簡《法律答問》“王室祠，貍其具”“或自殺，其室人弗言吏，即葬貍之”，“貍”并“薶”之借。又，“埋”訓“貍”右文、假借，《周禮·地官·族師》“以相葬埋”釋文：“埋本或作貍。”《周禮·夏官·校人》“及葬埋之”釋文：“埋本又作貍。”《周禮·春官·大宗伯》“以貍沈祭山林川澤”，《秋官·犬人》注引“貍”作“埋”。

蜮

惑也。《漢書·五行志》載莊公十八年“秋，有蜮”劉向以爲：“蜮生南越，越地多婦人，男女同川，淫女爲主，亂氣所生，故聖人名之曰蜮，蜮猶惑也，在水旁能射人，射人有處，甚者至死。南方謂之短弧。”《周禮·秋官·序官》“蝈氏”注引鄭司農云“蝈讀爲蜮”疏引《左傳》莊公十八年“秋，有蜮”服云：“短狐，南方盛暑所生，其狀如鼈，古無今有，含沙射人，入皮肉中，其瘡如疥，徧身中，濩濩蜮蜮，故曰灾。禮曰：‘惑君則有。’”②按：“蜮、惑”右文。

射影

影，人影也；射，射殺也。《詩·小雅·何人斯》“爲鬼爲蜮”疏引陸機疏：“（蜮）一名射影，江淮水皆有之，人在岸上，影見水中，投人影則殺之，故曰

---

① “薶”俗作“埋”。

② 《左傳》疏作“徧身濩濩或或，故爲災”。

射影。”

尉魚、仲明

樂浪尉仲明溺死海中，化爲魚，故名。《詩·衛風·碩人》“鱣鮪發發”疏引陸機云：“鮪，大者爲王鮪，小者爲鮛鮪，一名鮥肉，色白，味不如鱣也。今東萊遼東人謂之尉魚，或謂之仲明，仲明者，樂浪尉也，溺死海中，化爲此魚。”

吹沙

魚常張口吹沙，故名。《詩·小雅·魚麗》“魚麗于罶，鱨鯊”疏引陸機疏：“魚狹而小，常張口吹沙，故曰吹沙。”

漁

魚也。《易·繫辭下》“以佃以漁”釋文引馬融注：“取魚曰漁。”按：“漁、魚”右文、假借，《易·繫辭下》“以佃以漁”釋文：“漁本亦作魚。”《公羊傳》桓公四年注引“漁”作“魚”；《左傳》隱公五年“公將如棠觀魚者”釋文“魚者本亦作漁者”，《史記·魯周公世家》作“漁”。

獵

捷也。《左傳》隱公五年“春蒐夏苗秋獮冬狩”疏引蔡邕《月令章句》：“獵者，捷取之名也。”《初學記》卷二十二引《月令章句》：“獵，捷也，言以捷取之。”

田（畋）

農田也。《白虎通·闕文》：“四時之田，總名爲田何？爲田除害也。”《初學記》卷二十二引《月令章句》：“畋，田也，則《爾雅》‘爲田除害’之義。”按：此爲狩獵總名。以田地之“田”訓田獵之“田”。

田

農田也。《白虎通·闕文》：“春謂之田何？春，歲之本，舉本名而言之也。”按：此爲春獵之名。此田地之“田”訓春獵之“田”，《詩·鄭風·叔于田》疏：“田者，獵之別名，以取禽於田，因名曰田。”

苗

毛也，取義。《説苑·修文》：“苗者，毛也。取之不圍，澤不揜群，取禽不麛卵，不殺孕重者。”按：“毛”爲“取”義，則爲“芼、覒”之假借，《説文》：“覒，擇也。讀若苗。”“苗、毛”假借，《山海經·海外南經》：“三苗國一曰三毛國。”又，《周禮·夏官·大司馬》“遂以苗田”注：“夏田爲苗，擇取不孕任者，若治苗去不秀實者。”《左傳》隱公五年“春蒐夏苗”疏引鄭玄《周禮》注，云“孫炎亦然”。亦與《説苑》同。

蒐

搜索也。《説苑·修文》：“蒐者，搜索之。”《白虎通·闕文》：“秋謂之蒐何？蒐索肥者也。”

狩

守也。《説苑·修文》：“狩者，守留之。”《白虎通·闕文》：“冬謂之狩何？守地而取之也。”《周禮·夏官·大司馬》“遂以狩田”注：“冬田爲狩，言守取之，無所擇也。”《詩·鄭風·叔于田》“叔于狩”疏引《爾雅·釋天》“冬獵爲狩”李巡注：“圍守取之，無所擇也。”《詩·魏風·伐檀》“不狩不獵”疏引《爾雅·釋天》“冬獵爲狩”李巡注：“冬圍守而取禽。”《春秋》桓公七年“己亥，焚咸丘”，《左傳》疏引《爾雅·釋天》“火田爲狩”李巡、孫炎皆云：“放火燒草，守其下風。”《國語·周語上》“狩於畢時”注：“冬田曰狩，圍守而取之。”《國語·齊語》“田狩畢弋”注：“狩，圍守而取禽也。”按：“守、狩”右文，假借，《易·明夷卦》“明夷于南狩”釋文：“狩本亦作守。”《尚書·舜典》“東巡守”釋文：“守本或作狩。”《禮記·祭義》“天子巡守”，《白虎通·巡狩》引“守”作“狩”。

獸也。《公羊傳》桓公四年“冬曰狩”注：“狩，猶獸也，冬時禽獸長大，遭獸可取。”《初學記》卷二十二引《月令章句》：“獵亦曰狩，狩獸也。鄭玄詩箋言田獵博獸也。”按：“狩、獸”假借，《詩·小雅·車攻》“搏獸于敖”，《文選·張衡〈東京賦〉》“獸”作“狩”；《隸釋》卷四《司吏校尉楊孟文石門頌》

"惡蟲弊狩",洪适以"弊狩"爲"斃獸"。

犐

芻也。《説文》牛部:"犐,以芻莝養圈牛也。"（段本）按:"犐、芻"右文、假借,犐蓁字今作"芻"是也。

汕

可汕魚也。《詩·小雅·南有嘉魚》"南有嘉魚,烝然汕汕"疏引《爾雅·釋器》"槮謂之汕"李巡曰:"汕,以薄汕魚也。"

罶

留也。《説文》网部:"罶,曲梁寡婦之筍,魚所留也。""罶、留"右文。

嚅

似嚅星狀也。《詩·齊風·盧令·序》"襄公好田獵畢弋"疏引《爾雅·釋天》"嚅謂之畢"孫炎曰:"掩兔之畢或謂之嚅,因星以名。"[①]此參《釋天》"畢"條。

殪

壹也。《詩·小雅·吉日》"殪此大兕"傳:"殪,壹發而死。"或訓"一",同。《國語·晉語八》"昔吾先君唐叔射兕于徒林,殪"注:"一發而死曰殪。"《漢書·司馬相如傳》"薮殪仆"注引文穎曰:"一發死爲殪。"按:"殪、壹"右文、假借,《禮記·中庸》"壹戎衣而有天下",《尚書·康誥》作"殪戎殷"。

腥（星）

星也。《説文》肉部:"腥,星見食豕,令肉中生小息肉也。"《周禮·天官·內饔》"豕盲眡而交睫,腥"注:"腥當爲星,聲之誤也,肉有如米者似星。"《禮記·內則》"豕望視而交睫,腥"注:"腥當爲星,聲之誤也,星,肉中如米者。"按:此"腥"爲豕之疾,即今之米豬肉。又,"腥、星"右文、假借,例如上文。

---

① "因星以名"本作"因以名星",據郭璞注改。

窠

窠,空也。《説文》穴部:“窠,空也。”

釋形體第七

人 (儿)

仁也。《説文》儿部:“儿,仁也。”《開元占經》卷一百十三引《説題辭》:“人者,仁也,以心合也。”宋均注:“與他相偶合也。”《春秋繁露·人副天數》:“天地之精所以生物者,莫貴於人,人受命乎天也,故超然有以倚,物疢疾莫能爲仁義,唯人獨能爲仁義。”《釋名·釋形體》:“人,仁也,仁生物也,故《易》曰:‘立人之道,曰仁與義。’”按:“人、仁”假借,見《釋言語》“仁”。

首

始也。《爾雅·釋詁》:“首,始也。”《公羊傳》隱公六年“首時過則書”注、《吕氏春秋·簡選》“以爲兵首”注、《釋名·釋形體》同。

髳

墮也。《説文》髟部:“髳,髮墮也。”(段本)按:“髳、墮”右文。

頸

莖也。《説文》頁部:“頸,頭莖也。”按:“頸、莖”右文。

俓也。《釋名·釋形體》:“頸,俓也,俓挺而長也。”按:“俓”爲“徑”之俗,“頸、徑”右文、假借,《禮記·玉藻》“其頸五寸”,《大戴禮記·公符》盧注引“頸”作“徑”。

顔

畔也。《御覽》卷三百六十四引《元命苞》:“在天爲文昌,在人爲顔頯,太一之謂也。顔之言氣畔也,陽立於五,故顔博五寸。”

脣

垣也。《御覽》卷三百六十八引《元命苞》:“脣者齒之垣,所以扶神設端,若有列星,與外有限,故曰脣亡齒寒。”

緣也。《釋名·釋形體》：“脣，緣也，口之緣也。”按：《周禮·考工記·桌氏》“量之以爲鬴，深尺内方尺而圜其外，其實一鬴”注：“圜其外者爲之脣。”則“脣”有“緣”義。又，《説文》肉部：“脣，口耑也。”“耑”與“緣”差近。

舌

達也。《御覽》卷三百六十七引《元命苞》：“舌之爲言達也，陽立於三，故舌在口中者，長三寸，象斗玉衡，陰合有四，故舌淪入溢内者，長四寸。”

泄也。《釋名·釋形體》：“舌，泄也，舒泄所當言也。”按：“舌、泄”假借，《漢書·董仲舒傳》“與大夫泄庸、種、蠡謀伐吴”，《國語·吴語》“泄庸”作“舌庸”。又《燕丹子》：“田光謂荆軻曰：‘蓋聞士不爲人所疑。太子送光之時，言：“此國事，願勿泄。”此疑光也。是疑而生於世，光所羞也。’向軻吞舌而死。”是舌能泄。

函

𢎹也。《説文》𢎹部：“函，舌也，……舌體𢎹𢎹。”按：𢎹，含也。“函、𢎹”右文。

齹

值也。《説文》齒部：“齹，齒相值也。”

齹

參差也。《説文》齒部：“齹，齒參差。”按：“齹、參”右文。

齨

臼也。《説文》齒部：“老人齒如臼也。一曰馬八歲齒臼也。”按：“齨、臼”右文。

鼻

畀也。《説文》鼻部：“鼻，引氣自畀也。”

嘖也。《釋名·釋形體》：“鼻，嘖也，出氣嘖嘖也。”

齅

臭也。《説文》鼻部：“齅，以鼻就臭也。”按：“齅、臭”右文。

俌

輔也。《説文》人部：“俌，輔也。”《廣韵·麌韵》引《埤倉》：“俌，輔也。”段玉裁云：“謂人之俌猶車之輔也。”按：“俌、輔”右文、假借，後世煩輔之“輔”即“俌”字之借。

肝

幹也。《白虎通·情性》引《樂動聲儀》：“肝之爲言干也。”“干”通“幹”。《釋名·釋形體》：“肝，榦也，於五行屬木，故其體狀有枝榦也。”按：“肝”與“幹”右文、假借，《儀禮·少牢饋食禮》“上佐食舉尸牢幹”注：“古文幹爲肝。”

肺

費也。《白虎通·情性》引《樂動聲儀》：“肺之爲言費也，情動得序。”

勃也。《釋名·釋形體》：“肺，勃也，言其氣勃鬱也。”

心

任也。《白虎通·情性》引《樂動聲儀》：“心之爲言任也，任於恩也。”《春秋繁露·深察名號》：“栣衆惡於内，弗使得發於外者，心也。故心之爲名栣也。”“栣”通“任”。

纖也。《釋名·釋形體》：“心，纖也，所識纖微，無物不貫也。”

腎

寫也。《白虎通·情性》引《樂動聲儀》：“腎之爲言寫也，以竅寫也。”

引也。《釋名·釋形體》：“腎，引也，腎屬水，主引水氣灌注諸脈也。”

脾

弁也。《五行大義》卷三引《元命苞》：“脾者，弁也，心得之而貴，肝得之而興，肺得之而大，腎得之以化。”按：此“弁”蓋通“辨”，抑或爲“併”之誤。聚積義。

辨也，聚積義。《白虎通·情性》引《樂動聲儀》：“脾之爲言辨也，所以積精禀氣也。”①

　　裨也。《玉篇》肉部引《白虎通》：“脾之爲言裨也。”《釋名·釋形體》：“脾，裨也，在胃下，裨助胃氣，主化穀也。”按：“脾、裨”右文。

府

　　府也。《白虎通·情性》：“府者，爲五藏宫府也。”

胃

　　委也。《御覽》卷三百七十六引《元命苞》：“胃者，脾之府，主禀氣，胃者，穀之委，故脾禀氣也。”《白虎通·情性》：“胃者，穀之委也。”

　　圍也。《釋名·釋形體》：“胃，圍也，圍受食物也。”

腹

　　厚也。《説文》肉部：“腹，厚也。”

　　複也，富也。《釋名·釋形體》：“腹，複也，富也，腸胃之屬，以自裹盛，復於外複之，其中多品，似富者也。”按：“腹、複”右文、假借，《禮記·月令》“水澤腹堅”釋文：“腹本又作複。”《吕氏春秋·季冬紀》作“水澤復”，注：“復或作複。”

腦

　　在也。《御覽》卷三百七十五引《元命苞》：“腦之爲言在也，人精在腦。”

關

　　關藏也。《申鑒》卷三：“鄰臍二寸謂之關，關者，所以關藏呼吸之氣，以禀授四體也。”

肯

　　肯肯也。《説文》肉部：“肯，骨間肉肯肯箸也。”段玉裁注：“肯肯，附箸難解之皃。”

胛

　　附著也。《御覽》卷三百六十九引《元命苞》：“胛之爲言附著也，如龍蟠

---

① “辨”盧本作“并”，今從元大德本。

虎伏,合附著也。"

髀

　　跂也。《御覽》卷三百七十二引《元命苞》:"髀之爲言跂也,陰二,故人兩髀。"

　　卑也。《釋名·釋形體》:"髀,卑也,在下稱也。"按:"髀、卑"右文。

尾

　　微也,隱微義。《説文》尸部:"尾,微也。"黄生云:"此竅在人隱微之處,故訓微。"（黄生撰、黄承吉合按《字詁義府合按》）按:"尾、微"假借,《尚書·堯典》"鳥獸孳尾",《史記·五帝本紀》"尾"作"微";《論語·公冶長》"微生高",《漢書·古今人表》作"尾生高";《論語·憲問》"微生畝",《漢書·古今人表》作"尾生畮"。

　　微也,微末義。《釋名·釋形體》:"尾,微也,承脊之末稍,微殺也。"

魂

　　伝伝也。《白虎通·情性》:"魂猶伝伝也,行不休也。"按:"伝"即"云"字,《吕氏春秋·圜道》:"雲氣西行,云云然。""魂、云"右文、假借,馬王堆漢墓帛書《十問·黄帝問於容成曰》"云柏（魄）安刑（形）,故能長生"、《十問·王期見秦昭王問道焉》"神和内得,云柏（魄）皇□","云"并"魂"之借。

　　芸也。《政事要略》卷二十六引《援神契》:"魂者,芸也。"宋均注:"芸,除穢濁也,潔白情性,所以芸情白性者,特以苞含供奉之道也。"《左傳》昭公七年"既生魄,陽曰魂"疏引《孝經説》曰:"魂,芸也。"《白虎通·情性》:"魂者,芸也,情以除穢。"按:此以"芸"通"耘"。又,"魂、芸"右文。

魄

　　迫也。《白虎通·情性》:"魄者,猶迫然著人也。"按:"魄、迫"右文。

　　白也。《政事要略》卷二十六引《援神契》:"魄者,白也。"《左傳》昭公七年"人生始化曰魄"疏引《孝經説》曰:"魄,白也。"《白虎通·情性》:"魄者,白也,性以治内。"按:"魄、白"右文。

痟

酸削也。《周禮·天官·疾醫》“春時有痟首疾”注:“痟,酸削也。”按:“痟、削”右文、假借,“痟”爲酸削本字,後假“削”字爲之。

玉女

美女玉色也。《開元占經》卷一百十三引《禮含文嘉》“禹卑宮室,盡力溝洫,百穀用成,玉女敬降養”宋均注:“玉女,有人如玉色也。天將精生玉女,使能養人。美女玉色,養以延壽也。”

媛

援也。《説文》女部:“媛,美女也,人所欲援也。”(段本)《詩·鄘風·君子偕老》“邦之媛也”箋:“媛者,邦人所依倚,以爲援助也。”《爾雅·釋訓》“美女爲媛”疏引孫炎曰:“君子之援助。”按:“媛、援”右文、假借,《君子偕老》“邦之媛也”釋文:“媛,《韓詩》作援。”《楚辭·九章·悲回風》“忽傾寤以嬋媛”《考異》:“嬋媛一作撣援。”

娩

媚也。《禮記·内則》“女子十年不出,姆教婉娩聽從”注:“娩之言媚也,媚謂容貌也。”按:此婉娩也,非分娩義。

頒

班也。《孟子·梁惠王上》“頒白者”注:“頒者,班也,頭半白班班者也。”按:“頒”爲“斑”之借,“斑、班”右文、假借,《左傳》文公十一年“鄋班”注疏本又作“斑”;《楚辭·九歎·憂苦》“雜班駮與闒茸”《考異》:“班一作斑。”《楚辭·離騷》“斑陸離其上下”《考異》:“斑一作班。”

挽

免也。《説文》子部:“挽,生子免身也。”按:“挽、娩”古今字,“娩、免”右文、假借,《禮記·内則》“免薧滫瀡以滑之”,《周禮·天官·食醫》注引“免”作“娩”。《國語·越語上》“將免者以告”注:“免,乳也。”《新序·節士》“無何而朔妻免,生男”,“免”并“娩”之借。

蹻

高也。《説文》足部：“蹻，舉足行高也。”按：“蹻、高”右文。

菜色

食菜之色。《禮記·王制》“雖有凶旱水溢，民無菜色”注：“菜色，食菜之色。”

負

背也。《禮記·明堂位》“天子負斧依南鄉而立”注：“負之言背也。”又《曲禮上》“負劍辟咡詔之”注：“負謂置之於背。”《儀禮·喪服記》“負廣出於適寸”注：“負，在背上者也。”《釋名·釋姿容》：“負，背也，置項背也。”

伏

覆也。《禮記·曲禮上》“寢毋伏”注：“伏，覆也。”《釋名·釋姿容》同。

孫（遜）

順也。《尚書·舜典》“五品不遜”、《太甲下》“有言遜于汝志”傳并云：“遜，順也。”《詩·豳風·狼跋》“公孫碩膚”箋：“孫讀當如‘公孫于齊’之孫，孫之言孫遁也。”又《大雅·文王有聲》“詒厥孫謀”箋：“孫，順也。”《周禮·考工記·匠人》“水屬不理孫”注：“孫，順。”《儀禮·聘禮記》“孫而説”注：“孫，順也。”《禮記·内則》“孫友視志”、《學記》“不陵節而施之謂孫”、《緇衣》“則民有孫心”注并云：“孫，順也。”《吕氏春秋·順民》“冤侮雅遜”、《士容》“辭令遜敏”注并云：“遜，順。”《史記·晉世家》“鄭不孫”集解引服虔曰：“孫，順。”《周禮·考工記·輈人》“欲其孫而無弧深”注：“孫，順理也。”《禮記·學記》“孫其業也”注：“孫猶恭順也。”按：“孫、遜”古今字。又，“遜、順”假借，《易·坤卦》《易》曰‘履霜，堅冰至’，蓋言順也”，《春秋繁露·基義》引“順”作“遜”；《尚書·康誥》“惟曰未有遜事”，《荀子·宥坐》引“遜”作“順”；《韓詩外傳》卷一“言語遜”，《説苑·修文》“遜”作“順”。

不豫

不復豫政也。《白虎通·闕文》：“天子病曰‘不豫’，言不復豫政也。”按：

“不豫”源自今文《尚書·金縢》：“王有疾不豫。”《史記·魯周公世家》、《論衡·感類》《福虛》、《後漢書·禮儀志》并同。《白虎通》以“不復豫政”解之。

不念也。古文《尚書》：“王有疾弗豫。”按：此以“弗豫”爲不喜，是以“豫”作“念”，《説文》心部“念”引作“有疾不念”，云：“念，喜也。”

負子

負，背也，背棄也；子，子民也。《白虎通·闕文》：“諸侯曰‘負子’，子，民也，言憂民不復子之也。”按：《白虎通》以“負子”爲背棄子民，不復子之。“負子”源自今文《尚書·金縢》：“若爾三王，是有負子之責于天，以旦代某之身。”《史記·魯周公世家》亦作“負子”。

負，丕也，大義；子，子愛也。古文《尚書》作“丕子”，馬融以“丕”如字，釋文：“丕，普悲反，馬同。”孫星衍云：“馬氏蓋訓‘丕’爲大，與史公、鄭康成俱異義者，言天與三王以大慈愛其子孫之責任也。”(《〈尚書〉今古文注疏》卷十三) 是馬融以“丕子”爲大子愛。

負，不也；子，子愛也。《尚書》孔疏引鄭玄云：“丕讀曰不，愛子孫曰子，元孫遇疾，若汝不救，是將有不愛子孫之過，爲天所責，欲使爲之請命也。”

致夢

致，至也。《周禮·春官·大卜》“掌三夢之灋：一曰致夢，二曰觭夢，三曰咸陟”注：“致夢言夢之所至，夏后氏作焉。”按：“致、至”右文、假借，《禮記·禮器》“有放而不致也”釋文：“不致本或作不至。”《禮記·大學》“致知在格物”注：“此致或爲至。”《老子》十四章“此三者不可致詰”，馬王堆漢墓帛書甲、乙本“致”并作“至”。

觭夢

觭，奇也。《周禮·春官·大卜》“掌三夢之灋：一曰致夢，二曰觭夢，三曰咸陟”注引杜子春云：“觭讀爲奇偉之奇，其字當直爲奇。”按：“觭、奇”右文。

觭，掎也。《周禮·春官·大卜》注：“玄謂觭讀如‘諸戎掎’之掎，掎亦得也，亦言夢之所得，殷人作焉。”按：“觭、掎”右文。

咸陟

咸，咸皆也；陟，得也。《周禮·春官·大卜》“掌三夢之灋：一曰致夢，二曰觭夢，三曰咸陟”注：“咸，皆也；陟之言得也，讀如‘王德翟人’之德，言夢之皆得，周人作焉。”

泣血

泣無聲如血出也。《禮記·檀弓上》“泣血三年”注：“言泣無聲如血出。”

遫

蹙蹙也。《禮記·玉藻》“君子之容舒遲，見所尊者齊遫”注：“遫猶蹙蹙也。”

揚休

揚，陽也；休，休慶也。氣之休物也。《禮記·玉藻》“盛氣顚實揚休”注：“顚讀爲闐，揚讀爲陽，聲之誤也。盛聲中之氣，使之闐滿，其息若陽氣之休物也。”

眇

小也。《方言》卷十三：“眇，小也。”《説文》目部：“眇，小目也。”（段本）《釋名·釋疾病》：“目匡陷急曰眇，眇，小也。”

吐

寫（瀉）也。《説文》口部：“吐，寫也。”《釋名·釋疾病》：“吐，瀉也，故揚、豫以東謂瀉爲吐也。”

嗻

遮也。《説文》口部：“嗻，遮也。”按：《廣韵·禡韵》：“嗻，多語之兒。”段玉裁云：“謂多言遏遮人言也。”按：“嗻、遮”右文。

卷 二

釋親屬第八

宗

尊也。《尚書·舜典》“禋于六宗”“汝作秩宗”傳并云：“宗，尊也。”《白虎通·闕文》：“宗者，何謂也？宗者，尊也，爲先祖主者，宗人之所尊也。”《白虎通·闕文》：“宗者，尊也，言尊重信受也。”（據劉師培説改）《説文》宀部：“宗，尊祖廟也。”①《周禮·春官·序官》“春官宗伯”注：“宗，尊也。”《釋名·釋宮室》：“宗，尊也。”按：“宗、尊”假借，《左傳》成公五年“晉侯以傳召伯宗”，《穀梁傳》“伯宗”作“伯尊”。

九族

九，究也；族，湊也。《白虎通·闕文》：“族者，何也？族者，湊也，聚也。謂恩愛相流湊也。……族所以九者何？九之爲言究也，親疏恩愛究竟，謂之九族也。”

姓

生也。《白虎通·姓名》：“姓者，生也，人稟天氣所以生者也。”《説文》女部：“姓，人所生也。”《禮記·曲禮下》“納女於天子，曰備百姓”注：“姓之言生也。”《禮記·喪大記》“卿大夫父兄子姓”注：“姓之言生也。”按：“姓、生”右文、假借，《春秋》定公四年“蔡公孫姓帥師滅沈”《左傳》釋文：“姓

---

① “尊”下脱“也”字。

又作生。”《春秋》哀公四年“蔡殺其大夫公孫姓”《左傳》釋文：“姓本又作生。”《老子》七十五章“民之難治”，馬王堆漢墓帛書甲本“民”作“百姓”，乙本作“百生”。

父

矩也。《白虎通·三綱六紀》：“父者，矩也，以法度教子也。”《説文》又部：“父，矩也，家長率教者，從又舉杖。”

甫也。《釋名·釋親屬》：“父，甫也，始生己也。”按：“父、甫”假借，《儀禮·士冠禮》“曰伯某甫”注：“甫字或作父。”《禮記·檀弓上》“殯於五父之衢”，《論衡·知實》“父”作“甫”；《左傳》僖公八年“大子茲父”，《史記·宋微子世家》作“太子茲甫”。

母

牧也。《説文》女部：“母，牧也。”

冒也。《釋名·釋親屬》：“母，冒也，含生己也。”

男

任也。《大戴禮記·本命》：“男者，任也；子者，孳也。男子者，言任天地之道，如長萬物之義也。”《白虎通·嫁娶》：“男者，任也，任功業也。”《釋名·釋長幼》：“男，任也，典任事也。”按：“男、任”假借，《尚書·禹貢》“二百里男邦”，《史記·夏本紀》作“二百里任國”；《尚書·酒誥》“侯甸男衛邦伯”，《白虎通·爵》引“男”作“任”。

子

孳也。《大戴禮記·本命》：“男者，任也；子者，孳也。男子者，言任天地之道，如長萬物之義也。”《白虎通·三綱六紀》：“子者，孳也，孳孳無已也。”《釋名·釋親屬》：“子，孳也，相生蕃孳也。”按：“子、孳”右文。

女

如也。《大戴禮記·本命》：“女者，如也，子者，孳也，女子者，言如男子之教，而長其義理者也。”《白虎通·嫁娶》：“女者，如也，從如人也，在家從父母，既嫁從夫，夫没從子也。”《釋名·釋長幼》：“女，如也，婦人外成如人也，故三從之義：少如父教，嫁如夫命，老如子言。”按：“女、如”假借，見《釋天》“須女”條。

夫

扶也。《大戴禮記·本命》：“丈者，長也；夫者，扶也。言長萬物也，知可爲者，知不可爲者，知可言者，知不可言者，知可行者，知不可行者，是故審論而明其別，謂之知，所以正夫德者。”《白虎通·三綱六紀》：“夫者，扶也，以道扶接也。”又《嫁娶》：“夫者，扶也，扶以人道者也。”按：“夫、扶”右文、假借，《莊子·在宥》“過扶搖之枝”釋文：“扶亦作夫。”《漢書·地理志》“北隙烏丸、夫餘”注：“夫讀曰扶。”北京大學藏西漢竹簡《趙正書》“王死而胡亥立，即殺其兄夫胥（蘇）”，“夫”爲“扶”之借。

膚也。《意林》卷四引《風俗通》：“《禮》云：‘十尺曰丈，成人之長也。’里語：‘八尺男子。’夫者，膚也，言其智膚敏弘教也，故曰丈夫。”按：“肤”爲“膚”之俗，“夫、肤”右文。

婦

伏也，屈服義。《大戴禮記·本命》：“婦人，伏於人也，是故無專制之義，有三從之道，在家從父，適人從夫，夫死從子，無所敢自遂也。”《白虎通·三綱六紀》：“婦者，服也，以禮屈服也。”“服”通“伏”。

服也，服事義。《白虎通·嫁娶》：“婦者，服也，服於家事，事人者也。”《説文》女部：“婦，服也。”《禮記·曲禮下》“士曰婦人”注：“婦之言服。”《釋名·釋親屬》：“大夫之妃曰命婦，婦，服也，服家事也，夫受命於朝，妻受命於家也。”《獨斷》卷上：“士曰婦人，婦之言服也。”

妻

齊也。《白虎通·嫁娶》：“妻者，齊也，與夫齊體。自天子下至庶人，其義一也。”《東漢文紀·蔡邕〈月令問答〉》：“妻者，齊也。”《説文》女部：“妻，婦與夫齊者也。”《禮記·曲禮下》“庶人曰妻”注：“妻之言齊。”《内則》“聘則爲妻”注：“妻之言齊也，以禮聘問，則得與夫敵體。”《獨斷》卷上：“庶人曰妻，妻之言齊也。”《釋名·釋親屬》：“士庶人曰妻，妻，齊也，夫賤不足以尊稱，故齊等言也。”按：“妻、齊”假借，郭店楚墓竹簡《語叢》“豐（禮）妻樂憲（靈）則戚”，“妻”爲“齊”之借。

寡妻

寡，寡有也，謂嫡。《詩·大雅·思齊》“刑于寡妻”傳：“寡妻，適妻也。”

寡，寡有也，謂賢。《詩·大雅·思齊》箋：“寡妻，寡有之妻，言賢也。”

舅

舊也，久也。《白虎通·三綱六紀》：“舅者，舊也。”《爾雅·釋親》“母之晜弟爲舅”疏引孫炎云：“舅之言舊，尊長之稱。”《釋名·釋親屬》：“夫之父曰舅，舅，久也，久，老稱也。……母之兄弟曰舅，亦如之也。”按：“舅、舊”右文。

姑

故也，古也。《白虎通·三綱六紀》：“姑者，故也。”《釋名·釋親屬》：“父之姊妹曰姑，姑，故也，言於己爲久故之人也。”《詩·邶風·泉水》“問我諸姑”疏引孫炎曰：“姑之言古，尊老之名也。”按：“姑、故”右文。“姑、古”右文、假借，《山海經·中山經》“姑媱之山”，《博物志》“姑媱”作“古瞀”；銀雀山漢墓竹簡《孫子兵法下編·見吴王》“古試之，得而用之”、《三十時》“奏古洗”，“古”并“姑”之借。

姊

咨也。《白虎通·三綱六紀》：“姊者，咨也。”

秭也，積義。《釋名·釋親屬》：“姊，積也，猶日始出，積時多而明也。”按：“姊”無積義，積義蓋“秭”之借。《釋名疏證補》引王啓原曰：“《漢書·地理志》：‘南郡有秭歸縣。’《水經注·江水篇》引盛宏之《荆州記》言：‘屈原歸姊來省而名。’是姊、秭通，《廣雅》：‘秭，積也。’姊歸可爲秭歸，則‘姊’義亦得云積。”又，“姊、秭”右文、假借，《後漢書·和帝紀》“戊辰，秭歸山崩”注引袁山松曰：“屈原此縣人，既被流放，忽然蹔歸，其姊亦來，因名其地爲秭歸，秭亦姊也。”

妹

末也。《白虎通·三綱六紀》：“妹者，末也。”《莊子·天道》“而棄妹之者，不仁也”釋文引《釋名》：“妹，末也。”按：“妹、末”假借，《史記·外戚世家》“桀之放也以末喜”，《國語·晉語一》作“妹喜”。

昧也。《釋名·釋親屬》：“妹，昧也，猶日始入，歷時少尚昧也。”按：“妹、昧”右文、假借，《易·歸妹卦》“妹”，熹平石經作“昧”；馬王堆漢墓帛書《稱》“隱忌妒妹賊妾如此者，下其等而遠其身”，“妹”爲“昧”之借。《莊子·天道》：“鼠壤有餘蔬，而棄妹之者，不仁也。”疏：“妹猶昧也。”此言假借。

兄

況也。《白虎通·三綱六紀》：“兄者，況也，況父法也。”按：“兄、況”右文、假借，《詩·小雅·常棣》“況也永歎”釋文：“況或作兄。”《詩·大雅·桑柔》“倉兄填兮”釋文：“兄本亦作況。”《史記·游俠列傳》“陽翟薛兄”，《漢書·游俠傳》“兄”作“況”。

荒也。《釋名·釋親屬》：“兄，荒也，荒，大也，故青徐人謂兄爲荒也。”

弟

悌也。《白虎通·三綱六紀》：“弟者，悌也，心順行篤也。”按：“弟、悌”古今字，典籍多通用，《詩·小雅·蓼蕭》“孔燕豈弟”釋文：“弟本亦作悌。”《禮記·文王世子》“教之以孝弟”釋文：“弟又作悌。”《論語·學而》“出則弟”釋文：“弟本亦作悌。”

弟也，次第義。《説文》弟部：“弟，韋束之次弟也。”《釋名·釋親屬》：“弟，弟也，相次弟而生也。”按：“弟、第”古今字，典籍多通用，《史記·封禪書》“天子親如五利之第”，《漢書·郊祀志》“第”作“弟”；《史記·陳丞相世家》“陛下第出僞游雲夢”（百衲本景宋慶元刻本），《漢書·陳平傳》“第”作“弟”；《史記·酈生陸賈列傳》“弟言之”，《漢書·酈食其傳》“弟”作“第”。

嫂

叟也。《儀禮·喪服傳》"是嫂亦可謂之母乎"注:"嫂者,尊嚴之稱……嫂猶叟也,叟,老人稱也。"《釋名·釋親屬》:"嫂,叟也,叟,老者稱也。"按:"嫂、叟"右文。

娣

弟也。《公羊傳》莊公十九年:"娣者何? 弟也。"《儀禮·士昏禮》"雖無娣"注:"娣,女弟也。"《説文》女部:"娣,女弟也。"《釋名·釋親屬》:"娣,弟也,己後來也。"按:"弟、娣"古今字,典籍多,《易·歸妹卦》"歸妹以娣",馬王堆漢墓帛書本"娣"作"弟";《左傳》莊公二十八年"其娣生卓子",《史記·晉世家》"娣"作"弟";武威漢簡《儀禮·喪服》"夫之姑、姊妹、弟似(似)婦,報","弟"爲"娣"之借。

姨

弟也。《説文》女部:"姨,妻之女弟同出爲姨。"《釋名·釋親屬》:"妻之姊妹曰姨,姨,弟也,言與己妻相長弟也。"按:從"夷"、從"弟"字多通,如《易·渙卦》"匪夷所思" 釋文:"匪夷,荀作匪弟。"馬王堆漢墓帛書作"娣"。《易·大過卦》"枯楊生稊" 釋文:"稊,鄭作荑。"《後漢書·徐登傳》注引作"荑",馬王堆漢墓帛書作"楛楊生荑"。《禮記·内則》"不敢唾洟",釋文"洟"作"涕",云:"本又作洟。"

私

恩私也。《詩·衛風·碩人》"譚公維私" 傳:"姊妹之夫曰私。"疏引《爾雅·釋親》:"女子謂姊妹之夫爲私。"孫炎曰:"私,無正親之言,然則謂吾姨者,我謂之私。"《釋名·釋親屬》:"姊妹互相謂夫曰私,言於其夫兄弟之中,此人與己姊妹有恩私也。"是以"私"爲恩私義。

倫

順也。《禮記·禮器》"天地之祭,宗廟之事,父子之道,君臣之義,倫也"注:"倫之言順也。"

嫡（適）

敵也。《公羊傳》隱公元年“立適以長不以賢”注：“適，謂適夫人之子，尊無與敵。”《釋名·釋親屬》：“嫡，敵也，與匹相敵也。”“嫡、敵”右文、假借，《禮記·玉藻》“敵者不在”釋文：“敵本又作適。”《公羊傳》莊公二十四年“君請勿自敵也”，《春秋繁露·王道》引“敵”作“適”；《老子》六十九章“禍莫大於輕敵”，馬王堆漢墓帛書甲本“敵”作“適”。

孽

蘖也。《公羊傳》襄公二十七年“臣僕庶孽之事”注：“庶孽，眾賤子，猶樹之有孽生。”按：“孽生”之“孽”爲“蘖”之借。又，“蘖、孽”右文。

世子

世，世世也，連續義。《白虎通·爵》引《韓詩內傳》：“所以名之爲世子何？言欲其世世不絕也。”

適婦

適子之婦也。《周禮·春官·司服》疏引《儀禮·喪服》“適婦”注：“適婦，適子之婦。”

妾

接也。《白虎通·嫁娶》：“妾者，接也，以時接見也。”《禮記·內則》“奔則爲妾”注：“妾之言接也，聞彼有禮，走而往焉，以得接見於君子也。”《説文》辛部：“妾，有罪女子給事之得接於君者。”《釋名·釋親屬》：“妾，接也，以賤見接幸也。”按：“妾、接”右文、假借，武威漢簡《儀禮·服傳》甲乙本“諸侯之大夫，時妾見乎天子”今《儀禮·喪服傳》作“諸侯之大夫，以時接見乎天子”。

媵（俟）

送也。《爾雅·釋言》：“媵，送也。”《儀禮·士昏禮》“媵布席于奧”注：“媵，送也，謂女從者也。”《後漢書·光烈陰皇后紀》“列於媵妾”注引《爾雅》“媵，送也”孫炎注：“送女曰媵。”《楚辭·天問》“媵有莘之婦”注：“媵，送也。”《說文》人部：“俴，送也。”

承也。《釋名·釋親屬》：“侄娣曰媵，媵，承也，承事嫡也。”按：“媵、承”假借，《豆閉㲃跋》：“用俴乃祖考事。”楊樹達讀“俴”爲“承”，承，繼也。并舉《釋名》此條云云，以“俴、媵”爲古今字（楊樹達《積微居金文説》卷二）。

婢

卑也。《説文》女部：“婢，女之卑者也。”《史記·晉世家》“秦使婢子侍”集解引服虔曰：“《曲禮》云‘世婦以下自稱婢子’，婢子，婦人之卑稱。”《禮記·曲禮下》“自世婦以下自稱曰婢子”注：“婢之言卑也。”按：“婢、卑”右文、假借，嶽麓書院藏秦簡《第二組》“賣奴卑”“買奴卑”，“卑”并“婢”之借。

媒

謀也。《説文》女部：“媒，謀也，謀合二姓者也。”（段本）《周禮·地官·序官》“媒氏”注：“媒之言謀也，謀合異類使和成者。”按：“媒、謀”右文、假借，《戰國策·齊策六》“女無謀而嫁者，非吾種也”，鮑本“謀”作“媒”，《史記·田敬仲完世家》作“媒”；馬王堆漢墓帛書《十六經·順道》“不爲亂首，不爲宛（怨）謀”、北京大學藏西漢竹書《妄稽》“謀勺（妁）隨之，爲取（娶）妄稽”，“謀”并“媒”之借。

妁

酌也。《説文》女部：“妁，斟酌二姓者也。”（段本）按：“妁、酌”右文。

嫁

家也。《白虎通·嫁娶》：“嫁者，家也，婦人外成，以出適人爲家。”按：“嫁、家”典籍多通用，《楚帛書》“不可以家女取臣妾”、睡虎地秦墓竹簡《日書甲種·入官良日》“不可家女、取妻”、嶽麓書院藏秦簡《占夢書》“夢見豆，不出三日家”，“家”并“嫁”之借。

娶

取也。玄應《音義》卷二十四引《詩》“娶妻如之何”傳：“娶，取婦也。”

《白虎通·嫁娶》：“娶者，取也。”《説文》女部：“娶，取婦也。”按：“取、娶”古今字，典籍多通用，《易·蒙卦》“勿用取女”釋文：“取本又作娶。”《詩·齊風·南山》“取妻如之何”，《白虎通·嫁娶》引“取”作“娶”；《禮記·郊特牲》“取於異姓”釋文：“取本又作娶。”

妃

匹也，媲也。《爾雅·釋詁》：“妃，匹也。”“妃，媲也。”《白虎通·嫁娶》：“妃者，匹也。”《説文》女部：“妃，匹也。”

輩也。《釋名·釋親屬》：“妃，輩也，一人獨處，一人往輩耦之也。”

婚（昏）

昏也。《儀禮·士昏禮》：“士昏禮，凡行事必用昏、昕。”《説文》女部引《禮》云：“娶婦以昏時。”《白虎通·嫁娶》：“婚者，昏時行禮，故曰婚。”《釋名·釋親屬》：“婦之父曰婚，言壻親迎用昏，又恒以昏夜成禮也。”按：“昏、婚”古今字，典籍多通用，《詩·邶風·谷風》“宴爾新昏”，《白虎通·嫁娶》引“昏”作“婚”；《禮記·經解》“故昏姻之禮廢，則夫婦之道苦，而淫辟之罪多矣”，《大戴禮記·禮察》《漢書·禮樂志》并“昏”作“婚”；《易·睽卦》“匪寇，婚媾”，上海博物館藏戰國楚竹書《周易》“婚”作“昏”。

姻

因也，女因夫而成。《白虎通·嫁娶》：“姻者，婦人因夫而成，故曰姻。”《説文》女部：“姻，壻家也，女之所因，故曰姻。”按：“姻、因”右文、假借，《詩·小雅·我行其野》“不思舊姻”，《白虎通·嫁娶》引“姻”作“因”；《左傳》襄公四年“伯因”，《史記·夏本紀》正義引《帝王世紀》作“伯姻”；馬王堆漢墓帛書《戰國縱橫家書·虞卿謂春申君章》“公孫央功臣也，襄子親因也，皆不免”，今《戰國策·楚策四》作“公孫鞅功臣也，冉子親姻也，然而不免”。

因也，女往因媒。《釋名·釋親屬》：“壻之父曰姻，姻，因也，女往因媒也。”

媾

厚也。《詩·曹風·候人》“不遂其媾”傳：“媾，厚也。”慧琳《音義》卷七十一引《白虎通》：“媾，厚也，重婚曰媾也。”《國語·晉語四》引此詩“不遂其媾”，注：“媾，厚也。”按：“媾、厚”假借，《易·屯卦》“匪寇婚媾”“求婚媾”、《睽卦》“匪寇婚媾”，馬王堆漢墓帛書本“媾”并作“厚”。

鰥

端也。《尚書大傳·堯典》：“不見室家之端，故謂之鰥。”

鰥鰥也。《詩·周南·桃夭》疏引《白虎通》：“鰥之言鰥鰥無所親。”按：《孟子·梁惠王下》：“老而無妻曰鰥。”“鰥鰥”之“鰥”甲骨文作 ，爲目光外射四及義，即《説文》目部“目相及”之“眔”，後類增作“睰”，《集韵·襇韵》：“鰥，視兒。或從目。”（劉敬林《“鰥鰥”注釋商榷》）

昆也。《釋名·釋親屬》：“無妻曰鰥，鰥，昆也，昆，明也，愁悒不寐，目恒鰥鰥然也。故其字從魚，魚目恒不閉者也。”按：“鰥”《爾雅·釋魚》作“鯤”，《詩·齊風·敝笱》“其魚魴鰥”，《御覽》卷九百四十引“鰥”作“鯤”。“鯤、昆”右文。又，“昆”之明義乃其本義，“昆”多假爲“晜弟”之“晜”，“鰥、晜”亦右文。

孤

顧也。《釋名·釋親屬》：“無父曰孤，孤，顧也，顧望無所瞻見也。”《易·睽卦》“睽孤”集解引虞翻曰：“孤，顧也。”

朋

黨也。《白虎通·三綱六紀》：“朋者，黨也。”《楚辭·離騷》“世并舉而好朋兮”注：“朋，黨也。”

友

有也。《荀子·大略》：“友者，所以相有也。”[1]《白虎通·三綱六紀》：“友

---

① 注：“友，與有同義，相有，謂不使喪亡。”

者,有也。"《釋名·釋言語》:"友,有也,相保有也。"按:"友、有"右文、假借,《尚書·牧誓》"我友邦冢君",《史記·周本紀》"友"作"有";《韓詩外傳》卷七"吾友周舍有言",《新序·雜事一》"有"作"友";《論語·學而》"有朋自遠方來"釋文:"有或作友。"《白虎通·辟雍》引作"朋友自遠方來",《易·蹇卦》疏、《周禮·地官·司諫》疏并引鄭玄注:"同門曰朋,同志曰友。"是鄭玄本《論語》亦作"朋友"。

釋長幼第九

嬰

鸎彌也,小兒啼聲也。《禮記·雜記下》"嬰兒失其母"注:"嬰猶鸎彌也。"《釋名·釋長幼》:"嬰兒……或曰嫛婗,嫛,是也,言是人也;婗,其啼聲也,故因以名之也。"按:"鸎彌"即"嫛婗",啼聲。

胸嬰也。《釋名·釋長幼》:"人始生曰嬰兒,胸前曰嬰,抱之嬰前,乳養之也。"

孺

乳也。《説文》子部:"孺,乳子也。"

屬也。《爾雅·釋言》:"孺,屬也。"疏引李巡云:"孺,骨肉相親屬也。"

丈人

長於人也。《易·師卦》"丈人"釋文引鄭玄云:"能以法度長於人。"

杖於人也。《淮南子·道應》"狐丘丈人"注:"丈人,老而杖于人者。"按:"丈、杖"右文、假借,《禮記·曲禮上》"席間函丈"注:"丈或爲杖。"《戰國策·齊策六》"立則丈插",鮑本"丈"作"杖",《説苑·指武》作"杖";張家山漢簡《引書》"右手把丈","丈"爲"杖"之借。

可信杖之人也。《意林》卷四引《風俗通》:"《易》曰:'師貞,丈人吉。'非徒尊老,亦須德行先人也。傳云:'杖德莫如信。'言其恩德可信杖也。"

人形一丈也。《論衡·氣壽》:"人形一丈,正形也。名男子爲丈夫,尊公嫗爲丈人。"

丈夫

一丈之夫也。《論衡·氣壽》："人形一丈,正形也。名男子爲丈夫,尊公嫗爲丈人。"《意林》卷四引《風俗通》云："禮云十尺曰丈,成人之長也。"《説文》夫部："夫,丈夫也。……周制以八寸爲尺,十尺爲丈,人長八尺,故曰丈夫。"

先生

先醒也。《韓詩外傳》卷六："古之知道者曰先生,何也? 曰:猶言先醒也,不聞道術之人,則冥於得失,不知治亂之所由,眊眊乎其猶醉也,故世主有先生者,有後生者,有不生者。"按:"生、醒"右文。

先人而生者也。《淮南子·人間》"以問先生"注:"先生,凡先人生者也。"《戰國策·齊策三》"三先生"注:"先生,長老先己以生者也。"

叟

老也。《説文》又部:"叟,老也。"《國語·齊語》"合群叟"注:"叟,老也。"《獨斷》卷上:"叟,老稱。"《史記·魏世家》"叟不遠千里辱幸至弊邑"集解引劉熙曰:"叟,長老之稱,依皓首之言。"《孟子·梁惠王上》"叟不遠千里而來"注:"叟,長老之稱,猶父也。"

縮也。《釋名·釋親屬》:"叟,縮也,人及物老皆縮小於舊也。"

耆

指也。《禮記·曲禮上》:"六十曰耆,指使。"注:"指事使人也。"《釋名·釋長幼》:"六十曰耆,耆,指也,不從力役,指事使人也。"按:"耆、指"右文、假借,《詩·大雅·皇矣》"上帝耆之,憎其式廓",《潛夫論·班禄》引"耆"作"指";《詩·小雅·正月》"有皇上帝,伊誰云憎"箋:"欲天指害其所憎而已。"所用詩與《潛夫論》同[1]。

---

[1]　汪繼培《潛夫論箋》説。

鮐

鐵也。《爾雅·釋言》“鮐，老也”釋文引孫云：“老人面如鐵色。”《詩·秦風·車鄰》“逝者其鮐”疏引孫炎曰：“鮐者，色如生鐵。”《釋名·釋長幼》：“八十曰鮐，鮐，鐵也，皮膚變黑，色如鐵也。”

耇

靚也，狗也。《爾雅·釋詁》“耇老，壽也”疏引舍人曰：“耇，靚也，血氣精華靚竭，言色赤黑如狗矣。”按：“耇、狗”右文、假借，上海博物館藏戰國楚竹書《彭祖》“狗老”即“耇老”。

垢也。《説文》老部：“耇，老人面凍黎若垢。”《釋名·釋長幼》：“耇，垢也，皮色驪頜，恒如有垢者也。”《爾雅·釋詁》“耇老，壽也”疏引孫炎曰：“耇，面如凍黎，色似浮垢，老人壽徵也。”

耆

點也。《説文》老部：“耆，老人面如點也。”按：“耆、點”右文。

鮐（台）

鮐魚也。《詩·大雅·行葦》“黃耇台背”箋：“台之言鮐也，大老則背有鮐文。”疏引《爾雅·釋詁》“鮐背耇老壽也”舍人注：“老人氣衰，皮膚消瘠，背若鮐魚也。”《釋名·釋長幼》：“九十曰鮐背，背有鮐文也。”按：“鮐、台”右文。

期頤

期，約期也；頤，頤養也。《禮記·曲禮上》“百年曰期頤”注：“期，猶要也；頤，養也。不知衣服食味，孝子要盡養道而已。”《釋名·釋長幼》：“百年曰期頤，頤，養也，老昏不復知服味善惡，孝子期於盡養道而已也。”

尚父

可尚可父也。《詩·大雅·大明》“維師尚父”傳：“尚父，可尚可父。”

伯

迫也。《白虎通·姓名》：“伯者，長也，伯者，子最長，迫近父也。”按：

“伯、迫”右文。

　　把也。《釋名·釋親屬》：“伯，把也，把持家政也。”

仲

　　中也。慧琳《音義》卷四十六引《韓詩》：“仲，中也，言位在中也。”《白虎通·姓名》：“仲者，中也。”《禮記·月令》“仲春之月”注：“仲，中也。”《説文》人部：“仲，中也。”《釋名·釋親屬》：“仲，中也，位在中也。”按：“中、仲”右文、假借，《尚書·堯典》“以殷仲春”，《史記·五帝本紀》“仲”作“中”；《詩·小雅·出車》“王命南仲”，《漢書·古今人表》“南仲”作“南中”；《史記·封禪書》“及四仲之月”，《漢書·郊祀志》“仲”作“中”。

叔

　　少也。《白虎通·姓名》：“叔者，少也。”《釋名·釋親屬》：“叔，少也。”按：“叔、少”假借，“叔”本拾取義，叔伯義爲“少”之借。

釋飲食第十

庖

　　苞也，包義。《周禮·天官·序官》“庖人”注：“庖之言苞也，裹肉曰苞苴。”按：此“苞”爲“包”之借，“庖、包”右文、假借，《易·姤卦》“包有魚”釋文：“包本亦作庖。”《易·繫辭下》“包犧氏之王天下”釋文：“包本又作庖。”《易·繫辭下》“包犧氏没”，集解本“包”作“庖”。

膳

　　善也。《周禮·天官·序官》“膳夫”、《儀禮·燕禮》“主人酌膳”注并云：“膳之言善也。”按：“膳、善”右文、假借，郭店楚墓竹簡《語叢一》“又憯（察）膳，亡爲膳”、《語叢三》“不膳罜（擇），不爲智”“莫得膳其所”，“膳”并“善”之借。

腊（昔）

　　晞也。《説文》日部：“昔，乾肉也，以殘肉，日以晞之。”

夕也。《周禮·天官·序官》“腊人”注：“腊之言夕也。”疏：“乾曰腊，朝曝於夕乃乾，故云腊之言夕。”按：“昔、腊”古今字，“昔、夕”假借，《詩·小雅·頍弁》“樂酒今夕”，《楚辭·大招》“以娛昔只”注引“夕”作“昔”；《戰國策·楚策四》“宿夕而死”，《韓詩外傳》卷四“夕”作“昔”；《吕氏春秋·博志》“今昔臣夢受之”，《淮南子·道應》“昔”作“夕”。

昔也。《釋名·釋飲食》：“腊，乾昔也。”按：“昔、腊”古今字，典籍多通用，睡虎地秦墓竹簡《日書乙種·除室二》“以昔肉吉”，“昔”即後之“腊”字；《易·噬嗑卦》“噬腊肉”，集解本“腊”作“昔”。

脯

薄也。《周禮·天官·腊人》“凡田獸之脯腊膴胖之事”注：“薄析曰脯。”按：“脯、薄”右文。

搏也。《釋名·釋飲食》：“脯，搏也，乾燥相搏著也。”按：“脯、搏”右文。

腶脩

腶，斷也；脩，修也。《白虎通·瑞贄》：“后夫人以棗栗腶脩者，凡内修陰也。”《公羊傳》莊公二十四年“棗栗云乎！腶脩云乎”注：“腶脩者，脯也，禮，婦人見舅姑以棗栗爲贄，見女姑以腶脩爲贄，見夫人至尊兼而用之。……腶脩取其斷斷自修正，執此者若其辭云爾，所以敘情配志也。”

腶，鍛也。《儀禮·有司》“取糗與腶脩”注：“腶脩，搗肉之脯。”按：鄭以“搗”釋“腶”是以“腶”爲“鍛”也，釋文：“加薑桂以脯而鍛之曰腶脩。”

脩，縮也。《釋名·釋飲食》：“脩，縮也，乾燥而縮也。”

膊

薄也，迫也。《説文》肉部：“膊，薄脯，膊之屋上。”[①]《釋名·釋飲食》：“膊，迫也，薄椓肉，迫著物使燥也。”按：“膊、薄”右文。

---

① 下“膊”當作“薄”。

豚拍

拍，膊也。《周禮·天官·醢人》"豚拍、魚醢"注："鄭大夫、杜子春皆以'拍'爲'膊'，謂脅也。或曰：豚拍，肩也。今河間名豚脅聲如鍛鎛。"按："拍"《儀禮》作"胉"，《儀禮·士喪禮》"其實特豚：四鬄，去蹄，兩胉、脊、肺"注："胉，脅也。"又"兩胉亞"注："今文胉爲迫。"此"胉"亦"膊"之借。

臑

肅肅也。《説文》肉部："臑，乾魚尾肅肅也。"（段本）肅肅，乾貌。按："臑、肅"右文。

疏食

疏，粗也。《儀禮·喪服》"疏食水飲"注："疏猶麤也。"《禮記·玉藻》"客飧，主人辭以疏"注："疏之言麤也。"《論語·述而》"飯疏食，飲水"鄭玄注："疏之言粗。"（敦煌寫本《論語鄭氏注》殘卷 P.2510）"麤、粗"通。

酒

乳也。《書鈔》卷一百四十八引《説題辭》："酒之言乳也，所以策身扶老。"《詩經類考》卷十一引《春秋緯》："酒者，乳也，王者法酒旗以有政，施天乳以哺人。"《初學記》卷九引《元命苞》："文王四乳，是謂含良，蓋法酒旗，布恩舒明。"宋均注："酒者，乳也，能乳天下，布恩之謂也。"

就也、造也。《説文》酉部："酒，就也，所以就人性之善惡。……一曰造也，吉凶所造也。"

酉也、揫也。《釋名·釋飲食》："酒，酉也，釀之米麴西澤，久而味美也。亦言揫也，能否皆强相揫持飲之也。又，入口咽之，皆揫其面也。"按："西澤"爲"酉醳"之借，《説文》酉部："酉，繹酒也。"段玉裁云："繹之言昔也，昔，久也。……繹酒謂日久之酒。""澤"讀爲"醳"，《禮記·郊特牲》"舊澤之酒"注："澤讀爲醳，舊醳之酒謂昔酒也。"又，"酉、酒"古今字，典籍多通用，上海博物館藏戰國楚竹書《孔子見季桓子》"不味酉肉"、睡虎地秦墓竹簡《日書乙種·生》"丁酉生，吉，旨（嗜）酉"、清華大學藏戰國竹簡《耆夜》"王又

（有）脂（旨）酉”，“酉”并“酒”字。

事酒

　　有事者之酒也。《周禮·天官·酒正》“辨三酒之物：一曰事酒，二曰昔酒，三曰清酒”注引鄭司農云：“事酒，有事而飲也。”鄭玄注：“事酒，酌有事者之酒，其酒則今之醳酒也。”

酎

　　醇也。《禮記·月令》“天子飲酎”注：“酎之言醇也，謂重釀之酒也。”《楚辭·大招》“四酎并孰”注：“醇酒爲酎。”《楚辭·招魂》“酎清涼些”注：“酎，醇酒也。”《漢書·景帝紀》“高廟酎”注引張晏曰：“正月旦作酒，八月成，名曰酎，酎之言純也。”①

鬯

　　暢也。《周禮·春官·序官》“鬯人”注：“鬯，釀秬爲酒，芬香條暢於上下也。”或訓“鬯”，通“暢”，如《易·震卦》“不喪匕鬯”集解引鄭玄注：“鬯秬酒，芬芳修鬯，因名焉。”《詩·大雅·江漢》“秬鬯一卣”箋：“謂之鬯者，芬香條鬯也。”疏引孫毓云：“鬯是酒名，以黑黍秬一秠二米作之，芬香條鬯，故名曰鬯。”按：“鬯、暢”假借，見《釋草木》“鬯”。

酬（醻）

　　周也。《儀禮·鄉飲酒禮》“主人實觶酬賓”注：“酬，勸酒也，酬之言周，忠信爲周。”

　　厚也。《儀禮·士冠禮》“主人酬賓，束帛儷皮”注：“飲賓客而從之以財貨曰酬，所以申暢厚意也。”《詩·小雅·彤弓》“一朝醻之”箋：“飲酒之禮，主人獻賓，賓酢主人，主人又飲而酌賓，謂之醻，醻猶厚也。”

　　道也。《詩·小雅·瓠葉》“酌言醻之”傳：“醻，道飲也。”疏：“以醻者，欲以醻賓，而先自飲以導之。”

---

① “純、醇”通。

泛齊

泛，泛泛然也。《周禮·天官·酒正》“五齊之名一曰泛齊。”注：“泛者，成而滓浮泛泛然，如今宜成醪矣。”疏：“言泛者，謂此齊孰時，滓浮在上泛泛然。”《釋名·釋飲食》：“泛齊，浮蟻在上，泛泛然也。”

醴齊

醴，體也。《周禮·天官·酒正》“五齊之名……二曰醴齊”注：“醴猶體也，成而汁滓相將，如今恬酒矣。”疏：“醴，體也，此齊孰時，上下一體，汁滓相將，故名醴齊。”《釋名·釋飲食》：“醴齊，醴，體也，釀之一宿而成體，有酒味而已也。”[1]按：“醴、體”右文。

盎齊

盎，翁也。《周禮·天官·酒正》“五齊之名……三曰盎齊”注：“盎猶翁也，成而翁翁然，葱白色，如今酇白矣。”《釋名·釋飲食》：“盎齊，盎，滃也，滃滃然濁色也。”

沈齊

沈，沈下也。《周禮·天官·酒正》“五齊之名……五曰沈齊”注：“沈者，成而滓沈，如今造清矣。”《釋名·釋飲食》：“沈齊，濁滓沈下，汁清在上也。”

酳

演也，安也。《儀禮·士昏禮》“贊洗爵，酌酳主人”注：“酳，漱也，酳之言演也，安也，漱所以絜口，且演安其所食。”按：“酳”《説文》作“酌”。

酸

端也。《寶典》卷一引《元命苞》：“酸之爲言端也，氣始生，陽分專心自端。”

鑽也。《吕氏春秋·孟春紀》“其味酸”注：“木味酸，酸者，鑽也，萬物應陽鑽地而出。”《淮南子·時則》“其味酸”注：“酸之言鑽也，萬物鑽地而生。”

---

① 　二“體”字本作“禮”，從段玉裁《説文解字注》校。

苦

勤苦也。《五行大義》卷三引《元命苞》：“苦者，勤苦乃能養也。”

吐也。《釋名·釋言語》：“苦，吐也，人所吐也。”

甘

安也。《五行大義》卷三引《元命苞》：“甘者，食常言安其味也，甘味爲五味之主，猶土之和成於四行也。”

含也。《釋名·釋言語》：“甘，含也，人所含也。”

辛

辛辣也。《五行大義》卷三引《元命苞》：“陰害故辛，殺義故辛刺，陰氣使其然也。”《寶典》卷七引《元命苞》：“其味辛，辛者，陰螫人，持度自辛，以固精。”

腥也。《五行大義》卷三引許慎云：“未熟之氣腥也，西方金之氣象此。”按：“辛、腥”假借，武威漢代醫簡《木牘》“魚辛”，“辛”似當讀作“腥”（白於藍《簡帛古書通假字大系》）。

鹹

鎌也。《寶典》卷十引《元命苞》：“鹹者鎌，鎌，清也，言物始萌，鎌虛以寒。”

咸也。《白虎通·五行》：“水味所以鹹何？是其性也。所以北方鹹者，萬物咸與所以堅之也，猶五味得鹹乃堅。”按：“鹹、咸”右文。

銜也。《説文》鹵部：“鹹，銜也，北方味也。”

溠

欲也。《禮記·儒行》“其飲食不溠”注：“恣滋味爲溠，溠之言欲也。”

犒

槁也。《左傳》僖公二十六年“公使展喜犒師”疏引服虔云：“以師枯槁，故饋之飲食。”《淮南子·氾論》“犒以十二牛”注：“牛羊曰犒，共其枯槁也。”按：“犒、槁”右文、假借，《國語·魯語上》“以爲夏犒”（士禮居景宋本），《補音》

"槁"作"槁"；馬王堆漢墓帛書《春秋事語·宋荆戰泓水之上章》"士匽爲魯君槀師"，"槀"爲"槁"之借。

祝藥

祝，附著也。《周禮·天官·瘍醫》"掌腫瘍、潰瘍、金瘍、折瘍之祝藥"注："祝當爲注，讀如注病之注，聲之誤也，注謂附著藥。"

醉

卒也。《説文》酉部："醉，卒也，卒其度量，不至於亂也。"

胖

半（判）也。《周禮·天官·腊人》"共豆脯、薦脯、膴胖"注："鄭大夫云：'胖讀爲判。'杜子春云：'禮家以胖爲半。'"《説文》半部："胖，半體肉也。"按："胖、判"右文、假借，《周禮·天官·內饔》"凡掌共羞脩刑膴胖骨鱐以待共膳"，《説文》肉部引"胖"作"判"；《儀禮·喪服》"夫妻胖合"（參《釋文》），《白虎通·三綱六紀》引"胖"作"判"。

片也。《周禮·天官·腊人》注："胖之言片也，析肉意也。"

齍（粢）盛

稷也。《周禮·天官·甸師》"以共齍盛"注："齍盛，祭祀所用穀也。粢，稷也。穀者，稷爲長，是以名云。在器曰盛。"

贄（摯）

質也。《説苑·修文》："庶人以鶩爲贄者，所以質也。"《白虎通·瑞贄》："贄者，質也，質己之誠，致己之悃愊也。"按："贄、質"假借，《左傳》成公十二年"交贄往來"，《後漢書·彭寵傳》注引"贄"作"質"；《孟子·萬章下》"庶人不傳質爲臣"音義："質，丁讀如贄。"《荀子·大略》"錯質之臣不息雞豚"注："質讀爲贄，……古字通耳。"

至也。《儀禮·士相見禮》"贄，冬用雉，夏用腒"注："贄，所執以至者，君子見於所尊敬，必執贄以將其厚意。"《周禮·春官·大宗伯》"以禽作六摯"注："摯之言至，所執以自致。"

饎

喜也。《爾雅·釋訓》“饎，酒食”疏引李巡注：“得酒食則喜歡也。”按：“饎、喜”右文、假借，《爾雅·釋訓》“饎，酒食”釋文：“饎，舍人本作喜。”《詩·豳風·七月》《詩·小雅·甫田》“田畯至喜”箋并云：“喜讀爲饎。”《説文解字繫傳》田部引作“饎”。

餾

流也。《説文》食部：“餾，飯氣流也。”（段本）

釋用器第十一

爵

盡也。《詩·周南·卷耳》“我姑酌彼兕觥”疏引《韓詩説》：“一升曰爵，爵，盡也，足也。”

爵（雀）也，如雀之形也。《説文》鬯部：“爵，禮器也。象爵之形，中有鬯酒，又持之也，所以飲。器象爵者，取其鳴節節足足也。”下二“爵”通“雀”。按：“爵、雀”假借，《禮記·三年問》“小者至於燕雀”釋文：“雀本又作爵。”《左傳》文公十八年“如鷹鸇之逐鳥雀”，《漢書·翟方進傳》引“雀”作“爵”；《史記·汲鄭列傳》“門外可設雀羅”，《漢書·鄭當時傳》“雀”作“爵”。

觚

孤也，寡義。《詩·周南·卷耳》“我姑酌彼兕觥”疏引《韓詩説》：“二升曰觚，觚，寡也，飲當寡少。”按：此以“觚”爲“孤”，故訓寡。“觚、孤”右文、假借，《爾雅·釋地》“觚竹”釋文：“觚本又作孤，同。”《莊子·大宗師》“與乎其觚而不堅也”釋文：“觚，音孤，王云：‘觚，特立不群也。’”

觶

適也。《詩·周南·卷耳》“我姑酌彼兕觥”疏引《韓詩説》：“三升曰觶，觶，適也，飲當自適也。”

角

獸角也，觸義。《詩·周南·卷耳》"我姑酌彼兕觥" 疏引《韓詩説》："四升曰角，角，觸也，不能自適，觸罪過也。"

散

訕也。《詩·周南·卷耳》"我姑酌彼兕觥" 疏引《韓詩説》："五升曰散，散，訕也，飲不自節，爲人謗訕。"

觴

餉也。《詩·周南·卷耳》"我姑酌彼兕觥" 疏引《韓詩説》："總名曰爵，其實曰觴，觴者，餉也。……非所以餉不得名觴。"

觵（兕觥）

觵觵也。《説文》角部："觵，兕牛角可以飲者也。……其狀觵觵，故謂之觵。"觵觵，壯大貌。

廓也。《詩·周南·卷耳》"我姑酌彼兕觥" 疏引《韓詩説》："兕觥亦五升，所以罰不敬，兕觥，廓也，所以著明之貌，君子有過，廓然著明。"

象觚

觚有象骨飾也。《儀禮·燕禮》"象觚"注："象觚，觚有象骨飾也。"又《大射》"象觚"注："象觚，觚有象骨飾也。"

斝

稼也。《禮記·明堂位》"殷以斝"注："斝，畫禾稼也。"[1]

蜃

水蟲之蜃也。《周禮·春官·鬯人》"凡山川四方用蜃" 注引杜子春云："蜃，水中蜃也。"

畫蜃形之漆尊也。《周禮·春官·鬯人》注："蜃……漆尊也……蜃，畫爲蜃形。"

---

[1]　"稼"本訛"嫁"，《詩·大雅·行葦》疏引不誤。

雞彝

刻畫爲雞形之彝。《周禮·春官·司尊彝》“春祠、夏禴，祼用雞彝、鳥彝”注：“雞彝、鳥彝，謂刻而畫之，爲雞、鳳凰之形。”

斝彝

稼也。《周禮·春官·司尊彝》“秋嘗冬烝，祼用斝彝、黃彝”注引鄭司農云：“斝讀爲稼，稼彝，畫禾稼也。”

黃彝

黃，黃目，以黃金爲目也。《周禮·春官·司尊彝》“秋嘗冬烝，祼用斝彝、黃彝”注引鄭司農云：“黃彝，黃目尊也。”鄭玄云：“黃目，以黃金爲目。”蓋《禮記·郊特牲》疏所謂：“以黃金鏤其外以爲目，因取名也。”

獻尊

獻，犧也。《周禮·春官·司尊彝》“其朝踐用兩獻尊”注引鄭司農云：“‘獻’讀爲‘犧’。”按：即犧牛形之尊，《左傳》定公十年“犧、象不出門”疏：“王肅以爲犧尊、象尊爲牛、象之形，背上負尊。魏太和中，青州掘得齊大夫子尾送女器爲牛形，而背上負尊，古器或當然也。”《南史·劉杳傳》載杳與沈約論宗廟犧尊事：“約云：‘鄭玄答張逸謂爲“畫鳳皇尾婆娑然”，今無復此器，則不依古。’杳曰：‘此言未必可安，古者樽彝皆刻木爲鳥獸，鑿頂及背，以出内酒。魏時，魯郡地中得齊大夫子尾送女器，有犧樽，作犧牛形；晉永嘉中，賊曹嶷于青州發齊景公冢，又得二樽，形亦爲牛、象，二處皆古之遺器，知非虛也。’約大以爲然。”

象尊

象，象似也，或曰象骨也。《周禮·春官·司尊彝》“再獻用兩象尊”注引鄭司農云：“象尊以象鳳皇，或曰，以象骨飾尊。”

壺尊

以壺爲尊。《周禮·春官·司尊彝》“其饋獻用兩壺尊”注引鄭司農云：“壺者，以壺爲尊。”

著尊

著, 著略也, 文飾簡略義。《周禮·春官·司尊彝》"其朝獻用兩著尊" 注引鄭司農云："著尊者, 著略尊也。"

著, 著地也。《周禮·春官·司尊彝》"其朝獻用兩著尊" 注引鄭司農引或曰："著尊, 著地, 無足。"《禮記·明堂位》"著, 殷尊也" 注："著, 著地無足。"

大尊

太古之瓦尊也。《周禮·春官·司尊彝》"其朝踐用兩大尊" 注引鄭司農云："大尊, 太古之瓦尊。"

罍(欚)

雷也。《周禮·春官·司尊彝》疏引《五經異義》第六《罍制》："古毛《詩》說：'罍, 器, 諸臣之所酢, 人君以黃金飾尊, 大一石, 金飾亡目, 蓋取象雲雷之象。' 謹案：罍者, 取象雲雷。"《說文》木部："欚, 龜目酒尊, 刻木作雲雷象, 象施不窮也。" 又,《周禮·春官·司尊彝》"其再獻用兩山尊" 注引鄭司農云："山尊, 山罍也。" 鄭玄注："山罍, 亦刻而畫之, 爲山雲之形。" 疏："罍之字, 於義無所取, 字雖與雷別, 以聲同, 故以雲雷解之。以其雷有聲無形, 但雷起於雲, 雲出於山, 故本而釋之, 以刻畫山雲之形者也。" 然則此以 "雷" 釋 "罍"。《詩·周南·卷耳》釋文亦云："《禮記》云：'夏曰山罍。' 其形似壺, 容一斛, 刻而畫之, 爲雲雷之形。" 按："雷、罍" 右文、假借, 武威漢簡《儀禮》甲本《少牢》"司宮設雷水于洗東"、《燕禮》"雷水在東"、《泰射》"雷水在東", "雷" 并 "罍" 之借。

甒

弟也。《說文》豐部："甒, 爵之次弟也。" 按："甒、弟" 右文。

棜

似棜也。《禮記·禮器》"大夫士棜禁" 注："棜, 斯禁也, 謂之棜者, 無足, 有似於棜, 或因名云耳。" 又《玉藻》"大夫側尊用棜" 注："棜, 斯禁也, 無足, 有似於棜, 是以言棜。" 按：此棜爲酒具, 以無足得名於几屬之 "棜", 詳下

"槑"條。

禁

禁止也。《儀禮·士冠禮》"尊于房户之間，兩甒，有禁"注："禁，承尊之器也，名之爲禁者，因爲酒戒也。"

澤器

滑澤之器也。《周禮·考工記·幌氏》"實諸澤器"注引鄭司農云："澤器，謂滑澤之器。"

陪鼎

陪，加陪也。《左傳》昭公五年"宴有好貨，飧有陪鼎"疏引服虔云："陪牛羊豕鼎，故云陪鼎。"杜預注："陪，加也，加鼎所以厚殷勤。"

羞鼎

羞，珍羞也。《儀禮·聘禮》"飪一牢，在西，鼎九，羞鼎三"注："羞鼎，則陪鼎也。以其實言之則曰羞，以其陳言之則曰陪。"

席

藉也。《説文》巾部："席，藉也。"（段本）《周禮·春官·司几筵》注："筵亦席也，鋪陳曰筵，藉之曰席。"按："席、藉"假借，《儀禮·士虞禮》"藉用葦席"注："古文藉爲席。"《漢書·賈捐之傳》"相枕席於道路"注："席即藉也。"

釋也。《釋名·釋牀帳》："席，釋也，可卷可釋也。"

昨席

昨，坐也。《周禮·春官·司几筵》"祀先王，昨席亦如之"注引鄭司農云："昨席，於主階設席，王所坐也。"

昨，酢也。《周禮·春官·司几筵》"祀先王，昨席亦如之"注："昨讀曰酢，謂祭祀及王受酢之席。"按："昨、酢"右文、假借，《周禮·春官·司尊彝》"諸臣之所昨也"注："昨讀爲酢，字之誤也。"《周禮·春官·司几筵》"昨席莞筵紛純"注："昨亦讀曰酢。"武威漢簡甲本《有司》"受三獻爵，酌以昨之"，"昨"爲"酢"之借。

次席

次，次列也。《周禮·春官·司几筵》"次席"注："次席，桃枝席，有次列成文。"

柏席

柏，迫也。《周禮·春官·司几筵》"凡喪事……其柏席用萑黼純"注引鄭司農云："柏席，迫地之席，葦居其上。"按："柏、迫"右文、假借，見《釋草木》"柏"。

葅

菹也。《周禮·地官·鄉師》"共茅葅"注引杜子春云："葅，當爲菹，以茅爲菹，若葵菹也。"按："葅、菹"右文、假借，見鄭注。

藉也。《周禮·地官·鄉師》"共茅葅"注引鄭大夫讀葅爲藉，謂祭前藉也。《説文》艸部："葅，茅藉也。"《周禮·春官·司巫》"及葅館"注："葅之言藉也，祭食有當藉者。"按："葅、藉"假借，見鄭注。

變几

變，變更也。《周禮·春官·司几筵》"凡吉事變几，凶事仍几"注引鄭司農云："變几，變更其質，謂有飾也。"

仍几

仍，因仍也。《周禮·春官·司几筵》"凡吉事變几，凶事仍几"注："仍，因也，因其質，謂無飾也。"按：《説文》人部："仍，因也。"

同几

同，詷也。《禮記·祭統》"鋪筵設同几，爲依神也"注："同之言詷也。"疏："同之言詷，詷，共也，言人生時形體異，故夫婦別几，死則魂氣同歸於此，故夫婦共几。"按："同、詷"右文。

棜

狀如車輿也。《儀禮·特牲饋食禮》"棜在其南"注："棜之制，如今大木轝矣，上有四周，下無足。"

跣毹（榻登）

施之小榻用以登床之具也。《御覽》卷七百八引《通俗文》：“氍毹細者謂之跣毹，名跣毹者，施大床之前小榻之上，所以登而上床也。”《釋名·釋床帳》：“榻登，施之承大床前小榻上，登以上床也。”

帳

張也。《説文》巾部：“帳，張也。”《釋名·釋床帳》：“帳，張也，張施於床上也。”按：“帳、張”右文、假借，《史記·黥布列傳》“帳御飲食從官如漢王居”，《漢書·英布傳》“帳”作“張”；《史記·魏其武安侯列傳》“早帳具至旦”，《漢書·灌夫傳》“帳”作“張”；《史記·高祖本紀》“張飲三日”集解引張晏曰：“張，帷帳。”

鏡

景也。《説文》金部：“鏡，景也。”《釋名·釋首飾》：“鏡，景也，言有光景也。”

梡

完也。《禮記·明堂位》“俎，有虞氏以梡，夏后氏以嶡，殷以椇，周以房俎”注：“梡，斷木爲四足而已。”按：“斷木爲四足而已”以木未析爲義，當取義於“完”。又，“梡、完”右文。

嶡

歷也。《禮記·明堂位》“俎，有虞氏以梡，夏后氏以嶡，殷以椇，周以房俎”注：“嶡之言歷也，謂中足爲橫距之象，《周禮》謂之距。”按：“嶡、歷”右文。

椇

枳椇也，曲橈義。《禮記·明堂位》“俎，有虞氏以梡，夏后氏以嶡，殷以椇，周以房俎”注：“椇之言枳椇也，謂曲橈之也。”按：枳椇今名拐棗，肉質，果柄屈曲，故云“曲橈”。“椇”《説文》作“枸”，亦得名於句曲。

房俎

房，堂房也。《禮記·明堂位》“俎，有虞氏以梡，夏后氏以嶡，殷以椇，周以房俎”注：“房謂足下跗也，上下兩間有似於堂房。”

泉

水泉也。《周禮·天官·外府》“外府掌邦布之入出”注：“其藏曰泉，其行曰布，取名于水泉，其流行無不徧。”

布

流布也。《周禮·天官·外府》“外府掌邦布之入出”注：“布，泉也，布讀爲宣布之布，其藏曰泉，其行曰布。”《禮記·檀弓上》“子碩欲以賵布之餘具祭器”注：“古者謂錢爲泉布，所以通布貨財。”

楅衡

楅，逼也。《周禮·地官·封人》“設其楅衡”注引鄭司農云：“楅衡，所以楅持牛也。”按：下“楅”通“逼”，《説文》木部：“楅，以木有所逼束也。”

瓢齌

齌，齊也，齊，粢義。《周禮·春官·鬯人》“禜門用瓢齌”注：“杜子春讀齌爲粢，瓢謂瓠蠡也，粢，盛也。”按：“齊、粢”假借，《禮記·禮運》“粢醍在堂”注：“粢讀爲齊，聲之誤也。”《儀禮·士虞禮》“明齊溲酒”注：“今文曰明粢。”《左傳》桓公六年“絜粢豐盛”，《詩·小雅·甫田》箋引“粢”作“齊”。

齌，齊也，齊整也。《周禮·春官·鬯人》“禜門用瓢齌”注：“齌讀爲齊，取其瓠割去柢以齊爲尊。”按：“齌、齊”右文、假借，《詩·小雅·甫田》“以我齊明”釋文：“齊本又作齌。”《周禮·春官·司尊彝》“鬱齊獻酌，醴齊縮酌，盎齊涗酌”注“故書齊爲齍”引鄭司農云：“齍讀皆爲齊和之齊。”《莊子·達生》“與齊俱入”，《列子·黃帝》“齊”作“齌”。

菹館

菹以館止也。《周禮·春官·司巫》“祭祀則共匰主，及道布，及菹館”注引杜子春云：“菹讀爲鉏……鉏，菹也，館，神所館止也。”

　　租飽也，茅裹肉也。《周禮·春官·司巫》"祭祀則共匰主，及道布，及蒩館"注引杜子春云："書或爲蒩館，或爲租飽……租飽，茅裹肉也。"按："租"通"蒩"，蒩茅也；"飽"通"苞"，包裹義。《禮記·少儀》"苞苴"注："苞苴，謂編束萑葦以裹魚肉也。""苴"通"蒩"。

　　盛蒩茅之館也。《周禮·春官·司巫》注："蒩之言藉也，祭食有當藉者，館所以承蒩，謂若今筐也。"按：鄭云"館"若筐，亦取館止義。

鸞刀

　　刀有鸞也。《詩·小雅·信南山》"執其鸞刀"傳："鸞刀，刀有鸞者。"疏："鸞即鈴也，謂刀環有鈴，其聲中節。"《公羊傳》宣公十二年"右執鸞刀"注："鸞刀，宗廟割切之刀，環有和，鋒有鸞。"如何休所云，鸞刀環有鈴（和），鋒亦有鈴。然則此以"鸞"通"鑾"。

羍

　　共也。《説文》手部："羍，兩手共同械也。"（段本）《周禮·秋官·掌囚》"上罪梏羍而桎"注引鄭司農云："羍者，兩手共一木也。"按："羍、共"右文。

畢

　　似畢星也。《儀禮·特牲饋食禮》"宗人執畢先入"注："畢，狀如叉，蓋爲其似畢星取名焉。"按：畢爲取牲體之具，《禮記·雜記上》："枇以桑，長三尺，或曰五尺。畢用桑，長三尺，刊其柄與末。"注："枇，所以載牲體者。此謂喪祭也，吉祭枇用棘。畢所以助主人載者，刊猶削也。"

庇

　　歧也。《周禮·考工記·車人》"車人爲耒，庇長尺有一寸"注引鄭司農云："庇讀爲'其顙有泚'之泚，謂耒下歧。"按：鄭司農所謂"其顙有泚"出《孟子·滕文公上》，今"泚"作"泚"，此擬其音也，實謂"庇"訓"歧"。錢玄以爲，司農以耒刃歧出，如樹枝形（《三禮辭典》）。

　　刺也。《周禮·考工記·車人》注："庇讀爲棘刺之刺，刺，耒下前曲接耜。"按：鄭玄以耒下前曲接耜處彎曲，如棘（戟）刺。

算

蔽也。《説文》竹部：“算，蔽也，所以蔽甑底。”

衄

刉也。《説文》血部：“衄，以血有所刉塗祭也。”

分

分別也。《漢書·律曆志》：“自三微而成著，可分別也。”

寸

忖也。《漢書·律曆志》：“寸者，忖也。”按：“寸、忖”右文、假借，《詩·小雅·巧言》“予忖度之”釋文：“忖本又作寸。”

尺

蒦也。《漢書·律曆志》：“尺者，蒦也。”

丈

張也。《漢書·律曆志》：“丈者，張也。”

引

信也。《漢書·律曆志》：“引者，信也。……引者，信天下也。”

釋言語第十二

情

静也。《白虎通·情性》：“情者，静也。”按：“情、静”右文、假借，《禮記·表記》“文而静”注：“静或爲情。”《老子》十五章“静之徐清”，馬王堆漢墓帛書甲本“静”作“情”；郭店楚墓竹簡《緇衣》引《詩》“情（靖）共尔（爾）立（位）”，上海博物館藏戰國楚竹書本《緇衣》“情”作“静”。

性

生也。《孟子·告子上》：“生之謂性也。”《荀子·正名》：“生之所以然者謂之性。”《白虎通·情性》：“性者，生也。”《禮記·樂記》“則性命不同矣”注：“性之言生也。”《申鑒·雜言下》：“生之謂性也。”按：“生、性”古今字，典籍多通用,《周禮·地官·大司徒》"辨五地之物生"注:"杜子春讀生爲性。"[1]
《荀子·勸學》"君子生非異也",《大戴禮記·勸學》"生"作"性";馬王堆
漢墓帛書《周易經傳·易之義》"子曰:生文武也,雖强學,是弗能及之矣",
"生"爲"性"之借。

忠

中也。《大戴禮記·曾子大孝》:"忠者,中此者也。"《新書·道術》:"愛
利出中謂之忠。"《周禮·地官·大司徒》"六德:知、仁、聖、義、忠、和"注:
"忠,言以中心。"按:"忠、中"右文、假借,《尚書·仲虺之誥》"建中於民"
釋文:"中或作忠。"《韓詩外傳》卷一"中心存善",《説苑·修文》"中"作
"忠";《史記·高祖功臣侯者年表》"共侯忠",《漢書·高惠高后文功臣表》
"忠"作"中"。

孝

就也,度也,譽也,究也,畜也。《禮記·祭統》:"孝者,畜也,順於道不逆
於倫,是之謂畜。"注:"畜謂之順於德教。"《舊唐書·禮儀志》引《援神契》:
"天子孝曰就,就之爲言成也,天子德被天下,澤及萬物,始終成就,則其親獲
安,故曰就也。諸侯孝曰度,度者,法也,諸侯居國,能奉天子法度,得不危
溢,則其親獲安,故曰度也。卿大夫孝曰譽,譽之爲言名也,卿大夫言行布
滿,能無惡稱,譽達遐邇,則其親獲安,故曰譽也。士孝曰究,究者以明審爲
義,士始升朝,辭親入仕,能審資父事君之禮,則其親獲安,故曰究也。庶人
孝曰畜,畜者,含畜爲義,庶人含情受樸,躬耕力作,以畜其德,則其親獲安,
故曰畜也。"按:"孝、畜"假借,《老子》十八章"六親不和,有孝慈"、十九章
"絶仁棄義,民復孝慈",馬王堆漢墓帛書甲本"孝"并作"畜"。

通《孝經》也。《白虎通·五經》:"孝者,自天子下至庶人,上下通《孝
經》者。"

---

[1]　"性"阮刻本訛"牲"。

好也。《釋名·釋言語》：“孝，好也，愛好父母，如所説好也。”

仁

人也。《孟子·盡心下》：“仁也者，人也。”《禮記·中庸》《禮記·表記》并云：“仁者，人也。”《春秋繁露·仁義法》：“仁之爲言人也。”《御覽》卷三百六十引《元命苞》：“仁者情志好生愛人，故其爲仁以人，其立字‘二人’爲仁。”《白虎通·情性》：“仁者，不忍也，施生愛人也。”按：“仁、人”假借，《易·繫辭下》“何以守位，曰仁”釋文“仁”作“人”，唐石經作“人”；《公羊傳》成公十六年“此其言舍之何？仁之也”，《禮記·表記》注引“仁”作“人”；《論語·里仁》“觀過，斯知仁矣”，《後漢書·吳佑傳》引“仁”作“人”。

忍也。《釋名·釋言語》：“仁，忍也。好生惡殺，善含忍也。”

義

宜也。《禮記·祭義》：“義者，宜此者也。”《禮記·中庸》：“義者，宜也。”《尸子》卷上：“義者，天地萬物宜也。”《論語·爲政》“見義不爲”集解引孔安國曰：“義者，所宜爲也。”《管子·心術》：“義者，謂各處其宜也。”《韓非子·解老》：“義者，謂其宜也。”《新書·道術》：“行充其宜謂之義。”《太玄·玄攡》：“列敵度宜之謂義也。”《淮南子·齊俗》：“義者，循理而行宜也。……義者，宜也。”《法言·重黎》：“事得其宜之謂義。”《白虎通·情性》：“義者，宜也，斷決得中也。”《禮記·表記》“道者，義也”注：“義也，謂斷以事宜也。”《禮記·禮器》“賓客之交，義也”注：“義之言宜也。”《釋名·釋言語》：“義，宜也，裁制事物，使合宜也。”（明嘉靖三年翻刻宋本）按：“義、宜”假借，《易·旅卦》“其義焚也”釋文：“一本作‘宜其焚也’。”《詩·大雅·蕩》“而秉義類”箋：“義之言宜也。”此言假借。郭店楚墓竹簡《六德》“父子新（親）生言，君臣宜生言”，“宜”爲“義”之借。

我也。《春秋繁露·仁義法》：“義之爲言我也。”按：“義、我”右文、假借，郭店楚墓竹簡《唐虞之道》“我而未㥁（仁）也”、《語叢一》“㥁（仁）生於人，我生於道”、《語叢三》“不我而加者（諸）己，弗受也”，“我”并“義”

之借。

儀也。《説文》我部："義，己之威儀也。"按："義、儀"右文、假借，《詩·大雅·烝民》"我儀圖之"釋文本"儀"作"義"，云："鄭作儀。"《周禮·地官·大司徒》"以儀辨等"注："故書儀或爲義，杜子春讀爲儀。"《禮記·緇衣》"臣儀行"注："儀當爲義，聲之誤也。"

智

知也。《法言·問道》："智也者，知也。"《白虎通·情性》："智者，知也，獨見前聞，不惑於事，見微知著也。"《釋名·釋言語》："智，知也，無所不知也。"按："知、智"古今字，典籍多通用，《禮記·喪服四制》"知者可以觀其理"釋文："知本或作智。"《論語·陽貨》"上知與下愚不移"，《論衡·本性》引"知"作"智"；《老子》二十七章"雖智大迷"，馬王堆漢墓帛書甲、乙本"智"并作"知"。

德（惪）

得也。《管子·心術》："德者，得也，得也者，其謂所得以然也。"《尸子》卷上："德者，天地萬物得也。"《莊子·天地》："物得以生謂之德。"《新書·道德説》："物所道始謂之道，所得以生謂之德。"《説文》心部："惪，外得於人，内得於己也。"《釋名·釋言語》："德，得也，得事宜也。"按："德、得"假借，《論語·泰伯》"民無得而稱焉"釋文："得本亦作德。"《史記·項羽本紀》"吾爲若德"，《漢書·項籍傳》"德"作"得"；《左傳》哀公六年"不穀雖不德，河非所獲罪也"，《韓詩外傳》卷三"德"作"得"（秦更年翻刻元本）。

道

導也。《管子·君臣》："道也者，上之所以導民也。"《大戴禮記·保傳》："道者，導天子以道者也。"《淮南子·繆稱》："道者，物之所導也。"《釋名·釋言語》："道，導也，所以通導萬物也。"按："道、導"右文、假借，《易·繫辭上》"而道濟天下"釋文引鄭云："道當作導。"《周禮·春官·大司樂》"興道諷誦言語"注："道讀曰導。"《尚書·禹貢》"導菏澤"，《史記·夏本紀》《漢書·地理志》并作“道荷澤”。

聖

通也。《尚書大傳·洪範五行傳》“思心之不容，是謂不聖”鄭注引《孔子説休徵》：“聖者，通也。”《尚書·大禹謨》“乃聖乃神”傳：“聖，無所不通。”《尚書·洪範》“睿作聖”傳：“於事無不通謂之聖。”《説文》耳部：“聖，通也。”《國語·越語下》“聖人不出”注：“聖，通也。”

聲也。《白虎通·聖人》：“聖者，通也，道也，聲也。道無所不通，明無所不照，聞聲知情，與天地合德，日月合明，四時合序，鬼神合吉凶。”《類聚》卷二十引《風俗通》：“聖者，聲也，通也，言其聞聲知情，通於天地，條暢萬物也。”按：“聖、聲”假借，左氏穀梁《春秋》文公十七年“葬我小君聲姜”，公羊《春秋》“聲”作“聖”；《老子》二章“聖人處無爲之事”，馬王堆漢墓帛書甲本“聖”作“聲”；《史記·六國年表》“衛聲公”，《衛康叔世家》索隱引《系本》“聲”作“聖”。

設也。《春秋繁露·五行五事》：“聖者，設也，王者心寬大，無不容，則聖，能施設事，各得其宜也。”

能

耐也。《書鈔》卷五十引《元命苞》：“能之爲言耐也，天官器人，各以其材，因而任之。”按：“能、耐”假借，《禮記·禮運》“故聖人耐以天下爲一家”注：“耐，古能字。”《禮記·樂記》“故人不耐無樂”注：“耐，古書能字也。”《穀梁傳》成公七年“非人之所能也”釋文：“能亦作耐。”

該也。《釋名·釋言語》：“能，該也，無物不兼該也。”

恕

如也。玄應《音義》卷二引《倉頡篇》：“恕，如也。”按：“恕、如”右文。

愻

順也。《説文》心部：“愻，順也。”按：愻順義後多假“遜”字爲之，“遜、順”假借，《易·坤卦》“履霜，堅冰至，蓋言順也”，《春秋繁露·基義》引“順”

作“遜”;《尚書·康誥》“惟曰未有遜事”,《荀子·宥坐》引“遜”作“順”;《韓詩外傳》卷一“言語遜”,《説苑·修文》“遜”作“順”。

賢

堅也。《御覽》卷四百二引《風俗通》:“賢,堅也,堅中廉外。”《説文》臤部:“臤,堅也。……古文以爲賢字。”按:“賢、堅”右文、假借,《春秋》成公四年“鄭伯堅卒”,《公羊傳》疏引《穀梁》“堅”作“賢”;《老子》七十六章“其死也堅强”,馬王堆漢墓帛書甲本“堅”作“賢”。

貞

正也。《易·乾卦》“元亨利貞”疏引子夏《傳》:“貞,正也。”《史記·宋微子世家》“曰貞,曰悔”集解引鄭玄曰:“内卦曰貞,貞,正也。”《周禮·春官·大卜》“凡國大貞”注:“貞之爲問,問於正者,必先正之,乃從問焉。”《春官·大祝》“祈福祥”注:“貞,正也。”《春官·天府》“以貞來歲之媺惡”注:“問事之正曰貞。”《禮記·文王世子》“萬國以貞”、《緇衣》“故長民者,章志、貞教、尊仁”注并云:“貞,正也。”《乾鑿度》“行乾貞於十一月”鄭玄注:“貞,正也。”《易·坤卦》“含章可貞”集解引虞翻曰:“貞,正也。”按:“貞、正”假借,《左傳》昭公二十六年“妻柔而正”,《晏子春秋·外篇七》“正”作“貞”;《老子》三十九章“侯王得一以爲天下貞”,馬王堆漢墓帛書乙本、河上本、景龍碑“貞”并作“正”;郭店楚墓竹簡《緇衣》“情(靖)共尔立(位),好氏(是)貞植(直)”,“貞”爲“正”之借。

彦

言也。《詩·鄭風·羔裘》疏引《爾雅·釋訓》“美士爲彦”舍人曰:“國有美士,爲人所言道。”《説文·彣部》:“彦,美士有彣,人所言也。”

名

命也。《春秋繁露·深察名號》:“名之爲言鳴與命也。”《史記·晉世家》:“名,自命也。”《説文》口部:“名,自命也。”按:“名、命”假借,《尚書·金縢》“名之曰鴟鴞”,《史記·魯周公世家》“名”作“命”;《禮記·内則》“君名之”，《白虎通·姓名》“名”作“命”；《老子》十四章“繩繩不可名”，馬王堆漢墓帛書乙本“名”作“命”。

　　鳴也。《春秋繁露·深察名號》：“名之爲言鳴與命也。”按：“名、鳴”假借，《易·謙卦》“鳴謙”王弼注：“鳴者，聲名聞之謂也。”是讀“鳴”爲“名”。

　　真也。《春秋繁露·深察名號》：“名者，聖人之所以真物也，名之爲言真也。”

　　明也。《釋名·釋言語》：“名，明也，名實使分明也。”按：“名、明”假借，《禮記·檀弓上》“子夏喪其子而喪其明”，漢《冀州從事郭君碑》用其典云：“卜商號咷，喪子失名。”《詩·齊風·猗嗟》“猗嗟名兮”，陳奐《毛詩傳疏》、馬瑞辰《毛詩傳箋通釋》并以“名”通“明”。

號

　　謞也，效也。《春秋繁露·深察名號》：“號之爲言謞而效也。”按：“號、謞”假借，睡虎地秦墓竹簡《日書乙種·行行祠》“其謞曰大常行”，“謞”爲“號”之借。

　　表也。《通典》卷一百四引《五經通義》：“號者，亦所以表功德，號令天下也。”又引《大戴禮記》：“號者，功之表也。”《逸周書·謚法解》：“號者，功之表也。”《類聚》卷四十引《說題辭》：“號者，功之表。”《白虎通·號》：“號者，功之表也。所以表功明德，號令臣下者也。”《文選·班固〈典引〉》“厥有氏號”蔡邕注：“號，功之表也。”《御覽》卷五百六十二引崔駰《章帝謚議》曰：“號者，功之表。”

祜

　　福也。《爾雅·釋詁》：“祜，福也。”《詩·小雅·信南山》《桑扈》“受天之祜”，《魯頌·泮水》“自求伊祜”，《商頌·烈祖》“有秩斯祜”箋并云：“祜，福也。”《儀禮·士冠禮》“承天之祜”注：“祜，福也。”《禮記·禮運》“是謂承天之祜”注：“祜，福也，福之言備也。”

福

　　備也。《禮記·祭統》：“福者，備也。備者，百順之名也，無所不順者謂之備，言内盡於己而外順於道也。”《禮記·郊特牲》“富也者，福也”注：“福也者，備也。”《禮記·禮運》“是謂承天之祜”注：“祜，福也，福之言備也。”

富也。《釋名·釋言語》：“福，富也，其中多品，如富者也。”按：“福、富”右文、假借，《易·謙卦》“鬼神害盈而福謙”釋文：“福，京本作富。”漢《劉修碑》作“鬼神富謙”。郭店楚墓竹簡《老子》甲“貴福喬（驕），自遺咎也”，今本第九章、馬王堆漢墓帛書本“福”作“富”。郭店楚墓竹簡《成之聞之》“福而貧賤，則民谷（欲）其富之大也”，“福”爲“富”之借。

富

福也。《禮記·郊特牲》：“富也者，福也。”《詩·大雅·瞻卬》“何神不富”傳：“富，福。”《大雅·召旻》“維昔之富”箋：“富，福也。”按：“富、福”右文、假借，見上“福”條。

備也。《尚書·洪範》“二曰富”傳：“財豐備。”《説文》宀部：“富，備也。”《禮記·曲禮下》“不饒富”、《表記》“子曰后稷之祀易富也”注并云：“富之言備也。”

貧

分也。《説文》貝部：“貧，財分少也。”按：“貧、分”右文。

幸

僥倖也。《獨斷》卷上：“幸者，宜幸也，世俗謂幸爲僥倖。車駕所至，民臣被其德澤，以爲僥倖，故曰幸也。”按：“幸、倖”古今字，典籍多通用，《國語·晉語二》“我以徼倖”（士禮居景宋本），宋庠本“倖”作“幸”；馬王堆漢墓帛書《經法·君正》“五年以刑正，則民不幸”，“幸”爲“倖”之借。

功

成也。《爾雅·釋詁》：“功，成也。”《周禮·夏官·稿人》“乃入功于司弓矢”注：“功，成。”《尚書大傳·洪範五行傳》“維鮮之功”鄭玄注：“功，成也。”

攻也。《釋名·釋言語》：“功，攻也，攻治之乃成也。”按：“功、攻”右文、假借，《戰國策·楚策一》“攻大者易危”，《史記·張儀列傳》“攻”作“功”；

《史記·匈奴列傳》“故其民急則不習戰功”，《漢書·匈奴傳》“功”作“攻”；郭店楚墓竹簡《老子》甲“攻述（遂）身退”，今本第九章、馬王堆漢墓帛書甲、乙本“攻”作“功”。

威

畏也。《左傳》襄公三十一年：“有威而可畏謂之威。”《詩·小雅·常棣》“死喪之威”、《巧言》“昊天已威”傳并云：“威，畏。”《邶風·柏舟》“威儀棣棣”傳：“君子望之儼然可畏。”《國語·周語上》“動則威”、《晉語一》“則民不威”、《晉語三》“威兮懷兮”、《晉語四》“見懷思威”、《晉語六》“是以内龢而外威”、《晉語八》“則民威矣”、《楚語下》“無有嚴威”，注并云：“威，畏也。”《吕氏春秋·論威》“威所以懾之也”注：“威，畏也。”《釋名·釋言語》：“威，畏也，可畏懼也。”按：“威、畏”假借，《周禮·考工記·弓人》“恒當弓之畏”注：“故書畏作威，杜子春云：‘當爲威。’”《尚書·皋陶謨》“天明畏自我民明威”釋文：“畏，馬本作威。”《周禮·地官·鄉大夫》注引“畏”作“威”。《老子》七十二章“則大威至”，馬王堆漢墓帛書乙本“威”作“畏”。

儀

宜也。《詩·邶風·柏舟》“威儀棣棣”傳：“禮容俯仰各有宜耳。”《釋名·釋典藝》：“儀，宜也，得事宜也。”按：“儀、宜”假借，《易·漸卦》“其羽可用爲儀”，馬王堆漢墓帛書本“儀”作“宜”；《詩·小雅·角弓》“如食宜饇”釋文：“宜本作儀，《韓詩》云：‘儀，我也。’”《詩·大雅·文王》“宜鑒于殷”，《禮記·大學》引“宜”作“儀”。

驚

警也。《詩·召南·殷其靁》“殷其靁”疏引《易·震卦》“震驚百里”鄭玄注：“驚之言警戒也。”按：“驚、警”右文、假借，《史記·平津侯主父列傳》“今中國無狗吠之驚”，《漢書·嚴助傳》“驚”作“警”；《史記·司馬相如列傳》“祝融驚而蹕御兮”，《漢書·司馬相如傳》“驚”作“警”。

風俗

風，風氣也；俗，欲也。《孝經·廣要道章》“移風易俗”疏引韋昭云：“人之性繫於大人，大人風聲，故謂之風；隨其趨舍之情欲，故謂之俗。”《漢書·地理志》：“五常之性，而其剛柔緩急音聲不同，繫水土之風氣，故謂之風；好惡取舍，動静亡常，隨君上之情欲，故謂之俗。”《釋名·釋言語》：“俗，欲也，俗人所欲也。”按：“俗、欲”右文、假借，《莊子·繕性》“滑欲於俗”，陳景元《莊子闕誤》引張君房本“俗”作“欲”。《荀子·解蔽》“由俗謂之道盡嗛矣”注：“俗，當爲欲。”毛公鼎“俗我弗作先王憂”“俗女弗以乃辟圅于囏”，孫詒讓讀“俗”爲“欲”（《古籀拾遺》卷下）。

覭

姡也。《詩·小雅·何人斯》“有覭面目”疏引《爾雅·釋言》“覭，姡也”孫炎注：“覭，人面姡然。”

諛

裕也。《緯書集成·易緯通卦驗》：“諛臣進，忠臣退。”鄭玄注：“諛之言裕也。”

諞

便也。《説文》言部：“諞，便巧言也。”按：“諞、便”假借，《説文》引《論語》“友諞佞”，今《論語·季氏》作“便”。

贈

增也。《詩·大雅·崧高》“以贈申伯”傳：“贈，增也。”疏：“凡贈遺者，所以增長前人，贈之財，使富增於本；贈之言，使行增於善。故云：贈，增也。”按：“贈、增”右文。

讁（適）

責也。《詩·邶風·北門》“室人交徧讁我”傳：“讁，責也。”《淮南子·説山》“猶讁之”注：“讁，責怒也。”《國語·齊語》“桓公擇是寡功者而讁之”注：“讁，譴責也。”或假借爲“適”，《禮記·昏義》“適見於天，日爲之食”注：“適之言責也。”

諏

聚也。《説文》言部："諏，聚謀也。"按："諏、聚"右文。

詁

故也。《説文》言部："詁，訓故言也。"按："詁、故"右文、假借，《爾雅》"釋詁"釋文："詁，樊光、李巡本作故。"《詩·周南·關雎》"《周南·關雎》詁訓傳第一"疏："今定本作故。"《春秋繁露·精華》"詩無達詁"，《説苑·奉使》作"詩無通故"。

辯

别也。徐幹《中論》卷上："辯之爲言别也，爲其善分别事類而明處之也。"按："辯、别"假借，《周禮·秋官·士師》"以荒辯之法治之"注引鄭司農云："辯讀爲風别之别。"《韓非子·有度》"明辯而易治"，《管子·明法》"辯"作"别"。

復

報也，反也。《周禮·天官·宰夫》"諸臣之復"注："復之言報也，反也。"《周禮·秋官·大司寇》"欲有復於上"注："復猶報也。"按："復、反"假借，《儀禮·特牲饋食禮》"皆復外位"注："今文復爲反。"

侈

多也。《詩·小雅·楚茨》"爲豆孔庶"疏引《爾雅·釋言》"庶，侈也"舍人注："侈，多也。"[①]按："侈、多"右文、假借，《左傳》定公十三年"魏曼多"，《史記·魏世家》作"魏侈"；馬王堆漢墓帛書《周易經傳·繆和》"故奢多廣大斿（游）樂之鄉不敢渝其身焉"，"多"爲"侈"之借。

五

午也。《説文》五部："五，五行也。从二，陰陽在天地閒交午也。"按："五、午"假借，《周禮·秋官·壺涿氏》"則以牡橭午貫象齒而沈之"注："故書

---

① 二"侈"字本并作"移"，據《釋文》及《爾雅》改。

午爲五,杜子春又云：‘五貫當爲午貫。’”《左傳》成公十七年“夷陽五”,《國語·晉語六》作“夷陽午”。

八

別也。《説文》八部：“八,别也。”

九

究也。《玉海》卷三十五引《乾鑿度》：“九者,氣變之究也,乃復變而爲一。”《白虎通·禮樂》：“九之爲言究也。”《漢書·律曆志》：“九者,所以究極中和,爲萬物元也。”《説文》九部：“九,陽之變也,象其屈曲究盡之形。”按：“九、究”右文、假借,馬王堆漢墓帛書《十問·文摯見齊威王》“不胥卧而九理”“道者九其事而止”,“九”并“究”之借。

嫪毐

以秦嫪毐名之。《説文》毋部：“毐,人無行也。……賈侍中説：秦始皇母與嫪毐淫,坐誅,故世罵淫曰嫪毐。”

小童

童,童蒙也。《白虎通·嫁娶》：“自稱小童者,謙也,言己智能寡少如童蒙也。”

稽

計也。《周禮·天官·小宰》“二曰聽師以簡稽”注引鄭司農云：“簡稽士卒、兵器、薄書。簡猶閲也,稽猶計也、合也,合計其士之卒伍,閲其兵器,爲之要薄也。”《周禮·夏官·大司馬》“簡稽鄉民”注：“稽猶……計也。”《周禮·天官·宫正》“稽其功緒,糾其德行”注：“稽猶考也、計也。”

慊

厭也。《禮記·大學》“此之謂自謙”注：“謙讀爲慊,慊之言厭也。”按：此“慊”爲“愿”之借。

擯

賓也。《周禮·春官·大宗伯》“朝覲會同”、《秋官·司儀》“掌九儀之賓客擯相至禮”注并云：“出接賓曰擯。”《儀禮·聘禮》“卿爲上擯”注：“擯謂主國之君所使出接賓者也。”按：“賓、擯”右文、假借，《周禮·春官·大宗伯》釋文：“擯，本或作賓。”《周禮·秋官·司儀》“賓使者如初之儀”注：“賓當爲擯。”《論語·鄉黨》“君召使擯”釋文：“擯，亦作賓。”

密

閉也。《禮記·樂記》“陰而不密”注：“密之言閉也。”

忌

戒也。《禮記·表記》：“《甫刑》曰：‘敬忌而罔有擇言在躬。’”注：“忌之言戒也。”

勿勿

得名於勿也。《説文》勿部：“勿，州里所建旗，象其柄有三游，雜帛，幅半異，所以趣民，故遽稱勿勿。”

仇

讎也。《史記·晋世家》：“仇者，讎也。”《説文》人部：“仇，讎也。”按：“仇、讎”假借，《詩·秦風·無衣》“與子同仇”，《吳越春秋》引“仇”作“讎”；《禮記·檀弓上》“居昆弟之仇”，《白虎通·誅伐》引“仇”作“讎”；《左傳》昭公二十年“是宗爲戮而欲反其讎”，《史記·吳太伯世家》“讎”作“仇”。

釋衣服第十三

衣

隱也。《白虎通·衣裳》：“衣者，隱也。”

依也。《説文》衣部：“衣，依也。”《釋名·釋衣服》：“衣，依也，人所依以芘寒暑也。”按：“衣、依”右文、假借，《禮記·學記》“不學博依”注：“依或爲衣。”《國語·晉語四》“凡黄帝之子，二十五宗，其得姓者十四人，爲十二姓：姬、酉、祁、己、滕、葴、任、苟、僖、姞、儇、依是也”，《潛夫論·志氏姓》“依”作“衣”；《老子》三十四章“衣養萬物而不爲主”，《遂州龍興觀碑》“衣”作

“依”。

裳

障也。《白虎通·衣裳》：“裳者，障也，所以隱形自障閉也。”《釋名·釋衣服》：“裳，障也，所以自障蔽也。”

升（登）

成也。《儀禮·喪服》“冠六升”注：“布八十縷爲升，升字當爲登，登，成也，今之《禮》皆以登爲升，俗誤已行久矣。”

紼（韍、韠）

蔽也。《白虎通·紼冕》：“紼者，蔽也，行以蔽前者，示有事因以別尊卑、彰有德也。”（據劉師培説改）《禮記·玉藻》“一命緼韍幽衡”注：“韍之言亦蔽也。”《禮記·玉藻》“韠，君朱，大夫素，士爵韋”注：“韠之言蔽也。”《説文》韋部：“韠，韍也，所以蔽前，以韋。下廣二尺，上廣一尺，其頸五寸。”《釋名·釋衣服》：“韍，韠也，韠，蔽膝也，所以蔽膝前也。”

韎韐

茅蒐也。《詩·小雅·瞻彼洛矣》“韎韐有奭”箋：“韎韐者，茅蒐染也。茅蒐，韎韐聲也。”疏：“言古人之道茅蒐，其聲如韎韐，故名此衣爲韎韐也。”《儀禮·士冠禮》“緇帶韎韐”注：“韎韐，緼韍也，士緼韍而幽衡，合韋爲之，士染以茅蒐，因以名焉，今齊人名蒨爲韎韐。”按：韎韐即韠，染以茅蒐。方言以“茅蒐”近“韎韐”，故名之曰“韎韐”。《詩·小雅·瞻彼洛矣》疏引《駁異義》云：“韎，草名，齊魯之間言‘韎韐’聲如‘茅蒐’，字當作韎，陳留人謂之蒨。”

素積

素，素帛也；積，辟積也，堆積義。《白虎通·紼冕》：“素積者，積素以爲裳也，言腰中辟積。”《儀禮·士冠禮》“皮弁服素積”注：“積猶辟也，以素爲裳，辟蹙其要中。”《釋名·釋衣服》：“素積，素裳也，辟積其要中使踧，因以名之也。”

袡

任也。《儀禮·士昏禮》"純衣纁袡"注："袡亦緣也，袡之言任也，以纁緣其衣，象陰氣上任也。"

袞

卷也。《詩·小雅·采菽》"玄袞及黼"傳："袞，卷龍也。"箋："玄袞，玄衣而畫以卷龍也。"《詩·豳風·九罭》"袞衣繡裳"傳："袞衣，卷龍也。"《周禮·春官·司服》"享先王則袞冕"注引鄭司農云："袞，卷龍衣也。"《說文》衣部："袞，天子享先王，卷龍繡於下幅，一龍蟠阿上鄉。"《釋名·釋首飾》："袞，卷也，畫卷龍於衣也。"《文選·潘勗〈册魏公九錫文〉》"是用錫君袞冕之服"李善注引韋昭《漢書》注："袞，卷龍衣，玄上纁下。"按："袞、卷"假借，《詩·豳風·九罭》"袞衣繡裳"釋文："字或作卷。"《禮記·王制》"制三公一命卷"注："卷，俗讀也，其通則曰袞。"《玉藻》"龍卷以祭"注："字或作袞。"

袘

施也。《儀禮·士昏禮》"主人爵弁纁裳緇袘"注："袘謂緣，袘之言施，以緇緣裳，象陽氣下施。"按："袘、施"右文、假借，放馬灘秦墓簡牘《日書乙種·直室門》"必施衣常（裳）"，"施"爲"袘"之借。

綬

受也。《禮記·玉藻》"天子佩白玉而玄組綬"注："綬者，所以貫佩玉相承受者也。"《初學記》卷二十六引《漢官儀》："綬者，有所承受也，所以別尊卑、彰有德也。"《御覽》卷六百八十二引董巴《輿服志》："戰國解去綏佩，留其絲襚以爲章表，秦乃以采組結連於襚，光明章表，轉相結綬，故謂之綬。"①按："綬、受"右文、假借，武威漢簡甲本《服傳》"資（齊）衰、大功，冠其綬"、乙本《服傳》"何以無綬也？喪成人者，其文儒（縟）"、丙本《喪服》"以其冠爲綬，綬冠七升"，"綬"并"受"之借。

---

① "轉相結綬"《後漢書·輿服志》作"轉相結受"，誼較長。

紳

申約也。《禮記·內則》"端韠紳"注："紳，大帶，所以自紳約也。"按：此以"申"訓"紳"，"紳、申"右文、假借，郭店楚墓竹簡《緇衣》《君奭》員（云）'昔才（在）上帝，戠（割）紳觀（勸）文王之悳'"，今《尚書·君奭》"紳"作"申"。

褘衣

畫翬文於衣也。《周禮·天官·內司服》"王后之六服：褘衣、揄狄、闕狄、鞠衣、展衣、緣衣"注："狄當爲翟，翟，雉名，伊雒而南，素質、五色皆備成章曰翬。……褘衣，畫翬者。"《釋名·釋衣服》："王后之上服曰褘衣，畫翬雉之文於衣也。伊洛而南，雉素質五色備成章曰翬。"按：祭先王則服褘衣。又，"褘、翬"假借，《周禮·天官·內司服》"褘衣"注："褘聲相近。"[1]《禮記·玉藻》"王后褘衣"注："褘讀如翬。"

揄（搖、鷂）翟

畫鷂文於衣也。《周禮·天官·內司服》注："江淮而南，青質、五色皆備成章曰搖。王后之服，刻繒爲之，形而采畫之，綴于衣以爲文章。……揄翟，畫搖者。"《釋名·釋衣服》："鷂翟，畫鷂雉之文於衣也。江淮而南，青雉素五色皆備成章曰鷂。"[2]按：祭先公則服揄翟。又，"揄、搖"假借，《周禮·天官·內司服》"揄狄"注："揄翟，畫搖者，……揄聲相近。"《禮記·玉藻》"夫人揄狄"注："揄讀如搖。""搖、鷂"右文、假借，《爾雅·釋鳥》"鷂雉"，《周禮·天官·染人》注引"鷂"作"搖"；《爾雅·釋鳥》"江淮而南，青質，五采皆備成章曰鷂"，《說文》隹部"雉"下"鷂"作"搖"。

闕翟

闕，缺也。《周禮·天官·內司服》注："王后之服，刻繒爲之，形而采畫

---

① 與"翬"聲相近也。

② 二"鷂"字本作"搖"，今從明嘉靖三年翻刻宋本。

之，綴于衣以爲文章。……闕翟，刻而不畫。此三者皆祭服。"《釋名·釋衣服》："闕翟，翦闕繒爲翟雉形似綴衣也。"按：祭群小祀則服闕翟。此以"缺"訓闕翟之"闕"，二字古通。

鞠衣

衣色如鞠塵也。《周禮·天官·内司服》注："鞠衣，黃桑服也，色如鞠塵，象桑葉始生。"按：告桑事服鞠衣。鞠塵爲酒麴之黴菌，"鞠"爲"麴"之借，"鞠、麴"右文、假借。

衣菊花色也。《吕氏春秋·季春紀》"天子乃薦鞠衣于先帝"注："衣黃如菊花，故謂之菊衣。"《釋名·釋衣服》："鞠衣，黃如菊華色也。"按："鞠、菊"右文、假借，《周禮·天官·内司服》"鞠衣"，《吕氏春秋·季春紀》注引作"菊衣"；《禮記·月令》"鞠有黃華"釋文："鞠本又作菊。"《吕氏春秋·季秋紀》《淮南子·時則》并作"菊"。

襢（展）衣

襢，亶也。《周禮·天官·内司服》注："襢之言亶，亶，誠也。"按：以禮見王及賓客服展衣。又，"襢、亶"右文。

襢，坦也。《釋名·釋衣服》："襢衣，襢，坦也，坦然正白無文采也。"蓋源自《周禮·天官·内司服》注引鄭司農曰："展衣，白衣也。"按："襢、坦"右文。

褖（緣）衣

褖，褖然，黑色也。《釋名·釋衣服》："褖衣，褖然黑色也。"此《釋名》誤解《周禮·天官·内司服》注："緣衣者，實作褖衣也，褖衣，御于王之服，亦以燕居，男子之褖衣黑，則是亦黑也。"按：《周禮·天官·内司服》注："褖衣，御于王之服。"孫詒讓正義云："褖衣，男女皆有之，男子褖衣，即玄端服之連衣裳者。"

素沙

素，白素也。《周禮·天官·内司服》注："素沙者，今之白縛也，六服皆袍制，以白縛爲裏，使之張顯，今世有沙縠者名出於此。"

絇

拘也。《儀禮·士冠禮》"青絇繶純"注："絇之言拘也，以爲行戒，狀如刀衣鼻，在屨頭。"《周禮·天官·屨人》"青句素屨葛屨"注："絇謂之拘，著屨屨之頭，以爲行戒。"按："絇、拘"右文。

環

還也。《白虎通·諫諍》引《援神契》："賜之環則還。"①《國語·晉語二》"驪姬使奄楚以環釋言"注："環，玉環，環，還也。"《楚辭·九歌·湘君》"捐余玦兮江中"注："玦，玉佩也，先王所以命臣之瑞，故與環即還，與玦即去也。"又，《御覽》卷六百九十二引《隨巢子》曰："召人以環，絕人以玦。"《荀子·大略》："絕人以玦，反絕以環。"按"環、還"右文、假借，《儀禮·士喪禮》"布巾環幅不鑿"注："古文環作還。"《左傳》襄公十年"諸侯之師還鄭而南"釋文："還本亦作環。"《戰國策·燕策三》"秦王還柱而走"，《史記·刺客列傳》"還"作"環"。

循環也。《白虎通·衣裳》："循道無窮則配環。"《禮記·玉藻》"孔子配象環五寸"注："環取可循而無窮。"

玦

決也，決絕義。《御覽》卷六百九十二引《隨巢子》曰："召人以環，絕人以玦。"《荀子·大略》："絕人以玦，反絕以環。""絕"通"決"。《白虎通·諫諍》引《援神契》："賜之玦則去。"此以"玦"爲"決"義。《楚辭·九歌·湘君》"捐余玦兮江中"注："玦，玉佩也，先王所以命臣之瑞，故與環即還，與玦即去也。"按："玦、決"右文、假借，《詩·衛風·芄蘭》"童子佩韘"傳"韘，玦也"釋文："玦本又作決。"

決也，決斷義。《莊子·田子方》："儒者……緩佩玦者，事至而斷。"《白虎通·衣裳》："能決嫌疑則配玦。"

---

① "還"盧本作"反"，今據《御覽》引《援神契》改。

珩

行也。《説文》玉部：“珩，佩上玉也，所以節行止也。”按：“珩、行”右文。

璪

藻也。《説文》玉部：“璪，玉飾，如水藻之文。”按：“璪、藻”右文、假借，《禮記·禮器》“天子之冕，朱緑藻”，釋文“藻”作“繰”，云：“本又作璪。”《禮記·玉藻》“天子玉藻”釋文：“藻本又作璪。”《尚書·益稷》“藻火粉米”，《説文》引“藻”作“璪”。

瑟

瑟也。《説文》玉部：“瑟，玉英華相帶如瑟弦。”按：“瑟、瑟”右文、假借，《詩·大雅·旱麓》“瑟彼玉瓚”釋文：“瑟又作瑟。”《説文》玉部引“瑟”作“瑟”。（段本）

瓅

列也。《説文》玉部：“瓅，玉英華羅列秩秩。”

璊

虋也。《説文》玉部：“璊，玉經色也。……禾之赤苗謂之虋，言璊玉色如之。”

玌

朽也。《説文》玉部：“玌，朽玉也。”（段本）

韇

韜也。《毛詩·小雅·彤弓》“受言韇之”、《周頌·時邁》“載韇弓矢”傳并云：“韇，韜也。”《儀禮·士喪禮》“設冒韇之”注：“韇，韜盛物者，取事名焉。”《左傳》莊公十年“蒙皋比而先犯之”疏引《樂記》“倒載干戈包之以虎皮，名之曰建韇”鄭玄以爲：“兵甲之衣曰韇，韇，韜也。”

黼（斧）

斧也。《尚書·顧命》“狄設黼扆”傳：“扆，屏風，畫爲斧文。”《周禮·春官·司几筵》“王位設黼依”注：“斧謂之黼，其繡白黑采，以絳帛爲質。”《儀禮·覲禮》“天子設斧依”注：“依，如今綈素屏風也，有繡斧文，所以示威也，斧謂之黼。”《禮記·明堂位》“天子負斧依南鄉而立”注：“斧依，爲斧文屏風於户牖之間。”《尚書·益稷》“黼黻、絺繡”疏引《爾雅·釋器》“斧謂之黼”孫炎注：“黼文如斧形。”按：“斧、黼”假借，《禮記·檀弓上》“加斧于椁上”注：“斧謂之黼，白黑文也。”

黺

粉也。《説文》㒸部：“黺，袞衣，山龍華蟲。黺，畫粉也。”按“黺、粉”右文、假借，《尚書·益稷》“藻火粉米”，《説文》玉部引“粉”作“黺”。

繪

會也。《文選·嵇康〈琴賦〉》“華繪彫琢”李善注引孔安國《尚書傳》：“繪，會五彩也。”《説文》系部：“繪，會五采繡也。”按：“繪、會”右文、假借，《尚書·益稷》“日月星辰山龍華蟲作會宗彝”釋文：“會，馬鄭作繪。”《説文》系部引作“繪”。

璂（璂）

綦也。《周禮·夏官·弁師》“王之皮弁，會五采玉璂”注：“故書會作儈，鄭司農云讀如馬會之會，謂以五采束髮也。……璂讀如綦，車轂之綦。”按：“車轂之綦”，《方言》卷九“車下鐵，陳宋淮楚之間謂之畢，大者謂之綦”。此以璂爲玉，即《説文》玉部：“璂，弁飾也，往往冒玉。”（段本）又，鄭玄以“璂”爲動詞“結”義，其注云：“會讀如大會之會，會，縫中也。璂讀如薄借綦之綦，綦，結也。”“薄借綦”者，蓋《儀禮·士喪禮》“組綦繫于踵”注：“綦，屨係也，所以拘止屨也。”段玉裁云：“蓋後鄭謂經‘琪’字乃玉名，故易爲綦字。”

（《説文》玉部“璂”字注）

象邸

象，象骨也；邸，柢也，皮弁内頂也。《周禮·夏官·弁師》“象邸玉笄”注：“邸，下柢也，以象骨爲之。”按：“邸、柢”右文、假借，《周禮·考工記·玉人》“兩圭五寸有邸”注：“邸謂之柢。”《爾雅·釋言》“柢，本也”，《周禮·春官·典瑞》注引"柢"作"邸"。

綪

茜也。《説文》糸部："綪，赤繒也，以茜染，故謂之綪。"（段本）

毢

虋也。《説文》毛部："毢，以氈爲纑，色如虋，故謂之毢。虋，禾之赤苗也。"

朝服

視朝之服也。《儀禮·燕禮記》"燕朝服於寢"注："朝服者，諸侯與其群臣日視朝之服也。謂冠玄端、緇帶、素韠、白屨也。"《既夕禮》"道車載朝服"注："朝服，日視朝之服也，玄衣素裳。"

幅

偪也。《詩·小雅·采菽》"邪幅在下"傳："邪幅，幅，偪也，所以自偪束也。"箋："邪幅，如今行縢也，偪束其脛，自足至膝，故曰'在下'。"《釋名·釋衣服》："幅，所以自偪束，今謂之行縢，言以裹脚，可以跳騰輕便也。"按：邪纏束之，故名"邪幅"，即今之綁腿。又，"逼"爲"偪"之俗，"偪、幅"右文、假借，《禮記·內則》"偪屨著綦"釋文："偪，本又作幅。"

緅

爵（雀）也。《周禮·考工記·鍾氏》"三入爲纁，五入爲緅"注："染纁者，三入而成，又再染以黑，則爲緅，緅，今禮俗文作爵，言如爵頭色也。"

幣

幣（蔽）也。《儀禮·聘禮記》"幣美則没禮"注："幣，人所造成，以自覆幣，謂束帛也。"按：覆幣之"幣"蓋當作"蔽"，"幣、蔽"右文。

褖

緣也。《儀禮·士喪禮》"褖衣"注："黑衣裳赤緣謂之褖，褖之言緣也，所以表袍者也。"按："褖、緣"右文、假借，《周禮·天官·內司服》"緣衣"注："《喪大記》：'士妻以褖衣。'言褖者甚衆……此緣衣者，實作褖衣也。緣，字之誤也。”釋文：“緣或作褖。”《禮記·玉藻》作“褖衣”；《儀禮·士喪禮》“褖衣”注：“古文褖爲緣。”此與上“褖衣”有別。

袒

日也。《説文》衣部：“袒，日日所常衣。”按：《左傳》宣公九年“衷其袒服”杜預注：“袒服，近身衣。”又，“袒、日”右文。

功裘

功，人功也。《周禮·天官·司裘》“季秋獻功裘”注：“功裘，人功微麤，謂狐青麛裘之屬。鄭司農云：功裘，卿大夫所服。”

宵衣

宵，綃也。《儀禮·士昏禮》“姆纚笄宵衣在其右”注：“以綃爲領，因以爲名。”按：“宵、綃”右文、假借，《儀禮·士昏禮》“姆纚笄宵衣在其右”注：“宵讀爲《詩》‘素衣朱綃’之綃。”《儀禮·特牲饋食禮》“主婦纚笄宵衣”疏：“此字據形聲爲綃，從絲肖聲。”

藍蔞

衣蔞藍藍然也。《史記·楚世家》“蓽露藍蔞”集解引服虔曰：“藍蔞，言衣敝壞，其蔞藍藍然也。”

蹻

蹻履也。《孟子·盡心上》“棄天下猶棄敝蹻”注：“蹻，草履可蹻者也。”

事齎

齎，資也，女功絲枲之事。《周禮·天官·典婦功》“以授嬪婦及内人女功之事齎”注引故書“齎”爲“資”，杜子春讀爲“資”，鄭司農云：“事資，謂女功絲枲之事。”按：“齎、資”右文、假借，《周禮·天官·外府》“共其財用之幣齎”注：“鄭司農云：齎或爲資，今禮家定齎作資。玄謂齎資同耳，其字以齊次爲聲，從貝變易，古字亦多或。”《儀禮·聘禮》“問幾月之資”注：“古文資作齎。”《老子》二十七章“不善人者，善人之資”，馬王堆漢墓帛書甲本“資”作“齎”。

齎，資也，女功之事來取絲枲。《周禮·天官·典婦功》注：“事齎，謂以女功之事來取絲枲。”按：《説文》貝部：“齎，持遺也。”“資，貨也。”鄭玄指“取”即持遺之引申。

綦

如馬絆綦。《儀禮·士喪禮》“組綦繫于踵”注：“綦，屨係也，所以拘止屨也。綦讀如馬絆綦之綦。”

釋首飾第十四

冠

惓也。《白虎通·絥冕》：“冠者，惓也，所以惓持其髮也。”《説文》冖部：“冠，絭也，所以絭髮，弁冕之總名也。”“惓、絭”通。

貫也。《釋名·釋首飾》：“冠，貫也，所以貫韜髮也。”按：“冠、貫”假借，貫穿之“貫”本字當作“毌”，《説文》毌部：“毌，穿物持之也。……讀若冠。”

弁

攀也。《白虎通·絥冕》：“弁之爲言攀也，所以攀持其髮也。”

槃也。《儀禮·士冠禮記》“周弁，殷冔，夏收”注：“弁名出於槃，槃，大也，言所以自光大也。”又“弁”俗作“卞”，《集韵·桓韵》：“般、弁、卞，《爾雅》‘樂也’，或作弁、卞，通作槃。”

抃也。《釋名·釋首飾》：“弁，如兩手相合抃時也。”按“抃”爲“拚”之俗，“拚、弁”右文。又“弁”俗作“卞”，“卞、抃”右文。

冕

俯也，陽氣俯仰義。《白虎通·絥冕》：“十一月之時，陽氣俯仰黄泉之下，萬物被施如冕，前俯而後仰，故謂之冕也。”按：“冕、俛”右文。

俯也，冠有俯伏之形。《後漢書·明帝紀》“帝及公卿列侯始服冠冕”注引《三禮圖》：“冕以三十升布漆而爲之，廣八寸，長尺六寸，前圜後方，前下後高，有俛伏之形，故謂之冕，欲人之位彌高而志彌下，故以名焉。”“俯、俛”

異體。

俯也，文也。《釋名·釋首飾》：“冕，猶俛也，俛，平直貌也。亦言文也，玄上纁下，前後垂珠，有文飾也。”

裨冕

裨，埤也。《儀禮·覲禮》“侯氏裨冕”注：“裨冕者，衣裨衣而冠冕也，裨之爲言埤也，天子六服，大裘爲上，其餘爲裨，以事尊卑服之，而諸侯亦服焉。”疏：“云‘裨之爲言埤’者，讀從《詩》‘政事一埤益我’，取裨陪之義。”按：“裨、埤”右文，“裨、卑”右文、假借，《左傳》襄公二十九年、《論語·憲問》“裨諶”，《漢書·古今人表》作“卑湛”，清華大學藏戰國竹簡《良臣》作“卑登”。

冔

訏也。《白虎通·紼冕》：“謂之冔者，十二月之時，施氣受化訏張，而後得牙，故謂之冔。”

幠也。《儀禮·士冠禮記》“周弁，殷冔，夏收”注：“冔，名出於幠，幠，覆也，言所以自覆飾也。”《釋名·釋首飾》：“冔，幠也，幠之言覆，言以覆首也。”

收

收歸，陽氣收歸也。《白虎通·紼冕》：“謂之收者，十三月之時，陽氣收本，舉生萬物而達出之，故謂之收。”

收斂，收斂髮也。《儀禮·士冠禮及記》“周弁，殷冔，夏收”注：“收，言所以收斂髮也。”《釋名·釋首飾》：“收，夏后氏冠名也，言收斂髮也。”

委貌

委曲之貌也。《白虎通·紼冕》：“所以謂之委貌何？周統十一月爲正，萬物始萌，小，故爲冠飾最小，故曰委貌。委貌者，言委曲有貌也。”《釋名·釋首飾》：“委貌，冠形委曲之貌，上小下大也。”

委，安也；貌，容貌也。《儀禮·士冠禮記》“委貌，周道也”注：“委猶安也，言所以安正容貌。”

章甫

章，章明也。甫，夫也。《儀禮·士冠禮記》"章甫，殷道也"注："章，明也，殷質，言以表明丈夫也。"

毋（牟）追

毋，發語詞；追，堆也。《白虎通·紼冕》："夏統十三月爲正，其飾最大，故曰毋追。毋追者，言其追大也。"《儀禮·士冠禮記》"毋追，夏后氏之道也"注："毋，發聲也，追猶堆也，夏后氏質，以其形名之。"

牟，冒也；追，追追然，堆高義。《釋名·釋首飾》："牟追，牟，冒也，言其形冒髮追追然也。"

爵（雀）弁

爵，爵（雀）也。《白虎通·紼冕》："爵弁者，何謂也？其色如爵頭，周人宗廟士之冠也。"《儀禮·士冠禮》"爵弁"注："爵弁者，冕之次，其色赤而微黑，如爵頭然，或謂之緅。"《尚書·顧命》"二人雀弁，執惠立于畢門之內"疏引鄭玄云："赤黑曰雀，言如雀頭色也。"《釋名·釋首飾》："弁，如兩手相合抃時也，以爵韋爲之，謂之爵弁。"《隋書·禮儀志七》引《禮圖》："爵弁，士助君祭服之，色如爵頭，無旒，有繢。"按："爵、雀"假借，見《釋用器》"爵"。

皮弁

皮，鹿皮也。《儀禮·士冠禮》"皮弁服素積"注："皮弁者，以白鹿皮爲冠。"《釋名·釋首飾》："以鹿皮爲之，謂之皮弁。"

韋弁

以韎韋爲弁也。《周禮·春官·司服》"凡兵事，韋弁服"注："韋弁，以韎韋爲弁。"《儀禮·聘禮》"君使卿韋弁歸饔餼五牢"注："韋弁，韎韋之弁，兵服也。"《釋名·釋首飾》："以韎韋爲之，謂之韋弁也。"

副

覆也。《周禮·天官·追師》"掌王后之首服，爲副、編、次，追衡、笄"注："副之言覆，所以覆首爲之飾，其遺象若今步繇矣，服之以從王祭祀。"《釋名·釋首飾》："王后首飾曰副，副，覆也，以覆首。"

　　副貳也。《釋名·釋首飾》："亦言副貳也，兼用衆物成其飾也。"

編

　　編髮爲之也。《周禮·天官·追師》"追師掌王后之首服，爲副、編、次、追衡、笄"注："編，編列髮爲之，其遺象若今假紒矣，服之以桑也。"《釋名·釋首飾》："編，編髮爲之。"

次

　　次第髮也。《周禮·天官·追師》"追師掌王后之首服，爲副、編、次、追衡、笄"注："次，次第髮長短爲之，所謂髲髢，服之以見王。"《釋名·釋首飾》："次，次第髮也。"

紒

　　結也。《儀禮·士冠禮》"采衣，紒"注："紒，結髮。"

鬄（錫）

　　剔也。《儀禮·少牢饋食禮》"主婦贊者一人，亦被錫衣移袂"注："被錫讀爲髲鬄，古者或剔賤者、刑者之髮，以被婦人之紒爲飾，因名髲鬄焉，此《周禮》所謂次也。……今文錫爲緆。"按："鬄、剔"右文、假借，《詩·大雅·皇矣》"攘之剔之"釋文："剔，或作鬄。"《儀禮·士喪禮》"四鬄去蹄"注："今文鬄爲剔。"《莊子·馬蹄》"燒之剔之"釋文："剔，向、崔本作鬄。"

髲

　　被也。《釋名·釋首飾》："髲，被也，髮少者得以被助其髮也。"按："髲、被"右文、假借，《詩·召南·采蘩》"被之僮僮"箋："禮記：主婦髲髢。"《儀禮·少牢饋食禮》"主婦被錫"注："'被錫'讀爲'髲鬄'。"《周禮·天官·追師》注引"主婦被錫"，"被"作"髲"。

珈

　　加也。《詩·鄘風·君子偕老》"副笄六珈"箋："珈之言加也，副既笄而加飾，如今步搖上飾。"按："珈、加"右文。

䯼

會也。《周禮·夏官·弁師》"王之皮弁，會五采玉璂"注："故書會作䯼，鄭司農云讀如馬會之會，謂以五采束髮也。"《説文》骨部："䯼，骨擿之可會髮者。"按："䯼、會"右文、假借，《詩·衛風·淇奥》"會弁如星"，《説文》引"會"作"䯼"。

揥

摘也。《詩·鄘風·君子偕老》"象之揥也"傳："揥，所以摘髮也。"疏："以象骨搔首，因以爲飾，名之揥。"《釋名·釋首飾》："揥，摘也，所以摘髮也。"按："揥"《説文》作"擿"，云："搔也。"段玉裁以爲即後世之玉導、玉搔頭之類。又，"揥、擿、摘"右文。

珥

耳也。慧琳《音義》卷五十五引《倉頡篇》："珥，珠在耳也，耳璫垂珠也。"按："珥、耳"右文、假借，見《釋天》"日珥"條。

釋宮室第十五

宮

中也。《白虎通·闕文》："宮之爲言中也。"

穹也。《釋名·釋宮室》："宮，穹也，屋見於垣上，穹隆然也。"

室

實也。慧琳《音義》卷二十五引《白虎通》："室，實也。"《説文》宀部同。《釋名·釋宮室》："室，實也，人物實滿其中也。"按："室、實"假借，郭店楚墓竹簡《性自命出》"或逆之，或𡟒之"，裘錫圭以爲𡟒爲"室"字誤摹，讀爲"實"（《談談上博簡和郭店簡中的錯別字》）。

奥

隱奥也。《爾雅·釋宮》"西南隅謂之奥"疏引孫炎云："室中隱奥之處也。"《釋名·釋宮室》："室中西南隅曰奥，不見户明，所在秘奥也。"

屋漏

屋頂漏光也。《爾雅·釋宮》"西北隅謂之屋漏"疏引孫炎云："屋漏者，當室之白，日光所漏入。"

屋頂之漏洞。《論衡·答佞》："屋漏在上，知者在下。漏大，下見之著；漏小，下見之微。"

屋頂漏雨也。《釋名·釋宮室》："西北隅曰屋漏，禮，每有親死者，輒徹屋之西北隅薪，以爨竈煮沐，供諸喪用，時若直雨則漏，遂以名之也。"

宦

萬物宦養也。《御覽》卷一百八十八引《爾雅》舍人云："東北陽氣始起，萬物所養，故謂之宦。"《爾雅·釋宮》"東北隅謂之宦"疏引李巡云："東北者，陽始起，育養萬物，故曰宦，宦，養也。"《釋名·釋宮室》："東北隅曰宦，宦，養也，東北陽氣始出，布養物也。"

人宦養也。《說文》宀部："宦，養也，室之東北隅，食所居。"

霤

流也。《說文》雨部："霤，屋水流也。"《釋名·釋宮室》："霤，流也，水從屋上流下也。"

户

護也。《說文》户部："户，護也。"《釋名·釋宮室》："户，護也，所以謹護閉塞也。"

房

旁也。《說文》户部："房，室在旁也。"《釋名·釋宮室》："房，旁也，室之兩旁也。"按："房、旁"右文、假借，《史記·禮書》"房皇周浹"索隱："房音旁。"《漢書·賈山傳》"又爲阿房之殿"注："房，字或作旁。"《史記》"房光"，錢大昕以爲即《漢書》之"旁光"（《廿二史考異》卷二）。

東箱

箱，翔也。《儀禮·覲禮記》"几俟于東箱"注："東箱，東夾之前相翔待事之處。”按：“相翔”謂悠游徘徊義。《儀禮·公食大夫禮》“退于箱”注：“箱，東夾之前俟事之處。”顏師古以爲“似箱篋之形”（《漢書·周昌傳》注），王念孫以爲“箱之言輔相”（《廣雅·釋器》“輔，箱也”疏證）。此義後作“廂”。

反坫

反爵之坫也。《禮記·郊特牲》“臺門而旅樹反坫”、《雜記下》“旅樹而反坫”注并云：“反坫，反爵之坫也。”按：坫爲土台，反坫爲飲酒畢置爵之坫，在兩楹之間。

䟱

疏也。《説文》疋部：“䟱，門户疏窻也。”按：“䟱、疏”右文、假借，《文選·雜詩上》“交疏結綺窗”，“疏”爲“䟱”之借。

宅

託也。《説文》宀部：“宅，所託也。”按“宅、託”右文、假借，《儀禮·士相見禮》“宅者在邦，則曰市井之臣”注：“今文宅或爲託。”

舍

舍止也。《公羊傳》襄公七年“未至乎舍而卒也”注：“舍，昨日所舍止處也。”《釋名·釋宮室》：“舍，於中舍息也。”

堂

明也。《白虎通·闕文》：“堂之爲言明也，所以明禮義也。”

堂堂也。《釋名·釋宮室》：“堂，猶堂堂，高顯貌也。”

揚也。《楚辭·七諫》“雞鶩滿堂壇兮”注：“高殿敞揚爲堂。”

明堂

明，彰明也。《禮記·明堂位》：“明堂也者，明諸侯之尊卑也。”《大戴禮記·盛德》：“明堂者，所以明諸侯尊卑。”《周禮·考工記·匠人》“周人明堂”注：“明堂者，明政教之堂。”

明，明朗也；堂，陽也。《周禮·考工記·匠人》“周人明堂”疏引《援神契》：“得陽氣明朗，謂之明堂。”《淮南子·時則》“朝于明堂左个”注：“南向堂當盛陽,故曰明堂。"

方明

上下四方之神明也。《儀禮·覲禮》"諸侯覲于天子,爲宮方三百步,四門,壇十有二尋深四尺,加方明於其上,方明者,木也,方四尺,設六色,東方青,南方赤,西方白,北方黑,上玄,下黄;設六玉,上圭,下璧,南方璋,西方琥,北方璜,東方圭"注:"方明者,上下四方神明之象也,上下四方之神者,所謂明神也。"按:諸侯會同盟誓所設之上下四方神主。

辟雍(廱)

其圓如璧,壅之以水也。《詩·大雅·靈臺》"於樂辟廱"傳:"水旋丘如璧曰辟廱,以節觀者。"《詩·魯頌·泮水》"思樂泮水,薄采其芹"傳"天子辟廱,諸侯泮宮"箋:"辟廱者,築土廱水,之外圓如璧,四方來觀者均也。"《詩·大雅·靈臺·序》"靈臺"疏引《韓詩説》:"辟廱者,天子之學,圓如璧,壅之以水,示圓。"《通典》卷五十三引《五經通義》:"天子曰辟雍,謂以土雍水,外員如璧,故曰辟雍,義取四方來觀者平均耳。"《御覽》卷五百三十四引桓譚《新論》:"王者作圓池如璧形,實水其中,以圜壅之,故曰辟雍,言其上承天地,以班教令,流轉王道,終而復始。"《白虎通·辟雍》:"辟者,象璧圓,法天;雍者,壅之以水,象教化流行。"《詩·大雅·靈臺·序》"靈臺"疏引盧植《禮記注》:"圓之以水,似璧,故謂之辟廱。"又引蔡邕《月令論》云:"取其周水圓如璧,則曰辟廱。"《獨斷》卷上:"天子曰辟雍,謂流水四面如璧,以節觀者。"按:"雍"本字作"廱","雍、壅"右文、假借,《左傳》宣公十二年"川壅爲澤"釋文:"壅本又作雍。"《左傳》昭公元年"有所壅塞不行是懼",釋文:"壅本又作雍。"《漢書·元帝纪》"吉士雍蔽"注:"雍讀曰壅。"

辟,辟(譬)也;廱,廱和也。《詩·大雅·靈臺·序》"靈臺"疏引《韓詩説》:"言辟,取辟有德。不言'辟水'言'辟廱'者,取其廱和也。"

辟,辟積也;雍,壅也。《白虎通·辟雍》:"辟之爲言積也,積天下之道德;雍之爲言壅也,壅天下之儀則,故謂之辟雍也。"

瞽宗

宗也。《禮記·明堂位》“瞽宗，殷學也”注：“瞽宗，樂師瞽矇之所宗也。”

泮（頖）宮

泮，半也。《通典》卷五十三引《五經通義》：“泮水者，泮之言半也。……泮宮，水雍其半，蓋東西門以南通水，北無水也。”《類聚》卷三十八引《五經通義》：“諸侯不得觀四方，故缺東以南，半天子之學，故曰頖宮。”《白虎通·辟雍》：“諸侯曰泮宮者，半於天子宮也。明尊卑有差，所化少也。”《詩·魯頌·泮水》“思樂泮水，薄采其芹”傳“天子辟廱，諸侯泮宮”箋：“泮之言半也半水者，蓋東西門以南通水，北無也。”《獨斷》卷上：“諸侯曰頖宮，頖言半也。”此言其形，按：“泮、半”右文。

頖，班也。《禮記·王制》“諸侯曰頖宮”注：“頖之言班也，所以班政教也。”《禮記·明堂位》“頖宮，周學也”注：“頖之言班也，於以班政教也。”

庠

詳也。《白虎通·辟雍》：“庠之言詳也，言所以詳禮儀之所也。”（據劉師培說改）《禮記·明堂位》“米廩，有虞氏之庠也”注：“庠之言詳也，於以考禮詳事也。”

養也。《通典》卷五十三引魏文侯《孝經傳》：“庠言養也，所以養雋德也。”《孟子·滕文公上》：“庠者，養也。”注：“養者，養耆老。”《禮記·王制》“有虞氏養國老於上庠”注：“庠之言養也。”

序

次序長幼也。《白虎通·辟雍》：“序者，序長幼也。”

次序王事也。《禮記·明堂位》“序，夏后氏之序也”注：“序，次序王事也。”

射也。《孟子·滕文公》：“序者，射也。”注：“射者，三耦四矢，以達物導氣也。”疏：“序者，所以講射於此，而行尊卑揖遜之禮者也。”

門

聞也。《説文》門部：“門，聞也。”按：“門、聞”右文。

捫也。《釋名·釋宫室》：“門，捫也，在外爲人所捫摸也。”按：“門、捫”右文。

閭

侶也。《説文》門部：“閭，侶也，二十五家相群侶也。”按：“閭、侶”右文。

閨

圭也。《説文》門部：“閨，特立之户，上圜下方，有似圭。”按：“閨、圭”右文、假借，《左傳》襄公十年“篳門閨竇之人”釋文：“閨，本亦作圭。”《易·益卦》“中行，告公用圭”，馬王堆漢墓帛書本“圭”作“閨”。

塾

孰（熟）也。《白虎通·闕文》：“所以必有塾何？欲以飾門，因取其名也。明臣下當見於君，必先熟思其事也。”按：“塾、孰”右文、假借，武威漢簡甲本《特牲》“筵人取筵于西孰”，“孰”爲“塾”之借。

門堂

門側之堂也。《周禮·考工記·匠人》“門堂三之二”注：“門堂，門側之堂。”按：門堂即塾，《爾雅·釋宫》：“門側之堂謂之塾。”

序

次序也。《御覽》卷一百八十五引《爾雅》“東西廂謂之序”舍人注：“殿東西堂序尊卑處。”《尚書·顧命》“西序東嚮”疏引孫炎云：“堂東西牆所以別序内外也。”《釋名·釋宫室》：“序，次序也。”按：此爲堂序，不同於庠序。

闕

闕疑也。《白虎通·闕文》：“闕者何？闕疑也。”

闕少也。《釋名·釋宫室》：“闕，闕也，在門兩旁，中央闕然爲道也。”

闕失也。《水經注·穀水》引潁容云：“闕者，上有所失，下得書之于闕，所以求論譽於人，故謂之闕矣。”

壇

坦也。《禮記·祭法》"燔柴於泰壇祭天也"注："壇，封土爲祭處也，壇之言坦也，坦明貌也。"《楚辭·七諫》"雞鶩滿堂壇兮"注："平場廣坦爲壇。"按："壇、坦"右文、假借，九店楚簡《相宅》"凡坦南□□"、清華大學藏戰國竹簡《周武王有疾，周公所自以代王之志》"爲一坦於南方"，"坦"并"壇"之借。

壝

委也。《周禮·春官·鬯人》"凡祭祀社壝用大罍"注："壝謂委土爲壇壇，所以祭也。"

滌宫

滌，蕩滌也。《公羊傳》宣公三年"帝牲在于滌三月"注："滌，宫名，養帝牲三牢之處也，謂之滌者，取其蕩滌絜清。"

澤宫

澤，擇也。《禮記·射義》："天子將祭，必先習射於澤。澤者，所以擇士也。"注："澤，宫名也。"《禮記·郊特牲》"卜之日，王立于澤"注："澤，澤宫也，所以擇賢之宫也。"按："澤、擇"右文、假借，《禮記·曲禮上》"共飯不澤手"注："澤或爲擇。"《史記·太史公自序》"昌生無澤"，索隱："《漢書》作毋擇。"《史記·惠景間侯者年表》"簡侯衛無澤"，《漢書·高惠后孝文功臣表》作"毋擇"。

傾宫

傾，頃也，宫滿一頃也。《淮南子·墜形》"傾宫旋室"注："傾宫，宫滿一頃。"《吕氏春秋·過理》"作爲琁室築爲頃宫"注："頃宫，築作宫牆滿一頃田中，言博大也。"按："傾、頃"右文、假借，《左傳》定公九年"陽虎所欲傾覆也"，釋文："傾本又作頃。"《詩·周南·卷耳》"不盈頃筐"，《易林·鼎之乾》"頃"作"傾"；《尚書·禹貢》"西傾，因桓是來"，《漢書·地理志》"傾"作"頃"。

帷宮

張帷爲宮也。《周禮·天官·掌舍》“爲帷宮，設旌門”注：“謂王行晝止有所展肆，若食息張帷爲宮，則樹旌以表門。”

旋（琁）室

旋，旋玉也。《淮南子·墜形》“傾宮旋室”注：“旋室，以旋玉飾室也。”《吕氏春秋·過理》“作爲琁室築爲頃宮”注：“琁室，以琁玉文飾其室也。”按：“旋玉”本字作“琁”（俗作“璇”），“旋、琁”假借，《淮南子·本經》“爲琁室瑶臺”注：“琁或作旋。”《淮南子·本經》“積牒璇石”注：“或作旋石。”《隸釋》卷一《益州太守高眹脩周公禮殿記》“旋機離常”，洪适以“旋機”爲“琁機”。

旋，轉旋也。《淮南子·墜形》“傾宮旋室”注：“一説，室旋機關可轉旋，故曰旋室。”

阼

酢也。《儀禮·士冠禮》“立於阼階下”注：“阼猶酢也，東階所以答酢賓客也。”按：“阼、酢”右文。

膠

糾也。《禮記·王制》“養國老於東膠”注：“膠之言糾也。”

總章

總，總成也；章，章明也。《吕氏春秋·孟秋紀》“天子居總章左个”注：“總章，西向堂也，西方總成萬物章明之也，故曰總章。”《淮南子·時則》注同。

城

盛也，盛民也。《説文》土部：“城，以盛民也。”《水經注·河水》引《風俗通》：“城，盛也。”慧苑《華嚴音義》上引《風俗通》：“城之爲言盛，郭之爲言廓，謂寬廓盛受者也。”“盛”爲“盛”之俗，《玉篇》穴部：“盛，屋所受。”

盛也，盛國都也。《釋名·釋宮室》：“城，盛也，盛受國都也。”按：“城、盛”右文。

郭（臺）

廓也，寬闊也。慧苑《華嚴音義》上引《風俗通》：“城之爲言寂，郭之爲言廓，謂寬廓寂受者也。”按：“郭、廓”右文、假借。《詩·大雅·皇矣》“憎其式廓”釋文本作“郭”，云：“郭本又作廓。”《晏子春秋·外篇八》“婢妾東廓之野人”，《御覽》卷四百二十六引“廓”作“郭”；《靈樞經·脹論》“排藏府而郭胸脅”，“郭”爲“廓”之借。

廓也，廓落也。《釋名·釋宮室》：“郭，廓也，廓落在城外也。”

度也。《説文》臺部：“臺，度也，民所度居也。”

寺

司也，止也。《左傳》隱公七年“戎朝于周，發幣于公卿”注“朝而發幣於公卿，如今計獻詣公府卿寺”，疏引《風俗通》：“寺，司也，庭有法度，令官所止，皆曰寺。”

嗣也。《後漢書·張湛傳》“望寺門而步”注引《風俗通》：“寺者，嗣也，理事之吏，嗣續於其中也。”《釋名·釋宮室》：“寺，嗣也，治事者相嗣續於其內也。”

府

聚也。《左傳》隱公七年“戎朝于周，發幣于公卿”注“朝而發幣於公卿，如今計獻詣公府卿寺”，疏引《風俗通》：“府，聚也，公卿牧守府，道德之所聚也；藏府、私府，財貨之所聚也。”《戰國策·秦策一》“此所謂天府”注：“府，聚也。”

廷

平也。《後漢書·郭太傳》“母欲使給事縣廷”注引《風俗通》：“廷，平也，又正也，言縣廷、郡廷、朝廷皆取平均正直也。”[1]《漢書·張釋之傳》：“廷

---

① “平也，又”三字據《廣韵·青韵》引增。

尉,天下之平也。”

　　停也。《釋名·釋宮室》：“廷,停也,人所停集之處也。”

夏台

　　台,若游觀之台。《御覽》卷六百四十三引《風俗通》：“夏曰夏台,言不害人,若游觀之台。”按：夏台爲夏桀囚湯處。

羑里

　　里,若於閭里也。《御覽》卷六百四十三引《風俗通》：“殷曰羑里,言不害人,若於閭里。”按：羑里爲商紂囚文王處。

亭

　　定也。《文選·謝靈運〈初去郡〉》“止監流歸停”李善注引《蒼頡篇》：“亭,定也。”《説文》高部：“亭,民所安定也。”《御覽》卷一百九十四引《風俗通》：“金亭也,民所安定也。……亭亦平也,民有訟静,吏留辯處,勿失其正也。”按：“亭、定”假借,《淮南子·原道》“味者甘立而五味亭”,《文子·道原》“亭”作“定”。

　　停也。《御覽》卷一百九十四引《風俗通》：“十里一亭,亭留也。今語有亭留、亭待,蓋行旅宿食之所館也。”《釋名·釋宮室》：“亭,停也,亦人所停集也。”按：“亭、停”古今字,典籍多通用,《文選·謝靈運〈初去郡〉》“止監流歸停”李善注：“《倉頡篇》曰：‘亭,定也。’停與亭同,古字通。”

置

　　設置也。《後漢書·郭太傳》“知范特祖郵置之役”注引《風俗通》：“漢改郵爲置,置者,度其遠近之間置之也。”

傳

　　傳信也。《文選·潘勖〈册魏公九錫文〉》“其上故傳武平侯印綬”李善注引《風俗通》：“諸侯有傳信,乃得舍於傳。”[1]

---

[1] 《意林》卷四引作：“使者傳言乃得舍於傳也。”

傳授也。《釋名·釋宮室》:"傳,傳也。人所止息而去,後人復來,轉轉相傳,無常主也。"

屏

屏氣也。《御覽》卷一百八十五引《風俗通》:"屏,卿大夫以帷,士以簾,稍有第以自障蔽也,示臣臨見自整,屏氣處也。"

障屏也。《釋名·釋宮室》:"屏,自障屏也。"

蕭牆

蕭,肅也。《論語·季氏》"蕭牆之内"集解引鄭玄曰:"蕭之言肅也,蕭牆謂屏也,君臣相見之禮,至屏而加肅敬焉,是以謂之蕭牆。"《釋名·釋宮室》:"蕭牆,在門内,蕭,肅也,臣將入,於此自肅敬之處也。"按:"蕭、肅"右文、假借,馬王堆漢墓帛書《十六經·觀》"雪霜復清,孟穀乃蕭","蕭"爲"肅"之借。

宁

宁立也。《詩·齊風·著》"俟我於著乎而",疏引《爾雅·釋宮》"門屏之間謂之宁"孫炎注:"門内屏外,人君視朝所宁立處也。"《釋名·釋宮室》:"宁,佇也,將見君,所佇立定氣之處也。"按:"宁、佇"正俗字,右文。

罘罳

復思也。《漢書·王莽傳》:"遣使壞渭陵延陵園門罘罳,曰:'毋使民復思也。'"《釋名·釋宮室》:"罘罳,在門外,罘,復也,罳,思也。臣將入請事,於此復重思之也。"按:"罘罳、復思"假借,《廣雅·釋宮》"罘罳謂之屏",《水經注·穀水》引作"復思"。

觀

使民觀望舊章也。《詩·鄭風·子衿》"在城闕兮"疏引《爾雅·釋宮》"觀謂之闕"孫炎注:"宮門雙闕,舊章懸焉,使民觀之,因謂之觀。"

於上觀望也。《釋名·釋宮室》:"觀,觀也,於上觀望也。"

候館

館，觀也。《周禮·地官·遺人》"五十里有市，市有候館"注："候館，樓可以觀望者也。"按："館、觀"假借，《詩·大雅·公劉》"于豳斯館"，《白虎通·京師》引"館"作"觀"；《春秋》莊公元年"築王姬之館于外"，《白虎通·嫁娶》引"館"作"觀"；《禮記·雜記上》"公館復"釋文："館本亦作觀。"

㽦

助也。《周禮·地官·里宰》"以歲時合耦於㽦，以治稼穡"注："㽦者，里宰治處也，若今街彈之室，於此合耦，使相佐助，因放而爲名。"按：㽦爲里宰治處。又，"㽦、助"右文、假借，《周禮·地官·遂人》"以興㽦利甿"注："杜子春讀㽦爲助，謂起民人令相佐助。"《孟子·滕文公上》"殷人七十而助"，《説文》耒部"助"作"㽦"。

闍

渚也。《詩·鄭風·出其東門》"出其闉闍"傳："闍，城臺也。"釋文引孫炎云："積土如水渚，所以望氣祥也。"按："闍、渚"右文。

皋門

皋，高也。《禮記·明堂位》"皋門"注："皋之言高也。"按："皋、高"假借，《爾雅·釋天》"五月爲皋"釋文："皋或作高。"《禮記·檀弓上》"高子皋"，《論語·先進》"柴也愚"疏："《家語》作子高。"《禮記·禮運》"皋，某復"，《孔子家語·問禮》"皋"作"高"。

棘門

棘，戟也。《周禮·天官·掌舍》"爲壇壝宫棘門"注引鄭司農云："棘門，以戟爲門。"按："棘、戟"假借，《詩·小雅·斯干》"如矢斯棘"箋："棘，戟也。"《禮記·明堂位》"越棘大弓"注："棘，戟也。"《左傳》隱公十一年"子都拔棘以逐之"注："棘，戟也。"

衡門

衡，橫也。《詩·陳風·衡門》"衡門之下，可以棲遲"傳："衡門，橫木爲門。”《類聚》卷六十三引《詩義問》：“橫一木作門，而上無屋，謂之衡門。”按：“衡、橫”假借，銀雀山漢墓竹簡《五度九奪》“五度暨（既）明，兵乃衡行”、馬王堆漢墓帛書《戰國縱橫家書·蘇秦獻書趙王章》“五國之主嘗合衡謀伐趙”、武威漢簡甲本《有司》“宰授几，主人受，二手衡執几”，“衡”并“橫”之借。

虎門

路寢門畫虎也。《周禮·地官·師氏》“居虎門之左，司王朝”注：“虎門，路寢門也，王日視朝于路寢門外，畫虎焉，以明勇猛，於守宜也。”

旌門

樹旌以表門也。《周禮·天官·掌舍》“爲帷宮，設旌門”注：“謂王行晝止有所展肆，若食息張帷爲宮，則樹旌以表門。”

園

援也。《御覽》卷八百二十四引《風俗通》：“園，援也。”

樊也。《周禮·地官·載師》“以場圃任園地”注：“樊圃謂之園。”《周禮·天官·大宰》“二曰園圃”注：“樹果蓏曰圃，園，其樊也。”

圃

補也。《御覽》卷八百二十四引《風俗通》：“圃，補也。”按：“圃、補”右文。

苑

蘊也。《御覽》卷一百九十六引《風俗通》：“苑，蘊也，言薪蒸所蘊積也。”

囿

有也。《御覽》卷一百九十六引《風俗通》：“囿者，畜魚鱉之處也，囿猶有也。”按：“囿、有”右文。

域也。《詩·大雅·靈臺》“王在靈囿”傳：“囿，所以域養禽獸也。”《國語·楚語上》“王在靈囿”注：“囿，域也。”

廜

鮮也。《爾雅·釋言》“稟,廜也”釋文引孫炎注:“廜,藏穀鮮絜也。”按:“廜、鮮”右文。

蒿宫

蒿堪爲宫室也。清河郡本《尚書中候合符后》:“周德既隆,草木盛茂,蒿堪爲宫室,名之曰蒿宫。”

軒(歋)城

軒,缺也。《説文》亯部:“歋,缺也,古者城闕其南方謂之歋。”《公羊傳》定公十二年“百雉而城”注:“天子周城,諸侯軒城,軒城者,缺南面以受過也。”按:城有四門,門上有台,謂之閣,諸侯缺其南面,若彎曲狀,《説文》車部:“軒,曲輈藩車。”引申有曲義。又,“歋、缺”右文。

崇城

崇,崇高也。《白虎通·闕文》:“天子曰崇城,言崇高也。”

閣

庋也。《禮記·内則》“大夫七十而有閣”注:“閣,以板爲之,庋食物也。”

閹

奄也。《説文》門部:“閹,豎也,宫中奄昏閉門者。”(段本)按:“閹、奄”右文、假借,《禮記·月令》“命奄尹”,《吕氏春秋·仲冬季》“奄”作“閹”;《國語·晉語二》“公令閹楚刺重耳”(士禮居景宋本),《補音》“閹”作“奄”。

閽

昏也。《説文》門部:“閽,常以昏閉門隷也。”《周禮·天官·序官》“閽人”注:“閽人,司昏晨以啓閉者。”按:“閽、昏”右文。

倉

蒼黄也。《説文》倉部:“倉,穀藏也,蒼黄取而臧之,故謂之倉。”(段本)按:蒼黄者,匆遽也。又,“倉、蒼”右文、假借,《詩·王風·黍離》“悠悠蒼天”

釋文：“蒼本亦作倉。”《禮記·月令》“駕倉龍”，《吕氏春秋·孟春紀》“倉”作“蒼”；《左傳》僖公二十五年“蒼葛”，《國語·周語中》“蒼”作“倉”。

藏也。《説文》倉部：“倉，穀藏也。”《文選·左思〈吳都賦〉》“觀海陵之倉”李善注引蔡邕《月令章句》：“穀藏曰倉。”《釋名·釋宮室》：“倉，藏也，藏穀物也。”

靣

靣（瘃）也。《説文》靣部：“靣，穀所振入，宗廟粢盛，蒼黄靣而取之，故謂之靣。”（段本）段玉裁云：“‘靣而取之’之‘靣’當作‘瘃’，瘃瘃，寒也。”按：“靣、瘃”右文。

白盛

盛，成也。《周禮·考工記·匠人》“白盛”注：“蜃灰也，盛之言成也，以蜃灰塈牆，所以飾成宮室。”按：地官掌供白盛之蜃。又，“盛、成”右文、假借，《易·繫辭上》“成象之謂乾”釋文：“成象，蜀才作盛象。”《左傳》宣公二年“盛服將朝”釋文：“盛本或作成。”《史記·封禪書》“祠成山”，《漢書·郊祀志》“成”作“盛”。

卷　三

釋道路第十六

劇旁

劇,多劇也,言數目多。《爾雅·釋宫》"三達謂之劇旁"疏引孫炎云:
"旁出歧多,故曰劇。"

劇,急劇也,言頻率高。《釋名·釋道》:"三達曰劇旁,古者列樹以表道,
道有夾溝,以通水潦,恒見修治,此道旁轉多用,功稍劇也。"按:"劇"爲"勮"
之俗,《説文》力部:"勮,務也。""務,趣也。""劇"有二義,一爲多義。成
國、叔然各執其一也。

康

康樂也。《爾雅·釋宫》"五達謂之康"疏引孫炎云:"康,樂也,交會樂
道也。"

昌也。《釋名·釋道》:"五達曰康,康,昌也;昌,盛也。車步併列并用
之,言充盛也。"

莊

莊盛也。《爾雅·釋宫》"六達謂之莊"疏引孫炎云:"莊,盛也,道煩
盛。"《初學記》卷二十四引《爾雅》注云:"康,樂也;莊,盛也。言交道康樂
繁盛。"蓋孫説。

裝也。《釋名·釋道》:"六達曰莊,莊,裝也,裝其上使高也。"按:"莊、
裝"右文、假借,《史記·儒林列傳》"齊人田何字子莊",《漢書·儒林傳》

“莊”作“裝”。馬王堆漢墓帛書《五行篇》“袁（遠）而裝之，敬也”，“裝”通
“莊”。

劇驂

劇於驂也。《爾雅·釋宮》“七達謂之劇驂”疏引孫炎云：“三道交出，復
有一歧出者，謂之劇驂。”按：叔然以“三”訓“驂”，三道交出則爲六達，復有
歧出者，則爲七達，然則劇驂義爲劇於驂也。

劇與驂也。《釋名·釋道》：“七達曰劇驂，驂馬有四耳，今此道有七，比於
劇也。”按：此“驂”非“三馬”之義，乃引申爲旁馬也，故云“驂馬有四耳”，劇
驂之道七達，如驂馬之“四”加以三達之劇旁[1]，故云“比於劇”，乃與劇旁比
并義。

崇期

崇，充也，多義，多道會期於一處也。《爾雅·釋宮》“八達謂之崇期”疏
引孫炎云：“四道交出，謂之崇期。”《文選·左思〈蜀都賦〉》“軌躅八達”李
善注引《爾雅》“八達謂之崇期”孫炎曰：“崇，多也，多道會期於此。”按：
“崇、充”假借，《儀禮·鄉飲酒禮》“崇酒”、《鄉射禮》“再拜崇酒”、《燕禮》
《大射儀》“主人不崇酒”注并云：“崇，充也。”《爾雅·釋詁》：“崇，充也。”
《楚辭·招魂》“氾崇蘭些”注：“崇，充也。”

崇，充也，多義，人共會期於途。《釋名·釋道》：“八達曰崇期，崇，充也，
道多所通，人充滿其上，如共期也。”

逵（馗）

九也。《詩·周南·兔罝》“施於中逵”傳：“逵，九達之道。”《爾雅·釋
宮》“九達謂之逵”疏引孫炎云：“四道交復有一歧出者，謂之逵。”《文選·王
粲〈從軍詩〉》“女士滿莊馗”李善注引韓《詩》“蕭蕭兔罝，施于中馗”薛君
注：“馗，九交之道也。”按“馗、九”右文。

---

[1] 《爾雅·釋道》：“三達曰劇旁。”

龜也。《説文》九部：“馗，九達道也，似龜背，故謂之馗。”《初學記》卷二十四引《爾雅》注云：“逵一曰馗，言似龜背，故曰馗。”

如逵師也。《釋名·釋道》：“九達曰逵，齊魯謂道多爲逵師，此形然也。”按：“逵師”未詳，《釋名疏證補》引吴志忠改“逵市”，《左傳》莊公二十八年“衆車入自純門及逵市”注：“逵市，郭内道上市。”

街

攜也，離也。《廣韵·佳韵》引《風俗通》：“街者，攜也，離也，四出之路，攜離而別也。”

市

恃也。《詩·陳風·東門之枌·序》“歌舞於市井”疏引《風俗通》：“市，恃也，養贍老少，恃以不匱也。”

井

隱也。《緯書集成·考異郵》：“井之爲言隱也，隱于地中，其氣反常，夏至井水躍。”宋均注：“寒氣歸之也，時烜井則寒，隱其烜也；時寒井則温，隱其寒心。”

節也。《御覽》卷一百八十九引《風俗通》云：“井者，法也，節也，言法制居人，令節其飲食，無窮禍也。”

通也。《御覽》卷一百八十九引《易傳》：“井，通也，物所通用也。”

清也。《釋名·釋宮室》：“井，清也，泉之清潔者也。”“《易·井卦》釋文引師説：“井以清絜爲義。”按：《京氏易傳》陸績注：“井道以澄清見用爲功也。”

市井

因市爲井也。《詩·陳風·東門之枌·序》“歌舞於市井爾”疏引《白虎通》：“因井爲市，故曰市井。”又引《風俗通》云：“俗説，市井謂至市者，當于井上洗濯其物香潔及自嚴飾，乃到市也。謹案：古者二十畝爲一井，因爲市交易，故稱市井。”

因井田爲市也。《公羊傳》宣公十五年“什一者天下之中正也”注：“井田之義：一曰無泄地氣，二曰無費一家，三曰同風俗，四曰合巧拙，五曰通財貨，因井田以爲市，故俗語曰市井。”

𨞙

共也。《説文》𨞙部：“𨞙，里中道……皆在邑中所共也。”此即“巷”字。

衜

通也。《説文》行部：“衜，通道也。”

術

通也。《説文》行部：“術，通街也。”

委巷

委，委曲也。《禮記·檀弓上》“是委巷之禮也”注：“委巷，猶街里委曲所爲也。”

環涂

環，環繞也。《周禮·考工記·匠人》“環涂七軌”注：“環涂，謂環城之道。”

桓

盤桓也。《水經注·桓水》引鄭玄注《尚書》：“桓是隴坂名，其道盤桓旋曲而上，故名曰桓。”

釋州國第十七

都

聚也。《尚書·堯典》“申命和叔，宅朔方，曰幽都”注：“都，謂所聚也。”《穀梁傳》僖公十六年：“民所聚曰都。”《春秋》僖公十六年“六鶂退飛過宋都”，《公羊傳》注：“人所聚曰都。”

都會也。《釋名·釋州國》：“國城曰都，都者，國君所居，人所都會也。”

畿

期也。《詩·邶風·谷風》“薄送我畿”疏引《楚茨》傳：“畿，期也。”

近也。《説文》田部："畿，天子千里地，以逮近言之則言畿。"（段本）按："畿、近"假借，《周禮·夏官·大司馬》"乃以九畿之籍"注："故書'畿'爲'近'。鄭司農云：'近當言畿。'"

限也。《周禮·夏官·大司馬》"乃以九畿之籍"注："畿，猶限也。"

疆（畺）

竟（境）也。《穀梁傳》昭公元年："疆之爲言猶竟也。"《公羊傳》昭公元年"疆運田者何"注："疆，竟也。"《國語·周語上》"修其疆畔"、《周語中》"候不在疆"、《晉語一》"君之疆也"注并云："疆，境也。"《周語中》"畺有寓望"注："畺，境也。"按："疆、境（竟）"假借，《國語·周語中》"候不在疆"，《周禮·夏官·候人》注引"疆"作"竟"；《孟子·告子下》"入其疆"，《説苑·修文》"疆"作"境"；《公羊傳》莊公十九年"出竟有可以安社稷利國家者"，《漢書·馮奉世傳》引"竟"作"疆"。

郊

交也，交接也。玄應《音義》卷十七引《白虎通》："王及諸侯必有郊者何？上則交接天神，下則交接諸侯，諸侯交接鄰國也。"按："郊、交"右文、假借，《老子》六十一章"天下之交"，馬王堆漢墓帛書甲本"交"作"郊"；《尚書·堯典》"宅南交"，《周禮·地官·大司徒》疏引"交"作"郊"；《史記·魏齊武安侯列傳》"以爲淮陽天下交"，《漢書·灌夫傳》"交"作"郊"。

交也，交通也。《漢書·鄭當時傳》"常置驛馬長安諸郊"注引如淳曰："郊，交道四通處也。"

郡

群也。《意林》卷四引《風俗通》："郡者，群也。"《釋名·釋州國》："郡，群也，人所群聚也。"按："郡、群"右文、假借，嶽麓書院藏秦簡《第三組》"上計最、志、郡課、徒員簿"，"郡"爲"群"之借。

縣

玄也。《御覽》卷一百五十七引《風俗通》："《周禮》'百里曰同'，所以獎王室，協風俗，總名縣，縣，玄也，言當玄静平徭役。”按：“縣、玄”假借，《淮南子·墜形》“縣圃”，《穆天子傳》卷二“先王所謂縣圃”郭注引作“玄圃”，《水經注·河水》引作“玄圃”。馬王堆漢墓帛書《脈法》“脈（脈）之縣，書而熟學之”，“縣”爲“玄”之借。

縣（懸）也。《釋名·釋州國》：“縣，縣也，縣係於郡也。”

州

殊也。《御覽》卷一百五十七引《説題辭》：“州之言殊也，合同類，異其界也。”

聚也。《禮記·王制》“二百一十國以爲州”注：“州猶聚也。”

疇也。《説文》川部一曰：“州，疇也，各疇其土而生也。”（段本）《御覽》卷一百五十七引《風俗通》：“州，疇也。”按：“州、壽”通，馬王堆漢墓帛書《晉獻公欲得隋會章》“魏州餘請召之”，《左傳》文公十三年“州”作“壽”。“壽、疇”右文、假借，銀雀山漢墓竹簡《人君不善之應》“田壽薉，國多衛風”，“壽”爲“疇”之借。

周也。《御覽》卷一百五十七引《風俗通》：“州，疇也，州有長，使之相周足也。”按：“州、周”假借，詳《釋水》“州”。

注也。《釋名·釋州國》：“州，注也，郡國所注仰也。”

郇

稍也。《説文》邑部：“郇，國甸大夫稍稍所食邑。”按：“郇、稍”右文、假借，《周禮·地官·載師》“以家邑之田任稍地”注：“故書稍或作削。”段玉裁以爲“削”當是“郇”之誤，許所據正故書或本也。《周禮·天官·大宰》“家削之賦”當作“家郇”，釋文曰：“家削本亦作稍，又作郇。”（《説文》邑部“郇”字注）

冀州

冀，近也。《尚書·禹貢》“濟河惟兗州”疏引李巡云：“兩河間其氣清，性相近，故曰冀，冀，近也。”

冀，希冀也。《晉書·地理志》引《元命苞》：“昴畢散爲冀州，分爲趙國，其地有險有易，帝王所都，亂則冀安，弱則冀彊，荒則冀豐。”《釋名·釋州國》：“冀州亦取地以爲名也，其地有險有易，帝王所都，亂則冀治，弱則冀彊，荒則冀豐也。”按：“冀”本州名，希冀義爲“覬”之借，《文選·王粲〈登樓賦〉》“冀王道之一平兮”李善注：“賈逵《國語》注曰：‘覬，望也。’冀與覬同。”

雍州

雍，蔽雍也。《尚書·禹貢》“濟河惟兗州”疏引李巡云：“河西其氣蔽雍，受性急凶，故云雍，雍，雍也。”按：“雍”本鳥名，雍蔽義乃“擁”之借，後分化作“壅”。“雍、壅”右文、假借，詳《釋宮室》“辟雍”條。

雍，雍翳也。《釋名·釋州國》：“雍州，在四山之内雍翳也。”按：雍翳之“雍”當作“壅”。

荆州

荆，强也。《尚書·禹貢》“濟河惟兗州”疏引李巡云：“荆州其氣燥剛，禀性彊梁，故曰荆，荆，彊也。”《晉書·地理志下》引《元命苞》：“軫星散爲荆州，荆，强也，言其氣躁强。”

荆，警也。《釋名·釋州國》：“荆州，取名於荆山也，必取荆爲名者，荆，警也，南蠻數爲寇逆，其民有道後服，無道先彊，常警備之也。”

揚州

揚，輕揚也。《尚書·禹貢》“濟河惟兗州”疏引李巡云：“江南其氣燥勁，厥性輕揚，故曰揚，揚，輕也。”《晉書·地理志》引《元命苞》：“牽牛流爲揚州，分爲越國，以爲江南之氣躁勁，厥性輕揚。”

揚，揚波也。《釋名·釋州國》：“揚州，州界多水，水波揚也。”

兗（沇）州

兗，端也。《類聚》卷六引《元命苞》：“五星流爲兗州，兗之言端也，言堤精端，故其氣纖殺，分爲鄭國。”《晉書·地理志》引《元命苞》云：“五星流爲兗州，兗，端也，信也。”

兗，凶也。《説文》口部：“凶，山間陷泥地。……讀若沇州之沇，九州之渥地也,故以沇名焉。"按:兖州之"兖"正作"沇",即沇水,"沇"古文作"沿","沿"同形字又爲山間陷泥地之"沿"（沿）。此以"沇"得名于"沿","沿"得名于"陷"。

兖,信也。《爾雅·釋地》"濟河間曰兖州"釋文引李巡云:"濟河間其氣專質,厥性信謹,故曰兖,兖,信也。"按:兖州之"兖"正作"沇","兖"訓"信"爲"允"之借,"兖、允"右文、假借,銀雀山漢墓竹簡《六韜·葆啓》"沇才（哉）！日不足","沇"爲"允"之借。

兖,兖水也。《釋名·釋州國》:"兖州,取兖水以爲名也。"按:此與《説文》近。

豫州

豫,序也。《爾雅·釋地》"河南曰豫州"疏引《元命苞》:"豫之言序也,言陽氣分布,各得其處,故其氣平静多序也。"按:"豫、序"右文、假借,《儀禮·鄉射禮》"豫則鈎楹内"注:"豫,《周禮》作'序',……今文'豫'爲'序'。"《禮記·祭義》"卿大夫序從"注:"序或爲豫。"

豫,舒也。《尚書·禹貢》"濟河惟兖州"疏引李巡云:"河南其性安舒,厥性寬豫,故曰豫,豫,舒也。"或訓"豫"爲"安豫",亦"舒"義。《釋名·釋州國》:"豫州,地在九州之中,京師東都所在,常安豫也。"按:"豫、舒"右文、假借,《尚書·洪範》"豫恒燠若"釋文:"豫,徐又音舒。"疏引鄭、王本"豫"作"舒",鄭云:"舉遲也。"

徐州

徐,舒也。《類聚》卷六引《元命苞》:"天弓星主司弓弩,流爲徐州,別爲魯國,徐之爲言舒也,言陰牧内,安詳也。"《晉書·地理志》引《元命苞》:"天氐流爲徐州,蓋取舒緩之義。"《尚書·禹貢》"濟河惟兖州"疏引李巡云:"淮海間其氣寬舒,稟性安徐,故曰徐,徐,舒也。"《釋名·釋州國》:"徐州,徐,舒也,土氣舒緩也。"按:"徐、舒"假借,如《左傳》哀公十四年"陳恒執公于舒州",《史記·齊太公世家》"舒州"作"徐州";《戰國策·齊策一》"楚威王戰勝於徐州”注：“徐州或作舒州。”

　　因徐丘而得名。《晉書·地理志》引《元命苞》：“或云因徐丘以立名。”

幽州

　　幽，要也，惡也。言人之性。《公羊傳》莊公十年“荆者何？州名也”疏引《爾雅·釋地》“燕曰幽州”，李巡云：“燕其意氣要，厥性僄疾，故曰幽，幽，惡也。”《爾雅·釋地》釋文引李巡云：“燕，其氣深要，厥性剽疾，故曰幽，幽，要也。”“要”蓋通“窈”。按：“幽、要”假借，《易·困卦》“入于幽谷”，馬王堆漢墓帛書本“幽”作“要”；北京大學藏西漢竹書《反淫》“卑（薜）離（荔）要惠（蕙）”，“要”爲“幽”之借。

　　幽，窈也。言其氣。《類聚》卷六引《元命苞》：“箕星散爲幽州，分爲燕國，幽之爲言窈也，言風出入窈冥，敏勁易曉，故其氣躁急。”按：“幽、窈”假借，《老子》二十一章“窈兮冥兮”，傅本“窈”作“幽”；《淮南子·道應》“窈兮冥兮”，《文子·道原》“窈”作“幽”；《淮南子·道應》“可以窈，可以明”，《文子·微明》“窈”作“幽”。

　　幽，幽冥也。《晉書·地理志》引《元命苞》：“箕星散爲幽州，分爲燕國，言北方太陰，故以幽冥爲號。”

　　幽，幽昧也。《釋名·釋州國》：“幽州，在北幽昧之地也。”

營州

　　營，平也。《公羊傳》莊公十年疏引《爾雅·釋地》“齊曰營州”李巡云：“齊其氣清舒，受性平均，故曰營，營，平也。”

　　營，營室也。《釋名·釋州國》：“齊衛之地，於天文屬營室，取其名也。”

并州

　　并，誠也，精舍交併也。《類聚》卷六引《元命苞》：“營室流爲并州，分爲衛國之鎮，立爲明山，并之爲言誠也，精舍交并，其氣勇抗誠信也。”《爾雅·釋地》“燕曰幽州”釋文引《元命苞》云：“并之言併也，陽合交并，其氣勇壯，抱誠信也。”按：“并、併”右文、假借，《禮記·王制》“輕任并”釋文：“并本又作併。”《禮記·祭義》“行肩而不併”，《孔子家語·正論解》“併”作“并”；《荀子·儒效》“并一而不二”注：“并讀爲併。”

并，兼併也。《釋名·釋州國》：“并州，并，兼并也，其州或并或設，故因以爲名也。”

益州

益，隘也。《類聚》卷六引《元命苞》：“觜參流爲益州，益之言隘也，謂物類并決，其氣急切決列也。”按：“益、隘”右文、假借，銀雀山漢墓竹簡《客主人分》“夫客犯益逾險而至”，“益”爲“隘”之借。

益，阸也。《晉書·地理志》引《元命苞》：“參伐流爲益州，益之爲言阸也，言其所在之地險阸也，亦曰疆壤益大，故以爲名焉。”《釋名·釋州國》：“益州，益，阸也，所在之地險阸也。”按：“阸、隘”通，“益、隘”右文、假借。

益，增益也。《御覽》卷一百六十六引應劭《地理風俗記》：“疆壤益廣，故號益州。”

交阯

交，交通也；阯，基阯。《後漢書·光武帝紀》“交阯牧鄧讓率七郡太守遣使奉貢”注引應劭《漢官儀》：“始開北方，遂交於南，爲子孫基阯也。”

朔方

朔，盡也。《爾雅·釋訓》“朔，北方也”疏引舍人曰：“朔，盡也，北方萬物盡，故言朔也。”按：“朔”爲月一日始蘇義，此月蘇即前月盡。

朔，蘇也。《尚書·堯典》“宅朔方”疏引李巡曰：“萬物盡於北方，蘇而復生，故言北方，是北稱朔也。”

塞

壅塞也。《古今事文類聚·別集》卷六引《風俗通》：“秦築長城，土皆紫色，謂之紫塞。……塞者，壅塞夷狄也。”

四塞

在四方爲蔽塞者。《禮記·明堂位》“四塞世告至”注：“四塞謂夷服、鎮服、蕃服、在四方爲蔽塞者。”

徼

繞也。《古今事文類聚·別集》卷六引《風俗通》：“南徼土色丹，謂之丹徼。……徼，繞也。”按：“徼、僥”通，《莊子·在宥》“此以人之國僥倖也”釋文：“僥字或作徼。”“僥、繞”右文。

墟

虛也。《風俗通·山澤》：“墟者，虛也。”按：“虛、墟”古今字，“虛”本爲大丘義，引申有空虛義。《風俗通》此下云：“郭氏，古之諸侯，善善不能用，惡惡不能去，故善人怨焉，惡人存焉，是以敗爲丘墟也。”

居也。《風俗通·山澤》：“今故廬居處高下者，亦名爲墟。”

里

止也。《御覽》卷一百五十七引《風俗通》：“里者，止也，五十家共居止也。”

道里也。《釋名·釋州國》：“五鄰爲里，居方一里之中也。”

伍

五也。《逸周書·大聚》：“五户爲伍。”《鶡冠子·王鈇》：“五家爲伍。”《管子·乘馬》：“五家而伍。”《釋名·釋州國》：“五家爲伍，以五爲名也。”按：“五、伍”右文。

甸

乘也。《禮記·郊特牲》“丘乘共粢盛”注：“四丘六十四井曰甸，或謂之乘，乘者，以於車賦出長轂一乘。”《釋名·釋州國》：“四丘爲甸，甸，乘也，出兵車一乘。”按：“甸、乘”假借，《周禮·地官·小司徒》“九夫爲井，四井爲邑，四邑爲丘，四丘爲甸，四甸爲縣，四縣爲都”注：“甸之言乘也，讀如衷甸之甸。”《周禮·地官·稍人》“掌令丘乘之政令”注：“四丘爲甸，甸讀與‘惟禹敶之’之敶同，其訓曰乘，由是改云。”

四海

海，晦也。《博物志》卷一引《尚書考靈曜》云：“七戎、六蠻、九夷、八狄，經總而言之，謂之四海，言皆近海，海之言晦昏無所睹也。”《御覽》卷三十六引《爾雅》“九夷八狄七戎六蠻謂之四海”舍人注：“晦冥無識，不可教晦①，故曰四海。”《爾雅·釋地》疏引孫炎曰：“海之言晦，晦闇於禮義也。”《禮記·曲禮下》“其在東夷北狄西戎南蠻，雖大曰子”疏引李巡注《爾雅》云：“四海遠於四荒，晦冥無形，不可教誨，故云四海也，海者，晦也，言其晦暗無知。”按：“海、晦”右文、假借，見《釋水》“海”條。

羌

羊也。《御覽》卷七百九十四引《風俗通》：“羌本西戎，卑賤者也，主牧羊，故‘羌’字從‘羊、人’，因以爲號。”《説文》羊部：“羌，西戎牧羊人也。”按：“羌、羊”右文。

氐

抵冒也。《御覽》卷七百九十四引《風俗通》：“氐言抵冒貪饕，至死好利。”按：“氐、抵”右文、假借，《史記·平準書》“天下大抵無慮皆鑄金錢”，《漢書·食貨志》“抵”作“氐”；《史記·大宛列傳》“大毂抵”，《漢書·張騫傳》“抵”作“氐”；《史記·酷吏列傳》“大抵盡靡爛獄中”，《漢書·酷吏傳》“抵”作“氐”。

猸

略也，薄也。《御覽》卷七百八十引《風俗通》：“猸者……略也，薄也，不知送往勞來，無宗廟粢盛，賦殿輕薄也。”②

貉

惡也。《説文》豸部引孔子曰：“貉之爲言惡也。”《白虎通·禮樂》：“言

---

① “晦”蓋“誨”之訛。

② “略”《御覽》卷七百八十引作“路”，卷七百九十九引《風俗通》：“猸者，略也，云無禮法。”據改。

貉,舉惡也。”

胡

互也。《御覽》卷七百九十九引《風俗通》:“胡者,謹按:《漢書》‘山戎之別種也’……胡者,互也,其被髮左袵,言語贅幣,事殊互也。”按:“胡、互”假借,《周禮·天官·鼈人》“掌取互物”注引鄭司農云:“互物,謂有甲萌胡,龜鼈之屬。”是先鄭以“胡”訓“互”也。

蠻

遠也。《白虎通·禮樂》:“言蠻,舉遠也。”

違也。《白虎通·禮樂》:“蠻者,執心違邪。”

慢也。《史記·夏本紀》“三百里蠻”集解引馬融注:“蠻,慢也。禮簡怠慢,來不距、去不禁。”《禮記·王制》疏引《風俗通》:“南方曰蠻者,君臣同川而浴,極爲簡慢,蠻者,慢也。”按:“蠻、曼”假借,左氏、穀梁《春秋》昭公十六年、哀公四年“戎蠻子”,公羊《春秋》作“戎曼子”。“曼、慢”右文、假借,馬王堆漢墓帛書《繫辭》“上曼下暴”、北京大學藏西漢竹書《周馴》“敬賢勿曼”、銀雀山漢墓竹簡《晏子·内問篇上》第二十、二十一“觀(歡)於新,曼乎故”,“曼”并“慢”之借。

緡也。《尚書·禹貢》“三百里蠻”疏引鄭云:“蠻者,聽從其俗,羈縻其人耳,故云蠻,蠻之言緡也。”疏云:“其意言蠻是緡也,緡是繩也,言蠻者,以繩束物之名,揆度文教,《論語》稱‘遠人不服,則修文德以來之’。”

夷

跠也,蹲義。《白虎通·禮樂》:“夷者,蹲也,言無禮儀。”[①]按:“夷”之訓“蹲”,蓋以“夷”通“跠”,跠,踞也,故訓爲“蹲”。

抵也。《白虎通·禮樂》:“夷者,抵也,言仁而好生,萬物抵地而出,故其性柔順,易以道禦。”(據劉師培説改)《禮記·王制》“東方曰夷”疏引《風俗通》

---

① “蹲也”“言無禮儀”盧本作“傳夷”“無禮儀”,今據《通典》《御覽》引改。

云：“東方人好生，萬物觚觸地而出。夷者，觚也。”

戎

強也。《白虎通·禮樂》：“戎者，強惡也。”

凶也。《禮記·王制》“西方曰戎”疏引《風俗通》：“斬伐殺生，不得其中，戎者，兇也。”

狄

易也。《白虎通·禮樂》：“狄者，易也，辟易無別也。”按：“狄、易”假借，《左傳》僖公十七年“易牙”，《大戴禮記·保傅》作“狄牙”；《史記·殷本紀》“簡狄”索隱：“舊本作易，易、狄音同。”嶽麓書院藏秦簡《爲吏治官及黔首》“術（求）狄之心不可長”，史傑鵬以“狄”爲“易”之借。（《嶽麓書院藏秦簡〈爲吏治官及黔首〉的幾個訓釋問題》）

辟也。《説文》犬部：“狄之爲言淫辟也。”《禮記·王制》“北方曰狄”疏引《風俗通》：“父子嫂叔，同穴無別。狄者，辟也，其行邪辟。”

僰

偪也。《禮記·王制》“西方曰棘”注：“棘當爲僰，僰之言偪，使之偪寄於夷戎。”

狄鞮

鞮，知也。《禮記·王制》“五方之民，言語不通，嗜欲不同，達其志，通其欲……西方曰狄鞮，北方曰譯”注：“鞮之言知也，今冀部有言狄鞮者。”

弘農

弘大農業也。《御覽》卷一百五十九引應劭《漢官儀》：“弘，大也，所以廣大農業也。”

酒泉

泉水如酒味也。《水經注·河水》引應劭《地理風俗記》：“酒泉，其水甘若酒味故也。”

張掖

張國臂掖也。《水經注·河水》引應劭《地理風俗記》："張掖,言張國臂掖以威羌狄。"

平陰縣

平伏陰戎也,平城之陰也。《水經注·河水》引應劭《地理風俗記》："河南平陰縣,故晉陰地,陰戎之所居。又曰,在平城之南,故曰平陰也。"

郁林郡

貢鬱者所居之郡也。《水經注·河水》引應劭《地理風俗記》曰:"《周禮》'鬱人掌祼器,凡祭醮賓客之祼事,和鬱鬯以實樽彝',鬱,芳草也,百草之華,煮以合釀黑黍,以降神者也。或説,今鬱金香是也。一曰,郁人所貢,因氏郡矣。"按:"郁、鬱"假借,左氏、穀梁《春秋》昭公二十四年"杞伯郁釐卒",公羊《春秋》作"鬱釐";《史記·陳杞世家》"弟平公鬱立"索隱:"一作郁釐。譙周云:'名郁來。'蓋鬱郁、釐來并聲相近,遂不同耳。"

柏人

迫於人也。《史記·張耳陳餘列傳》、《漢書·高帝紀》《張耳陳餘傳》并云:"柏人者,迫於人也。"按:"柏、迫"右文、假借,見《釋草木》"柏"條。

曲阜

曲,委曲也;阜,茂也。《風俗通·山澤》:"《春秋左氏傳》魯公伯禽宅曲阜之地。阜者,茂也,言平地隆踊,不屬於山陵也。今曲阜在魯城中,委曲長七八里。"

附庸

附,依附也;庸,通也。《公羊傳》隱公元年"君之始年也"注"君,魯侯,隱公也",疏引《春秋説》:"庸者,通也,官小德微,附於大國以名通,若畢星之有附耳。"《白虎通·爵》:"附庸者,附大國以名通也。"《孟子·萬章下》"不能五十里,不達於天子,附於諸侯,曰附庸"注:"小者不能特達於天子,因大國以名通,曰附庸也。"《禮記·王制》"不能五十里者,不合於天子,附於諸侯曰附庸”注：“小城曰附庸，附庸者，以國事附於大國，未能以其名通也。”按：“庸、通”右文。

魏

巍巍也。《史記·晉世家》“萬，盈數也，魏，大名也”，集解引服虔《左傳》閔公元年“萬，盈數也，魏，大名也”注：“數從一至萬爲滿，魏喻巍，巍，高大也。”按：“魏、巍”右文、假借，《孟子·盡心下》“勿視其魏魏然”（音義本），音義：“魏，丁云：‘當作巍。’”銀雀山漢墓竹簡《孫子兵法·吳問》“韓巍爲次”，“巍”爲“魏”之借；《隸釋》卷十六《武梁祠畫像》“巍湯□”，洪适云：“巍即魏字。”

華離

佹邪離絶也。《周禮·夏官·形方氏》“形方氏掌制邦國之地域，而正其封疆，無有華離之地”注：“華讀爲‘佹哨’之佹，正之使不佹邪離絶。”疏：“王者地有佹斜離絶，遞相侵入不正，故今正之。佹者，兩頭寬，中狹；邪者，謂一頭寬，一頭狹。云‘佹哨之佹’者，投壺禮，主人云‘枉矢哨壺’，哨是不正之義，故讀從之。”

郊

因岐山以名之也。《説文》邑部：“郊，周文王所封，在右扶風美陽中水鄉。……因岐山以名之也。”

邠

因豳山以名之也。《説文》邑部：“邠，周太王國，在右扶風美陽。……民俗以夜市，有豳山。”

邙

因北亡山以名之也。《説文》邑部：“邙，河南洛陽北亡山上邑。”按：“邙、亡”右文。

邶

北也。《説文》邑部：“邶，故商邑，自河内朝歌以北是也。”按：“邶、北”

右文。

郟

甫也。《説文》邑部：“郟，炎帝太嶽之胤，甫侯所封，在潁川。”

丹穴

丹，丹紅也。《御覽》卷三十六引《爾雅·釋地》“距齊州以南戴日爲丹穴”舍人注：“自中州以南，日光所照，故曰丹穴。”

釋爵秩第十八

爵

醮也，盡也。《左傳》隱公元年“未王命，故不書爵”疏引服虔注：“爵者，醮也。所以醮盡其材也。”《公羊傳》成公八年“其稱天子何”注“天子者爵稱也”疏引《辨名記》云：“爵者，醮也，所以醮盡其材。”按：“醮”爲“醮”之借。《白虎通·爵》：“爵者，盡也，各量其職，盡其才也。”《禮記·王制》“王者之制祿爵”疏引熊氏以“醮盡其才而用之，故《白虎通》云‘爵者，盡也，所以盡人才’是也”。

君

群也。《荀子·王制》：“君者，善群也。”《逸周書·太子晉》云：“侯能成群謂之君。”《吕氏春秋·恃君》：“利之出於群也，君道立也。故君道立則利出於群，而人備可完矣。”《春秋繁露·深察名號》：“君者，群也。”又《滅國》：“君者，不失其群者也。”《新書·大政下》：“君者，群也。”《韓詩外傳》卷五：“君者，何也？曰：群也。能群天下萬物而除其害者，謂之君。”《南齊書·志第十》引《孝經鉤命決》：“君者，群也。”《白虎通·號》：“君之爲言群也。”又《三綱六紀》：“君者，群也，群下之所歸心也。”《漢書·刑法志》：“從之成群是爲君矣。”按：“君、群”右文。

儀也，槃也，原(源) 也。《荀子·君道》：“君者，儀也。”“君者，槃也。”“君者，民之原也。”《韓詩外傳》卷五：“君者，民之源也。”

元也，原也，權也，温也。《春秋繁露·深察名號》："君者，元也；君者，原也；君者，權也；君者，温也。"

道也。《新書·大政下》："君之爲言也道也，故君也者，道之所出也。"

尊也。《説文》口部："君，尊也。"

臣

繵也，堅也。《御覽》卷六百二十一引《孝經説》："臣者，堅也。守節明度，修義奉職也。"《白虎通·三綱六紀》："臣者，繵也，堅也，屬志自堅固也。"（據劉師培説改）按："臣、堅"右文。

牽也。《説文》臣部："臣，牽也，事君者，象屈服之形。"（段本）

慎也。《御覽》卷六百二十一引韋昭《釋名》："臣，慎也，慎於其事，以奉上也。"

天王

天下之所歸往也。《獨斷》卷上："天王，諸夏之所稱，天下之所歸往，故稱天王。"

天家

以天下爲家也。《獨斷》卷上："天家，百官小吏之所稱，天子無外，以天下爲家，故稱天家。"

天子

天之子也。《春秋繁露·郊祭》："天子號天之子也。"《御覽》卷七十六引《易緯》："天子者，繼天治物，改政一統，各得其宜，父天母地，以養生人，至尊之號也。"《白虎通·爵》："爵所以稱天子者何？王者父天母地，爲天之子也。"《説文》女部："姓，人所生也。古之神聖母，感天而生子，故稱天子。"《公羊傳》成公八年"其稱天子何"注："天子者，爵稱也，聖人受命皆天所生，故謂之天子。"《獨斷》卷上："天子，夷狄之所稱，父天母地，故稱天子。"

代天子養萬民也。《禮記·曲禮下》："君天下曰天子。"《吕氏春秋·本生》："能養天之所生而勿攖之，謂天之子也。"

主祭於天，如天之子也。《大戴禮記·誥志》：“主祭于天曰天子。”

天子愛之也。《春秋繁露·順命》：“皇天右而子之，號稱天子。”《御覽》卷七十六引《春秋保乾圖》：“天子……天愛之、子之也。”

孟侯

孟，迎也；侯，諸侯也。《詩·豳譜》疏引《書傳·略説》：“天子太子年十八曰孟侯，孟侯者，於四方諸侯來朝迎於郊。”注：“孟，迎也。”

公

公正也。《公羊傳》隱公元年“君之始年也”注“君，魯侯，隱公也”，疏引《春秋説》云：“公之言公，公正無私。”《書鈔》卷五十引韋昭《辨釋名》：“辨云：公猶直也，取其正直無私也，故公字從公。”

公平也。《禮記·王制》“公侯伯子男，凡五等”疏引《元命苞》云：“公者爲言平也，公平正直。”

通也。《白虎通·爵》：“公者，通也，公正無私之意也。”

正也。《孝經·孝治章》“而况于公侯伯子男乎”疏引舊解云：“公者，正也，言正行其事。”按：“舊解”《序》疏引作《白虎通》。

貢也。《書鈔》卷五十引韋昭《辨釋名》引時人云：“公，貢也，才德兼於人，人咸貢薦於上而王而用之也。”

侯

候也，斥候也。《尚書·禹貢》“五百里侯服”傳：“侯，候也，斥候而服事。”按：“侯、候”右文、假借，《周禮·春官·小祝》“將事侯禳禱祠之祝號”注：“侯之言候也。”銀雀山漢墓竹簡《三十時》“侯燕始下，可以鼓舞”，“侯”爲“候”之借；睡虎地秦墓竹簡《法律答問》“者（諸）候客節（即）來使入秦”，“候”爲“侯”之借。

候也，迎候也。《公羊傳》隱公元年“君之始年也”注“君，魯侯，隱公也”，疏引《春秋説》：“侯之言候，候逆順，兼伺候王命矣。”《類聚》卷五十一引《援神契》：“侯，候也，所以守蕃也。”《春秋繁露·深察名號》：“號爲諸侯者，宜謹視所候奉之天子也。”《白虎通·爵》：“侯者，候也，候逆順也。”《獨斷》卷上：“侯者，候也，候逆順也。”

伯

白也。《禮記·王制》“公侯伯子男，凡五等”疏引《元命苞》：“伯之爲言白也，明白於德也。”《御覽》卷一百九十九引《援神契》：“伯，白也。”《白虎通·爵》：“伯者，白也。”《獨斷》卷上：“伯者，白也。明白於德。”按：“伯、白”右文、假借，《左傳》定公四年“伯州犁之孫嚭”，《吳越春秋·闔閭內傳四》“伯”作“白”；上海博物館藏戰國楚竹書《吳命》“亦佳（唯）吳白父”、清華大學藏戰國竹簡《繫年第一章》“鼻（共）白和歸于宋”，“白”并“伯”之借。

子

孳（滋）也。《禮記·王制》“公侯伯子男，凡五等”疏引《元命苞》：“子者，孳恩宣德。”[1]《白虎通·爵》：“子者，孳也，孳孳無已也。”《獨斷》卷上：“子者，滋也，奉天王之恩德。”按：“子、孳”右文，“子、滋”假借，詳《釋天》“子”。

字也。《孝經·孝治章》“而況于公侯伯子男乎”疏引舊解云：“子者，字也，言字愛於小人也。”此“舊解”《序》疏引作《白虎通》：“子者，字也，常行字愛於人也。”按：“子、字”右文、假借，《尚書·益稷》“啓呱呱而泣，予弗子，惟荒度土功”，《列子·說符》作“禹惟荒度土功，子產弗字”；張家山漢簡《二年律令·雜律》“吏六百石以上及宦皇帝，而敢字貸錢財者，免之”，“字”爲“子”之借（張家山漢簡研讀班《張家山漢簡〈二年律令〉校讀記》）。

男

任也。《尚書·禹貢》“二百里男邦”傳：“男，任也，任王者事。”《禮記·王制》“公侯伯子男，凡五等”疏引《元命苞》：“男者，任功立業。”《白虎通·爵》：“男者，任也。”《獨斷》卷上：“男者，任也，立功業以化民。”按：“男、

---

① “孳”本訛“奉”，據《公羊傳·隱公元年》疏引正。

任"假借,詳《釋親屬》"男"條。

公

公正也。《白虎通·爵》:"公之爲言公正無私也。"按: 此爲公卿之公,有別於上公侯之公。

卿

章(彰)也。《白虎通·爵》:"卿之爲言章也,章善明理也。"《説文》卯部:"卿,章也。"《書鈔》卷五十三引應劭《漢官儀》云:"卿,彰也,明也,言當背邪向正,彰有道德。"《初學記》卷十二引《釋名》云:"卿,章也,言貴盛章著也。"

向也。《韵會·庚韵》引《白虎通》:"卿,嚮也,言爲人所歸嚮也。"按:"向、嚮"古今字,"卿、向"假借,郭店楚墓竹簡《緇衣》"毋以卑(嬖)士息(疾)夫夫(大夫)、卿事(士)",上海博物館藏戰國楚竹書《緇衣》"卿"作"向"。

慶也。《書鈔》卷五十三引韋昭《辨釋名》云:"卿,慶也,言萬國皆慶賴之也。"按:"卿、慶"假借,《戰國策·燕策三》"慶秦",《史記·燕召公世家》作"卿秦";《史記·項羽本紀》"號爲卿子冠軍"集解引徐廣曰:"一作慶。"北京大學藏西漢竹書《揗輿》"子、丑,慶李(理)也","慶"爲"卿"之借。

大夫

大於匹夫之義也。《春秋繁露·深察名號》:"號爲大夫者,宜厚其忠信,敦其禮義,使善大於匹夫之義,足以化也。"

大扶也。《白虎通·爵》:"大夫之爲言大扶,扶進人者也。"按:"夫、扶"右文、假借,見《釋親屬》"夫"。

士

事也。《白虎通·爵》:"士者,事也,任事之稱也。"《尚書·牧誓》"是以爲大夫卿士"傳:"士,事也。"《春秋繁露·深察名號》:"士者,事也。……士不及化,可使守事從上而已。"《詩·鄭風·褰裳》"豈無他士"、《小雅·祈父》"予王之爪士"傳并云:"士,事也。"又《小雅·北山》"偕偕士子"傳:"士子,有王事者也。"《魏風·園有桃》"謂我士也驕"箋:"士,事也。"《説文》士部:"士,事也。"按:"士、事"假借,《荀子·致士》"士其刑賞而還與之"注:"士當爲事。"馬王堆漢墓帛書《五行·説》"知而弗士,未可胃(謂)尊賢也"、北京大學藏西漢竹書《妄稽》"壹接周春,無所用士","士"并"事"之借。

百姓

百官族姓也。《詩·小雅·天保》:"群黎百姓,徧爲爾德。"毛傳:"百姓,百官族姓也。"《潛夫論·志氏姓》:"傳稱民之徹官百,王公之子弟千,世能聽其官者而物賜之姓,是謂百姓。"

冢宰

冢,大也;宰,制也。《白虎通·爵》:"所以名之爲冢宰何? 冢者,大也;宰者,制也:大制事也。"《白虎通·諫諍》:"謂之宰何? 宰,制也,使制法度也。"《尚書·周官》"冢宰掌邦治"疏引馬融云:"冢,大也;宰,治也;大治者,兼萬事之名也。"引鄭玄云:"變冢言大,進退異名也。"

丞相

丞,承也;相者,輔相也。《類聚》卷四十五引《風俗通》:"丞者,承也;相者,助也。"按:"丞、承"假借,《禮記·文王世子》"有疑丞",《尚書·益稷》疏引"丞"作"承";《楚辭·天問》"後兹承輔"《考異》:"承一作丞。"《史記·淮南衡山列傳》"以承輔天子",《漢書·淮南衡山濟北王傳》"承"作"丞"。

牧

牧養也。《白虎通·封公侯》:"唐虞謂之牧何? 尚質,使大夫往來牧視諸侯,故謂之牧。"

司空

司,司理也;空,空土也。《尚書·洪範》"四曰司空"傳:"主空土以居民。"《史記·宋微子世家》"四曰司空"集解引馬融曰:"司空,掌營城郭,主空土以居民。"按:孔穎達以空土爲無屬之土,《詩·大雅·緜》疏:"以其政亂，故有空土。公劉大王得擇地而遷焉。且古者有附庸、閒田，或可先是閒處也。”

司馬

　　司，司理也；馬，武也。《周禮·夏官·司馬》鄭玄《目録》：“馬者，武也，言爲武者也。”《吕氏春秋·勿躬》“請置以爲大司馬”注：“司馬，主武之官也。”《漢書·王莽傳》“司馬典致武應”注引張晏曰：“司馬主武。”《漢書·百官公卿表》“初置大司馬”注引應劭曰：“司馬，主武也，諸武官亦以爲號。”《御覽》卷二百九引韋昭《辨釋名》曰：“大司馬，馬，武也，大總武事也，大司馬掌軍，古者兵車，一車四馬，故以馬名官。”

　　馬，馬匹也。《國語·周語中》“司馬陳芻”注：“司馬掌帥圉人養馬。”

司徒

　　司，司理也；徒，徒衆也。《尚書·洪範》“五曰司徒”傳：“主徒衆，教以禮義。”《周禮·地官·司徒》鄭玄《目録》：“司徒主衆徒。”又《小司徒》“以司徒之大旗”注：“司徒，致衆庶者。”《國語·周語上》“司徒協旅”注：“司徒，掌合師旅之衆。”

司寇

　　司，司理也；寇，爲寇害者。《史記·宋微子世家》“六曰司寇”集解引馬融曰：“主誅寇害。”

司儀

　　司，司理也；儀，儀禮也。《周禮·秋官·司儀》：“司儀，掌九儀之賓客擯相之禮。”

司禄

　　司，司理也；禄，俸禄也。《周禮·地官·序官》“司禄”注：“主班禄。”

司書

　　司，司理也；書，簿書也。《周禮·天官·序官》“司書”注：“司書，主計會之簿書。”

尚書

尚，上也。《御覽》卷二百一十二引韋昭《辨釋名》引時人云："尚，上也，言最在上，總領之也。"

尚，在上也，奉上也。《御覽》卷二百一十二引韋昭《辨釋名》："辨云：尚猶奉也，百官言事，當省案平處奉之，故曰尚書。尚食、尚方亦然。"

御史中丞

中丞，居中丞相者也。《御覽》卷二百二十五引韋昭《辨釋名》引時人云："御史中丞，居中丞相者也。"

中丞，居殿中之丞也。《御覽》卷二百二十五引韋昭《辨釋名》："辨云：此中丞，自御史大夫下，丞有二，其一別居殿中，舉不法，故曰中丞。"

鴻臚

臚，如肥臚也。《御覽》卷二百三十二引韋昭《辨釋名》引時人云："腹前肥者臚，言以京師爲心腹，王侯外國爲四體以養之也。"

鴻，鴻大也；臚，臚陳也。《御覽》卷二百三十二引韋昭《辨釋名》曰："辨云：鴻臚本故典客掌賓禮，鴻，大也；臚，陳序也。欲以大禮陳序賓客也。"

平準令

平，均平也；準，準的也。《御覽》卷二百三十二引韋昭《辨釋名》引時人云："平準令主染色，色有常平之法準的之也。"

平，平物價；準，依準也。《御覽》卷二百三十二引韋昭《辨釋名》："辨云：主平物價，使相依準。"

祭酒

祭六神以酒釂之也。《御覽》卷二百三十六引韋昭《辨釋名》引時人云："祭酒者，謂祭六神以酒釂之也。"

宴饗先用酒以祭先人也。《御覽》卷二百三十六引韋昭《辨釋名》："辨云：凡會同饗讌必尊長，先用酒以祭先，故曰祭酒。漢時吳王年長，以爲劉氏祭酒是也。"

奉車都尉

奉車，奉天子之車也。《御覽》卷二百四十一引韋昭《辨釋名》引時人云：“奉車都尉，奉天子乘輿。”

諱言主而言奉，侍奉也。《御覽》卷二百四十一引韋昭《辨釋名》：“辨云：奉車都尉主乘輿乘車，尊不敢言主，故言奉。”

長水校尉

長水，長於水戰也。《御覽》卷二百四十二引《釋名》曰：“長水校尉，長於水戰用船之事。”

以其厩近水故名。《御覽》卷二百四十二引《釋名》韋昭辨云：“長水校尉典胡騎，不主水戰也，其厩近水，故以爲名。”

尉

尉（慰）也。《緯書集成·元命苞》：“王者置廷尉，讞疑，刑，官之平，下之信也。尉者，尉民心，撫其實也，故立字士垂一人，詰屈折著爲廷尉，示載尸首，以寸者爲言寸度，治法數之分，示惟尸稽于寸，舍則法有分，故爲尉：示與尸寸。”宋均注：“士，事也；垂，系也；尸，人死也；人死不可無，乃戴之者，示天下不可無死也。”《史記·高祖本紀》“太尉周勃道太原入定代地”集解引應劭曰：“自上安下曰尉，武官悉以爲稱。”《御覽》卷二百三十一引韋昭《辨釋名》引時人曰：“廷尉、縣尉，皆古尉也，以尉尉人也，凡掌賊及司察之官皆曰尉。”按：“尉、慰”古今字。

罰也。《御覽》卷二百三十一引韋昭《辨釋名》云：“尉，罰也，言以罪罰姦非也。”

皁

造也。《左傳》昭公七年“士臣皁”疏引服虔云：“皁，造也，造成事也。”按：“皁、造”假借，《爾雅·釋水》“天子造舟”釋文：“造或作皁。”

輿

舁也，衆義。《左傳》昭公七年“皁臣輿”疏引服虔云：“輿，衆也，佐皁舉衆事也。”按：此以“輿”爲“舁”，“舁”，共舉也，因有衆義。

隸

隸屬也。《左傳》昭公七年“輿臣隸”疏引服虔云：“隸，隸屬於吏也。”

僚

勞也。《左傳》昭公七年“隸臣僚”疏引服虔云：“僚，勞也，共勞事也。”

吏

理也。《新書·大政下》：“吏之爲言理也，故吏也者，理之所出也。”《漢書·王莽傳》：“夫吏者，理也。”按：“吏、理”假借，銀雀山漢墓竹簡《君臣問答·十問》“理强梁（糧）逮（接），諸侯莫之或侍（待）”，“理”爲“吏”之借。

治也。《説文》一部：“吏，治人者也。”《漢書·惠帝紀》：“吏所以治民也。”《後漢書·百官志》注引《太公陰符》：“吏者，治也。”《類聚》卷五十四引《風俗通》：“夫吏者，治也。”

甸祝

甸，田也，田狩之祝也。《周禮·春官·序官》“甸祝”注：“甸之言田也，田狩之祝。”按：“甸、田”假借，《周禮·春官·小宗伯》“若大甸”注：“甸讀曰田。”《周禮·春官·司服》“凡甸冠弁服”，《吕氏春秋·季秋紀》注引“甸”作“田”。

象胥

象，象似也；胥，諝也。《周禮·秋官·大行人》“七歲屬象胥”注：“鄭司農云：‘象胥，譯官也。’玄謂胥讀爲諝，《王制》曰：‘五方之民，言語不通，嗜慾不同，達其志，通其慾，東方曰寄，南方曰象，四方曰狄鞮，北方曰譯。’此官正爲象者，周始有越重譯而來獻，是因通言語之官爲象胥，云諝，謂象之有才知者也。”按：此以周始與南方通，故以“象胥”爲通語。又，“胥、諝”右文、假借，《周禮·天官·冢宰》“胥十有二人”注：“胥讀如諝。”

槀人

槀，犒也。《周禮·地官·序官》“槀人”注引鄭司農云：“槀讀爲犒師之犒，主冗食者，故謂之犒。"按：冗食爲散吏之食，《周禮·地官·犒人》："掌共外内朝冗食者之食。"孫詒讓正義："冗，散也。外内朝上直諸吏，謂之冗吏，亦曰散吏。以上直不歸家食，犒人供之，因名冗食者。""槀、犒"右文、假借，詳《釋飲食》"犒"條。

嗇夫

嗇，省嗇也；夫，賦也。《通典》卷三十三引《風俗通》："嗇者，省也；夫，賦也。言當消息百姓，均其賦役。"按：此嗇夫爲掌幣之吏，《儀禮·覲禮》"嗇夫承命"注："嗇夫，蓋司空之屬也。"《漢書·五行志》引《左傳》"嗇夫馳，庶人走"，説云："嗇夫掌幣吏，庶人其徒役也。"別於《釋草木》之"嗇夫"。

虎賁

如虎之奔也。《御覽》卷二百四十一引應劭《漢官儀》："虎賁中郎將，古官也，《書》稱武王伐紂，戎車三百兩，虎賁三百人，擒紂於牧之野，言其猛怒如虎之奔赴。"《風俗通·正失》："《尚書》武王戎車三百兩，虎賁三千人，擒紂於牧野，言猛怒如虎之奔赴也。"按："賁、奔"右文、假借，《詩·鄘風》"鶉之奔奔"，《左傳》襄公二十七年引"奔奔"作"賁賁"；《禮記·射儀》"賁軍之將"，《詩·大雅·行葦》"序賓以賢"傳引"賁"作"奔"；《戰國策·秦策三》"奔育之勇焉而死"，《史記·范雎蔡澤列傳》"奔"作"孟賁"。

如虎賁獸也。《尚書·牧誓》"虎賁三百人"傳："勇士稱也，若虎賁獸，言其猛也，皆百夫長。"

羽林

爲國羽翼，如林之盛也。《御覽》卷二百四十二引應劭《漢官儀》："羽林者，言其爲國羽翼，如林盛也。"

嚴郎

嚴，嚴屬也。《御覽》卷二百四十二引應劭《漢官儀》："羽林者……一名爲嚴郎，言其禦侮嚴屬。"

督郵

督，監督也；郵，郵遞也。《御覽》卷第二百五十三引韋昭《辨釋名》引時人云："督郵，主諸縣罰以負郵，殷糾攝之也。"

督，監督也；郵，過也。《文選·馬融〈長笛賦〉》李善注引韋昭《辨釋名》："督郵，書掾者，郵，過也，此官不自造書，主督上官所下所過之書也。"

曹

群曹也。《御覽》卷二百六十四引韋昭《辨釋名》："曹，群也。功曹，吏所群聚。戶曹，民所群聚也。其他皆然。"按：此以"曹"如字，引申有群義。

主簿

主諸簿書也，簿，普也。《御覽》卷二百六十五引韋昭《辨釋名》："主簿，主諸簿書，簿，普也，普關諸事。"

五百

百，陌也。《後漢書·宦者列傳》"越騎營五百妻有美色"注引韋昭《辨釋名》："五百，字本爲伍伯，伍，當也，伯，道也，使之導引當道陌中，以驅除也。"[①]

方士

方，四方也。《周禮·秋官·序官》"方士：中士十有六人"注："方士，主四方都家之獄者。"

掌故

主掌故事也。《史記·袁盎鼂錯列傳》"以文學爲太常掌故"集解引應劭曰："掌故，百石吏，主故事。"

女祝

女奴曉祝事者。《周禮·天官·序官》"女祝四人"注："女祝，女奴曉祝事者。"

女漿

女奴曉漿者。《周禮·天官·序官》"女漿十有五人"注："女漿，女奴曉漿者。"

---

① "伍伯"之"伯"字本脱，據《通典》卷三十三引增。按："伯"蓋"陌"字之訛。此尚多脱誤。

女幂

女奴曉幂者。《周禮·天官·序官》“女幂十人”注：“女幂，女奴曉幂者。”

女醢

女奴曉醢者。《周禮·天官·序官》“女醢二十人”注：“女醢，女奴之曉醢者。”

女醯

女奴曉醯者。《周禮·天官·序官》“女醯二十人”注：“女醯，女奴曉醯者。”

女鹽

女奴曉鹽者。《周禮·天官·序官》“女鹽二十人”注：“女鹽，女奴曉鹽者。”

女籩

女奴曉籩者。《周禮·天官·序官》“女籩十人”注：“女籩，女奴之曉籩者。”

女舂抌

女奴能舂與抌者。《周禮·地官·序官》“女舂抌二人”注：“女舂抌，女奴能舂與抌者。”

女酒

女奴曉酒者。《周禮·天官·序官》“女酒三十人”注：“女酒，女奴曉酒者。”

牛人

牧公家之牛者。《周禮·地官·序官》“牛人”注：“主牧公家之牛者。”

旅人

旅食之人也。《儀禮·公食大夫禮》“旅人南面加匕于鼎，退”注：“旅人，雍人之屬，旅食者也。”按：《儀禮·燕禮》“尊士旅食于門西”注：“旅，衆也,士衆食,謂未得正禄,所謂庶人在官者也。”

稍人

自稍以出者。《周禮·地官·序官》“稍人”注:“主爲縣師令都鄙丘甸之政也,距王城三百里曰稍,家邑、小都、大都,自稍以出焉。”

歔（漁）征

漁者之徵也。《周禮·天官·歔人》“凡歔征入於玉府”注引鄭司農云:“漁征,漁者之租税,漁人主收之,入于玉府。”按:“征”爲“徵”之借。

舟牧

牧守舟船之官也。《禮記·月令》“命舟牧覆舟,五覆五反”注:“舟牧,主舟之官也。”

量人

掌量道巷塗數者。《儀禮·大射儀》“司馬命量人量侯道”注:“量人,司馬之屬,掌量道巷塗數者。”

遂人

主六遂者。《周禮·地官·序官》“遂人”注:“遂人,主六遂,若司徒之於六鄉也。……鄭司農云:遂,謂王國百里外。”

遂士

主六遂之獄之士官也。《周禮·秋官·序官》“遂士”注:“主六遂之獄者。”

三老

老,考也。《白虎通·鄉射》:“老者,壽考也,欲言所令者多也。”

老,久也,舊也,壽也。《獨斷》卷上:“三老,老謂久也,舊也,壽也。”

五更

更,更歷也。《白虎通·鄉射》:“更者,更也,所更歷者衆也。”

更,更改也。《獨斷》卷上:“更者,長也,更相代至五也,能以善道改更已也。”

后

後也。《白虎通·嫁娶》："天子之妃謂之后何？后者，君也。天子妃至尊，故謂后也。明配至尊，爲海内小君，天下尊之，故系王言之曰王后也。"按：此無訓釋詞，實以先後之"後"字爲訓。《禮記·曲禮下》"天子之妃曰后"注："后之言後也。"《釋名·釋親屬》："天子之妃曰后，后，後也，言在後，不敢以副言也。"《獨斷》卷上："天子之妃曰后，后之言後也。"按："后、後"假借，《儀禮·鄉射禮》"而后下射射"注："古文而后作後。"《禮記·檀弓下》"故至於祖考之廟而后行"，《周禮·春官·喪祝》注引"后"作"後"；《禮記·曾子問》"壻弗取而后嫁之"《白虎通·嫁娶》引"后"作"後"。

長秋

秋，秋成也。《書鈔》卷五十四引《辨釋名》引時人説："長秋自皇后官，非天子卿。釋云：長秋主宮中，凡物次春生秋成，欲使宮中之祚如之，故爲名。"

秋，秋陰也。《書鈔》卷五十四引《辨釋名》："辨云：皇后，陰官，秋者陰之始，取其名，長者，欲其久也。"

夫人

夫，扶也，扶進八妾者。《白虎通·嫁娶》："國君之妻稱之曰夫人何？明當扶進八人，謂八妾也。"[①]按："夫、扶"右文、假借，見《釋親屬》"夫"條。

夫，扶也，扶成人君之德者。《禮記·曲禮下》"諸侯曰夫人"注："夫之言扶。"《獨斷》卷上："諸侯之妃曰夫人，夫人之言扶也。"《左傳》隱公元年"惠公元妃孟子"疏："鄭玄以爲'夫之言扶'，言能扶成人君之德也。"《釋名·釋親屬》："諸侯之妃曰夫人，夫，扶也，扶助其君也。"

夫，扶也，以禮自扶者。《文選·潘岳〈閑居賦〉》"太夫人乃御版輿、升輕軒"李善注："《禮記》曰：'諸侯曰夫人。'注：'夫之言扶也。'言能以禮自扶。"

---

① "八人"盧本誤"夫人"，"八妾"盧本誤"非妾"，今從陳立《疏證》本。

外命婦

先命其夫，後命其婦，故曰外；命，恩命也。《周禮·天官·内宰》"佐后使治外内命婦"注引鄭司農云："外命婦，卿大夫之妻，王命其夫，後命其婦。"

孺人

孺，屬也。《禮記·曲禮下》"大夫曰孺人"注："孺之言屬。"疏："大夫曰孺人者，孺，屬也，言其爲親屬。"《獨斷》卷上："大夫曰孺人，孺之言屬也。"

齊民

齊等之民也。《莊子·漁父》"下以化於齊民"釋文引許慎云："齊等之民也。"《史記·平準書》"齊民無藏蓋"集解引如淳曰："齊等無有貴賤，故謂之齊民，若今言平民矣。"

齊於凡民也。《淮南子·俶真》"又況齊民乎"注："齊民，凡民，齊於民也。"又《原道》"此齊民之所以淫泆流湎"注："齊於凡民，故曰齊民。"

民

瞑也，冥也。《春秋繁露·深察名號》："民者，瞑也。""民之號，取之瞑也。""民之爲言固猶瞑也。"《詩·大雅·靈臺·序》"靈臺，民始附也"箋："民者，冥也。"疏以"民者，冥也"爲《援神契》文。《禮記·緇衣》"苗民匪用命"疏引鄭注《吕刑》云："民者，冥也，言未見仁道。"《論語·泰伯》"民可使由之"鄭玄注："民者，冥也。"（敦煌寫本《論語鄭氏注》殘卷 P.2510）按："瞑"俗作"眠"，是部件假借。

萌也，盲也。《新書·大政下》："民爲言也，萌也；萌之爲言也，盲也。故惟上之所扶而以之，民無不化也，故曰民萌，民萌哉，直言其意而爲之名也。"《説文》民部："民，衆萌也。"按："民、甿"通，《周禮·地官·遂人》"以彊予任甿"，《詩·周頌·載芟》"侯彊侯以"箋引"甿"作"民"。"甿、萌"假借，《周禮·地官·遂人》"以興耡利甿"，《説文》耒部引"甿"作"萌"；《史記·三王世家》"加以姦巧邊萌"，《漢書·燕刺王旦傳》"萌"作"甿"；《漢書·陳勝項籍傳》"甿隷之人"注引如淳曰："甿，古文萌字。"

旽

懵懵也。《周禮·地官·遂人》"以下劑致旽"注："變民言旽,異外内也,旽猶懵懵無知貌也。"

窮民

窮而無告之民也。《周禮·秋官·大司寇》"以肺石遠窮民"注："窮民,天民之窮而無告者。"按:《禮記·王制》："少而無父者謂之孤,老而無子者謂之獨,老而無妻者謂之矜,老而無夫者謂之寡,此四者,天民之窮而無告者也。"

商

商度也。《白虎通·商賈》："商之爲言商也,商其遠近,度其有亡,通四方之物,故謂之商也。"

賈

固也。《白虎通·商賈》："賈之爲言固也,固其有用之物,以待民來,以求其利者也。"按："賈、固"假借,張家山漢簡《引書》"印(抑)頤,引之,而賈箸(著)少腹及股郄(膝)","賈"爲"固"之借。

五雉

雉,夷也。《左傳》昭公十七年"五雉爲五工正,利器用正度量夷民者也"疏引樊光、服虔云："雉者,夷也,夷,平也,使度量器用平也。"按："雉、夷"假借,《文選·楊雄〈甘泉賦〉》"列新雉於林薄"服虔注："雉、夷聲相近。"馬王堆漢墓帛書《五十二病方·癃》"薪雉"、北京大學藏西漢竹書《反淫》"新雉",并即辛夷。

聘

問也。《禮記·曲禮下》："諸侯使大夫問於諸侯曰聘。"《荀子·大略》："聘,問也。"《白虎通·闕文》："聘者,問也,緣臣子欲知其君父無恙,又當奉土地所生珍物以助祭,是以皆得行聘問之禮也。"《春秋》隱公七年"齊侯使其弟年來聘",《公羊傳》注："聘者,問也。"《儀禮·聘禮》疏引鄭玄《目錄》:

"大問曰聘，諸侯相於久無事，使卿相問之禮。"《詩·大雅·緜》"亦不隕厥問"箋："小聘曰問。"《禮記·經解》"聘問之禮"注："小聘曰問。"

朝

朝也。《周禮·春官·大宗伯》"春見曰朝"注："朝猶朝也，欲其來之早。"《白虎通·闕文》："謂之朝何？朝者，見也，五年一朝，備文德而明禮義也。因用朝時見，故謂之朝，言諸侯當時朝于天子。"按：此以朝夕之"朝"訓朝聘之"朝"。

宗

尊也。《周禮·春官·大宗伯》"夏見曰宗"注："宗，尊也，欲其尊王。"按："宗、尊"假借，見《釋親屬》"宗"條。

覲

勤也。《周禮·春官·大宗伯》"秋見曰覲"注："覲之言勤也，欲其勤王之事。"按："覲、勤"右文、假借，《尚書·立政》"以覲文王之耿光"，《尚書大傳·洛誥》引"覲"作"勤"。

遇

偶也。《周禮·春官·大宗伯》"冬見曰遇"注："遇，偶也，欲其若不期而俱至。"按："遇、偶"右文、假借，《史記·佞幸列傳》"善仕不如遇合"集解引徐廣曰："遇一作偶。"《淮南子·原道》"萬物之化無不遇"，《文子·九守》"遇"作"偶"。

邦汋

汋，酌也。《周禮·秋官·士師》"掌士之八成，一曰邦汋"注引鄭司農云："汋讀如酌酒尊中之酌，國汋者，斟汋盜取國家密事，若今時刺探尚書事。"[①]按："汋、酌"右文、假借，《詩·周頌·酌》釋文"酌亦作汋"，《左傳》宣公十二年引"酌"作"汋"；《穀梁傳》僖公八年"蓋汋之也"釋文"汋又音酌"，《公

---

① 二"國"字并當作"邦"，避諱改。

羊傳》作"蓋酌之也"；武威漢簡甲本《燕禮》"序汋散，交于楹北"，"汋"爲"酌"之借。

圻父

圻，畿也。《詩·小雅·祈父》疏引《尚書·酒誥》"矧惟若疇圻父"注："圻父謂司馬，主封畿之事。"按："圻、畿"假借，《詩·商頌·玄鳥》"邦畿千里"，《尚書大傳·禹貢》鄭玄注引"畿"作"圻"；《周禮·夏官·大司馬》"其外方五百里曰侯畿"，《國語·周語上》注引"畿"作"圻"；《左傳》襄公二十五年"且昔天子之地一圻"，《周禮·夏官·大司馬》注引"圻"作"畿"。

九御

九，九人也；御，女御也。《周禮·天官·內宰》"以婦職之灋教九御"注："九御，女御也，九九而御于王，因以號焉。"疏："女御八十一人，九人爲一屬。屬猶聚也。九人同時御，又同爲絲枲之事。"

黨正

正，政也。《周禮·地官·序官》"黨正，每黨下大夫一人"注："正之言政也。"

族師

師，帥也。《周禮·地官·序官》"族師，每族上士一人"注："師之言帥也。"

載師

載，事也。《周禮·地官·序官》"載師"注："載之言事也，事民而税之。"

行司馬

行，行列也。《周禮·夏官·序官》"行司馬"注："行謂軍行列，晉作六軍而有三行，取名於此。"

服不氏

服不服之獸者。《周禮·夏官·序官》"服不氏"注："服不，服不服之獸者。"

羅氏

羅，羅罔也。《周禮·夏官·序官》"羅氏"注："能以羅罔捕鳥者，《郊特牲》曰：'大羅氏，天子之掌鳥獸者。'"

節服氏

節，節制也。《周禮·夏官·序官》"節服氏"注："世爲王節所衣服。"

繕人

繕，勁也、善也。《周禮·夏官·序官》"繕人"注："繕之言勁也、善也。"疏："云'繕之言勁也、善也'者，以其所掌弓弩有堅勁而善，堪爲王用者，乃入繕人，以共王。""善"爲"繕"之借；按："繕、善"右文、假借，睡虎地秦墓竹簡《秦律雜抄》"稟卒兵，不完善"、張家山漢簡《奏讞書》"勉力善備"，"善"并"繕"之借。"繕、勁"假借，《禮記·曲禮上》"急繕其怒"注："繕讀曰勁。"

槀人

主槀之人也。《周禮·夏官·序官》"槀人"注引鄭司農云："槀讀爲芻稿之槀，箭幹謂之槀，此官主弓弩箭矢，故謂之槀人。"

校人

校，挍也。《周禮·夏官·序官》"校人"注："校之爲言挍也，主馬者必仍挍視之，校人，馬官之長。"按："挍"即比較字。又，"校、挍"右文。

趣馬

趣，促也。《周禮·夏官·序官》"趣馬"注："趣馬，趣養馬者也。鄭司農說以《詩》曰'蹶維趣馬'。"按："趣、促"音義同，多假借通用。

廋人

廋數也。《周禮·夏官·序官》"廋人"注："廋之言數。"按：廋人掌王馬之政。

職方氏

主四方之職貢者。《周禮·夏官·序官》"職方氏"注："職，主也，主四方之職貢者，職方氏主四方官之長。"

土方氏

主四方邦國之土地者。《周禮·夏官·序官》"土方氏"注："土方氏，主四方邦國之土地。”

懷方氏

懷來四方之民及其物者。《周禮·夏官·序官》“懷方氏”注：“懷，來也，主來四方之民及其物。”

合方氏

主合同四方之事者。《周禮·夏官·序官》“合方氏”注：“合方氏，主合同四方之事。”

形方氏

主制四方邦國之形體者。《周禮·夏官·序官》“形方氏”注：“形方氏，主制四方邦國之形體。”

撢人

撢，探序也。《周禮·夏官·序官》“撢人”注：“撢人，主撢序主意以語天下。”釋文：“與探同。”

蜡氏

掌驅腐肉之蛆者。《周禮·秋官·序官》“蜡氏”注：“蜡骨肉腐臭，蠅蟲所蜡也，《月令》曰‘掩骼埋胔’，此官之職也，蜡讀如狙司之狙。”段玉裁以“所蜡”當作“所胆”。《説文》肉部：“胆，蠅乳肉中也。”“狙司”即“覰伺”（段玉裁《周禮漢讀考》卷五）。《説文》虫部：“蜡，蠅胆也。”

萍氏

萍，洴㶿也，雨師義。《周禮·秋官·序官》“萍氏”注引鄭司農云：“萍讀……或爲‘萍號起雨’之萍。”按：《楚辭·天問》“萍號起雨”注：“萍，洴㶿，雨師名也。”“萍”爲“洴”之俗，“萍、洴”右文。

萍，洴也，浮洴義。《周禮·秋官·序官》“萍氏”注：“鄭司農云：‘萍讀爲洴。’玄謂……洴之草無根而浮，取名於其不沈溺。”①

---

① “萍氏”注參《周禮注疏》校勘記。

條狼氏

條，滌也；狼，狼扈也，狼藉義。《周禮·秋官·序官》"條狼氏"注："杜子春云：'條當爲滌器之滌。'玄謂：滌，除也；狼，狼扈道上。"疏："云'狼，狼扈道上'者，謂不蠲之物在道，猶今言狼藉也。"

冥氏

冥，幂也，掩覆羈縻之也。《周禮·秋官·序官》"冥氏"注："冥方之冥，以繩縻取禽獸之名。"段玉裁云："冥方即算法之方幂也。"（《周禮漢讀考》卷五）孫詒讓正義云："《廣雅·釋詁》云：'幂，覆也。'《説文》糸部云：'縻，牛轡也。'後鄭意，此冥爲幂之借字，取禽獸當掩覆羈縻之，故謂之幂。"

赤犮氏

赤犮，捇拔，拔除也。《周禮·秋官·序官》"赤犮氏"注："赤犮猶言捇拔也，主除蟲豸自埋者。"疏："此言'赤犮猶言捇拔'者，拔除去之也。"

庭氏

庭，庭院也。《周禮·秋官·序官》"庭氏"注："庭氏主射妖鳥，令國中絜清如庭者也。"

伊耆氏

以古王者伊耆之號名官也。《周禮·秋官·序官》"伊耆氏"注："伊耆，古王者號，始爲蜡，以息老物。此主王者之齒杖，後王識伊耆氏之舊德，而以名官與？"

都則

主都家之八則者也。《周禮·秋官·序官》"都則"注："都則，主都家之八則者也。"

都士

都家之士也。《周禮·秋官·序官》"都士"注："都家之士，主治都家吏民之獄訟，以告方士者也。"

韗人

韗，鞠也，鞠，皋陶也。《周禮·考工記·韗人》“韗人爲皋陶”注：“鄭司農云：‘韗書或爲鞠，皋陶鼓木也。’玄謂鞠者，以皋陶名官也，‘鞠’則‘陶’，字從‘革’。”

賈人

賈，價也。《儀禮·聘禮》“賈人西面坐啓櫝”注：“賈人，在官知物賈者。”

管人

管，館也。《儀禮·聘禮記》“管人爲客三日具沐，五日具浴”注：“管人，掌客館者也。”

商祝

祝習商禮者也。《儀禮·士喪禮》“商祝襲祭服，祿衣次”注：“商祝，祝習商禮者。”

夏祝

祝習夏禮者也。《儀禮·士喪禮》“夏祝鬻餘飯”注：“夏祝，祝習夏禮者也。”

族長

管理族人之長官也。《儀禮·士喪禮》“族長涖卜”注：“族長，有司掌族人親疏者也。”

五官

五大夫典事之官也。《禮記·曾子問》“乃命國家五官而後行”注：“五官，五大夫典事者。”

輪人

作車輪之官也。《禮記·雜記下》“見輪人以其杖關轂而輠輪者”注：“輪人，作車輪之官。”

官屬

六官之屬員也。《周禮·天官·大宰》：“以八灋治官府：一曰官屬，以舉邦治。二曰官職，以辨邦治。三曰官聯，以會官治。四曰官常，以聽官治。五曰官成，以經邦治。六曰官灋，以正邦治。七曰官刑，以糾邦治。八曰官計，以弊邦治。”注引鄭司農云：“官屬，謂六官其屬各六十，若今博士、大史、大宰、大祝、大樂屬大常也，小宰職曰：以官府之六屬舉邦治，一曰天官，其屬六十是也。”

官職

六官之職也。《周禮·天官·大宰》注引鄭司農云：“官職謂六官之職，小宰職曰：以官府之六職辨邦治，一曰治職，二曰教職，三曰禮職，四曰政職，五曰刑職，六曰事職。”

官聯

官，官府也；聯，連也。《周禮·天官·大宰》注引鄭司農云：“官聯謂國有大事，一官不能獨共，則六官共舉之。聯讀爲連，古書連作聯，聯謂連事通職相佐助也。”

官常

官品之常職也。《周禮·天官·大宰》注引鄭司農云：“官常謂各自領其官之常職，非連事通職所共也。”

官成

官府之成事品式也。《周禮·天官·大宰》注引鄭司農云：“官成，謂官府之成事品式也。”

官法

官家之法也。《周禮·天官·大宰》注引鄭司農云：“官法謂職所主之法度。”

官刑

官家之刑也。《周禮·天官·大宰》注引鄭司農云：“官刑謂司刑所掌墨辠、劓辠、宮辠、刖辠、殺辠也。”

官計

官，官吏也；計，計較也。《周禮·天官·大宰》注引鄭司農云：“官計謂三年則大計群吏之治而誅賞之。”

伶官

伶,伶氏也。《詩·邶風·簡兮·序》“仕於伶官”箋:“伶官,樂官也。伶氏世掌樂官而善焉,故後世多號樂官爲伶官。”

釋律吕第十九

樂

樂也。《禮記·樂記》:“樂者,樂也,君子樂得其道,小人樂得其欲。”《荀子·樂論》《史記·樂書》《白虎通·禮樂》并如此。《禮記·禮器》:“樂也者,樂其所自成。”注:“作樂者,緣民所樂於己之功。”《新書·道德説》:“樂者,《書》《詩》《易》《春秋》《禮》五者之道備,則合於德矣,合則驩然大樂矣,故曰:‘樂者,此之謂樂者也。’”《釋名·釋言語》:“樂,樂也。使人好樂之也。”

律

率也。《御覽》卷十六引《元命苞》云:“律之爲言率也,所以率氣令達也。”《白虎通·五行》:“律之言率,所以率氣令生也。”《續漢書·律曆志》“此聲氣之元,五音之正也”注引《月令章句》:“律,率也。……律者,清濁之率法也。”按:“律、率”假借,《孟子·盡心上》“變其彀率”音義載陸讀“率”爲“律”。

述也。《爾雅·釋言》:“律,述也。”《周禮·春官·典同》“掌六律”注:“律,述氣者也。”《史記·律書》“壹稟於六律”索隱引《釋名》:“律,述也,所以述陽氣也。”

同(銅)

同也。《周禮·春官·典同》“掌六律六同”注:“故書‘銅’作‘同’。……律,述氣者也。同,助陽宣氣與之同,皆以銅爲。”

吕

序也。《五行大義》卷四引《史記·律書》:“吕,序也,序述四時之氣,定十二月之位也。”

旅也。《漢書·律曆志》：“呂以旅陽宣氣。”按：“呂、旅”假借，睡虎地
秦墓竹簡《爲吏之道》“叚（賈）門逆呂，贅壻後父，勿令爲户，勿鼠（予）田
宇”，“呂”爲“旅”之借。

聲

鳴也。《白虎通·禮樂》：“聲者，鳴也，聞其聲即知其所生。”

音

飲也。《白虎通·禮樂》：“音者，飲也，言其剛柔清濁和而相飲也。”

宮

中也。《風俗通·聲音》引《鐘律書》：“宮者，中也，居中央，暢四方，倡始
施生，爲四聲綱也。”《寶典》卷六引《元命苞》：“其音宮，宮者，中也，精明。”
《白虎通·五行》：“宮者，中也。”《漢書·律曆志》：“宮，中也，居中央，暢四
方，唱始施生，爲四聲綱也。”《漢紀》卷十四：“宮者，中也。”

容也。《白虎通·禮樂》：“宮者，容也，含也，含容四時者也。”

宣也。《緯書集成·元命苞》：“宮之爲言宣也，宣氣立精，爲神垣也。”

商

強也。《白虎通·五行》：“商者，強也。”

張也。《白虎通·禮樂》：“商者，張也，陰氣開張，陽氣始降也。”

章也，臣章明君之德也。《緯書集成·叶圖徵》：“宮爲君，商爲臣，商，章
也，言臣章明君之功德。”又《樂緯》：“商者，章也，臣章明君德，以齊上下相
傳。”《玉海》卷七引徐景安《樂書》引劉歆云：“商，章也，臣也，其聲敏疾，如
臣之節而爲敏。”按：“商、章”假借，《易·兑卦》“商兑未寧”，馬王堆漢墓帛
書本“商”作“章”；《韓非子·外儲説左下》“弦商”，《吕氏春秋·勿躬》“商”
作“章”；睡虎地秦墓竹簡《日書甲種·生子》“己酉生子，毂，有商”，“商”爲
“章”之借。

章也，物成熟可章度也。《漢書·律曆志》：“商之爲言章也，物成孰可章

度也。"《風俗通·聲音》引劉歆《鐘律書》:"商者,章也,物成熟可章度也。"

量也。《漢紀》卷十四:"商者,量也,物盛而可量度也。"

角

躍也。《寶典》卷一引《元命苞》:"其音角,角者,氣騰躍。"《白虎通·禮樂》:"所以名之爲角者何? 角者,躍也,陽氣動躍。"又《五行》:"角者,氣動躍也。"

觸也。《風俗通·聲音》引劉歆《鐘律書》云:"角者,觸也,物觸地而出,戴芒角也。"《漢書·律曆志》:"角,觸也,物觸地而出,戴芒角也。"《漢紀》卷十四:"角者,觸也,物出於地,載芒角也。"

徵

止也。《白虎通·禮樂》:"徵者,止也,陽氣止。"《白虎通·五行》:"徵,止也,陽度極也。"

祉也。《風俗通·聲音》引劉歆《鐘律書》:"徵者,祉也。物盛大而繁祉也。"《漢書·律曆志》:"徵,祉也,物盛大而緐祉也。"《漢紀》卷十四:"徵者,祉也,物盛而繁祉也。"

羽

舒也,紓也。《寶典》卷十引《元命苞》:"其音羽,羽者,舒也,言物始孳。"《白虎通·禮樂》:"羽者,紓也,陰氣在上,陽氣在下。"又《五行》:"羽之爲言舒,言萬物始孳。"

宇也。《風俗通·聲音》引劉歆《鐘律書》:"羽者,宇也,物聚藏,宇覆之也。"《漢書·律曆志》:"羽,宇也,物聚臧宇覆之也。"《漢紀》卷十四:"羽者,宇也,物聚而覆宇之也。"按:"羽、禹"假借,左氏、穀梁《春秋》昭公三十年"徐子章羽",公羊《春秋》作"章禹"。又,"宇"異體字作"㝢","禹、㝢"右文。

黃鐘(鍾)

黃,土黃也; 鐘,動也。《五行大義》卷四引《淮南子》云:"黃,土色; 鐘者，氣之所動。黃鐘爲君，冬至得之。"①《白虎通·五行》："十一月律謂之黃鐘何？黃者中和之色，鐘者，動也。言陽氣動於黃泉之下，動養萬物也。"按："鐘"多借"鍾"爲之，"鍾、動"右文。

　　黃，黃泉也；鐘，踵也。《史記·律書》："黃鍾者，陽氣踵黃泉而出也。"《獨斷》卷上："律中黃鐘，言陽氣踵黃泉而出。"按："鐘"多借"鍾"爲之，"鍾、踵"右文。

　　黃，黃色也；鐘，種也。《漢書·律曆志》："黃者，中之色，君之服也，鐘者，種也。"按："鐘"多借"鍾"爲之，"鍾、種"右文、假借，《荀子·議兵》"案角鹿埵隴種東籠而退耳"注："隴種……或曰即龍鍾也。"《史記·貨殖列傳》"佗果菜千鍾"，《漢書·貨殖傳》"鍾"作"種"。

　　黃，物之黃色也；鐘，鐘聚也。《國語·周語下》"夫六，中之色也，故名之曰黃鐘"注："黃，中之色也，鐘之言陽氣鐘聚於下也。"《淮南子·天文》"音比黃鐘"注："黃鐘，十一月也，鐘者，聚也，陽氣聚於黃泉之下也。"又《時則》"律中黃鐘"注："鐘者，陽氣聚于下，陰氣盛于上，萬物黃萌于地中，故曰黃鐘也。"《呂氏春秋·仲冬紀》"律中黃鐘"注："陽氣聚於下，陰氣盛於上，萬物萌聚於黃泉之下，故曰黃鐘也。"

大吕

　　吕，拒也。《白虎通·五行》："十二月律謂之大吕何？大者，大也；吕者，拒也。言陽氣欲出，陰不許也。吕之爲言拒者，旅抑拒難之也。"《爾雅·釋器》"律謂之分"疏引《律厤志》云："吕，拒也，言與陽相承，更迭而至。"《御覽》卷二十七引《風俗通》："十二月律謂之大吕何？大者，太也；吕，拒也。言陽氣欲出，其陰不許也。吕之言拒也，旅抑拒難之也。"②

　　吕，略睹也。《寶典》卷十二引《元命苞》："律中大吕，大吕者，略睹起。"

---

① 今《淮南子·天文》作："黃者，土德之色，鐘者，氣之所種也。"
② "旅抑"《御覽》引作"依即"，王利器改，今從之。

注："略，較略也，萬物於是萌漸，故出，較略可見也。"

吕，**旅也**。《淮南子·天文》："大吕者，旅旅而去也。"《漢書·律曆志》："大吕，吕，旅也。言陰大，旅助黄鐘宣氣而牙物也。"《淮南子·時則》"律中大吕"注："吕，旅也，萬物萌動于黄泉，未能達見，所以旅旅去陰即陽，助其成功，故曰大吕。"《吕氏春秋·季冬紀》"律中大吕"注："萬物萌生，動於黄泉，未能達見。吕，旅也，所以旅陰即陽，助其成功，故曰大吕也。"或訓"助"，亦"吕"借爲"旅"，旅，助也。《獨斷》卷上："律中大吕，言陰氣大勝，助黄鐘宣氣而萬物生。"《國語·周語下》"元間大吕，助宣物也"注："大吕，助陽宣散物也，天氣始于黄鐘，萌而赤地，受之於大吕，牙而白，成黄鍾之功也。"《爾雅·釋器》"律謂之分"疏引《律厤志》云："吕，助也，言助陽宣氣。"按："吕、旅"假借，見上"吕"條。

吕，**侣也**。《淮南子·天文》"音比大吕"注："大吕，十二月也，吕，侣也，萬物萌動於下，未能達見，故曰大吕，所以配黄鐘，助陽宣功也。"此言陰侣於陽而助陽，與上"旅"義同，而側重不同。按："吕、侣"右文、假借，《史記·十二諸侯年表》"楚莊王侣"，穀梁《春秋》宣公十八年作"楚子吕"。

太蔟 (泰蔟、大蔟、太簇、太族)

蔟，**湊也**，**蔟也**，**簇也**，**奏也**，**萬物聚生也**。《史記·律書》："律中泰蔟，泰蔟者，言萬物蔟生也。"《淮南子·天文》云："太蔟者，蔟而未出也。"《寶典》卷一引《元命苞》："大蔟者，湊未出。"《白虎通·五行》："正月律謂之太蔟何？太，大也；蔟者，湊也。言萬物始大，湊地而出也。"《獨斷》卷上："律中太簇，言萬物始簇而生。"《吕氏春秋·孟春紀》："律中太蔟"注："太陰氣衰，少陽氣發，萬物動生，蔟地而出，故曰律中太蔟。"《淮南子·時則》"律中太蔟"注："陰衰陽發，萬物太蔟地而生，故曰太蔟。"又《天文》"音比太蔟"注："太蔟，正月也，蔟，蔟也，陰衰陽發，萬物蔟地而生，故曰太蔟。"

蔟，**奏也**，**蔟也**，**爲陽氣聚也**。《漢書·律曆志》："太族，族，奏也，言陽氣大，奏地而達物也。"《國語·周語下》"二曰大蔟"注："大蔟言陽氣大蔟，達於上也。"

夾鐘（鍾）

夾，莢也；鐘，種也。《淮南子·天文》："夾鐘者，種始莢也。"《白虎通·五行》："二月律謂之夾鐘何？夾者，孚甲也。言萬物孚甲，種類分也。"按："夾、莢"右文。"鐘、種"右文、假借，見上"黄鐘"條。

夾，夾厠也。《史記·律書》："夾鍾者，言陰陽相夾厠也。"《淮南子·天文》"音比夾鐘"注："夾鐘，二月也，夾，夾也，萬物去陰，夾陽地而生，故曰夾鐘也。"又《時則》"律中夾鐘"注："是月萬物去陰夾陽，聚地而生，故曰夾鐘也。"《吕氏春秋·仲春紀》"律中夾鐘"注："是月萬物去陰夾陽而生，故竹管音中夾鐘也。"

夾，夾助也；鐘，鐘也。《國語·周語下》"二間夾鐘"注："夾鐘，助陽鐘聚。"

夾，夾助也；鐘，種也。《漢書·律曆志》："夾鐘，言陰夾助太族，宣四方之氣，而出種物也。"

夾，俠也。《寶典》卷二引《元命苞》："夾鐘者，始俠，謂游俠之俠，言壯健也。"按："夾、俠"右文、假借，《國語·吴語》"將夾溝而㢋我"，《説文》广部引"夾"作"俠"；《戰國策·楚策四》"園死士夾刺春申君"，《史記·春申君列傳》"夾"作"俠"；《隸釋》卷二《西嶽華山亭碑》"吏卒俠路"，洪适以"俠"爲"夾"。

姑（沽）洗

姑，故也；洗，鮮也，新也。《白虎通·五行》："三月謂之姑洗何？姑者，故也；洗者，鮮也。言萬物皆去故就其新，莫不鮮明也。"《吕氏春秋·季春紀》"律中姑洗"注："姑，故；洗，新：是月陽氣發生，去故就新，竹管音中姑洗也。"《淮南子·時則》"律中姑洗"注："姑，故也；洗，新也：是月陽氣養生，去故就新，故曰姑洗。"又《天文》"音比姑洗"注："姑洗，三月也，姑，故也；洗，新也：陽氣養生，去故就新，故曰姑洗也。”《寶典》卷三引《元命苞》：“沽洗者，陳去新來，少陽至辰，氣爍易蒙。”《淮南子·天文》：“姑洗者，陳去而新來也。”按：陳即故，新即洗。《史記·律書》：“姑洗者，言萬物洗生。”按：“洗生”即洗滌而生，亦新鮮義。又，“姑、古”右文、假借，見《釋親屬》“姑”條。

姑，辜也；洗，洗潔也。《漢書·律曆志》：“姑洗：洗，絜也。言陽氣洗物，辜絜之也。”注引孟康曰：“辜，必也，必使之潔也。”按：“姑、辜”右文、假借，《楚帛書》丙“姑分長”“姑，利戠（侵）伐”、清華大學藏戰國竹簡《子產》“以臭（釋）亡孝（教）、不姑”，“姑”并“辜”之借。又，《國語·周語下》“三曰姑洗”注：“姑，潔也；洗，濯也。……言陽氣養生，洗濯枯穢，改柯易葉也。”按：韋注似有脱誤，其義蓋與《漢書》同。

仲(中)吕

仲，中也；吕，拒也。《淮南子·天文》：“仲吕者，中充大也。”《白虎通·五行》：“四月謂之仲吕何？言陽氣將極中充大也，故復中難之也。”按：據“復中難之”可知，此訓“吕”訓“拒”，“中難之”者，陽難陰也。又，“仲、中”右文、假借，見《釋親屬》“仲”條。

仲，中也；吕，旅也，旅助義。《漢書·律曆志》：“中吕，言微陰始起未成，著於其中，旅助姑洗，宣氣齊物也。”《淮南子·時則》“律中仲吕”注：“是月陽散在外，陰實在中，所以旅陽成功，故曰仲吕。”《吕氏春秋·孟夏紀》“律中仲吕”注：“陽散在外，陰實在中，所以旅陽成功也，故曰仲吕。”《淮南子·天文》“音比仲吕”注：“仲吕，四月也，陽在外，陰在中，所以侶中于陽，助成功也，故曰仲吕也。”按：“吕、旅”假借，見上“吕”條。

吕，旅也，衆義。《史記·律書》：“中吕者，言萬物盡旅而西行也。”按：“吕、旅”假借，見上“吕”條。

中，踊也；吕，旅也，衆義。《寶典》卷四引《元命苞》“中吕者，大踊”宋均注：“中，踊也，相應而吕出，故曰‘中吕者，大踊’也。”

蕤賓

蕤,葳蕤在下也;賓,賓敬也。《白虎通·五行》:"五月謂之蕤賓何? 蕤者,下也;賓者,敬也。言陽氣上極,陰氣始起,故賓敬之也。"《淮南子·天文》"音比蕤賓"注:"蕤賓,五月也,陰氣委蕤在下,似主人;陽在上,似賓客,故曰蕤賓也。"又《時則》"律中蕤賓"注:"是月陰氣萎蕤在下,像主人也;陽氣在上,像賓客也,故曰蕤賓。"《吕氏春秋·仲夏紀》"律中蕤賓"注:"蕤賓,陽律也,是月陰氣萎蕤在下,象主人;陽氣在上,象賓客。"《國語·周語下》"四曰蕤賓,所以安靖神人,獻酬交酢也"注:"蕤,委蕤,柔貌也。言陰氣爲主,委蕤於下,陽氣盛長於上,有似於賓主,故可用之宗廟、賓客,以安静神人,行酬酢也。"《御覽》卷二十一引《釋名》:"五月謂之蕤賓,蕤者,下也;賓者,敬也。言陽氣下,陰氣上極,陰氣始賓敬之也。"《史記·律書》:"蕤賓者,言陰氣幼少,故曰蕤痿;陽不用事,故曰賓。"義亦同。

蕤,委也;賓,賓客也。《寶典》卷五引《元命苞》:"律中蕤賓,蕤賓者,委賓。"注:"委猶予也,賓見歸予也,此陽用事而謂之賓者,時陰在下,爲主,尊奉之,故變陽云賓。南方爲禮,萬物相見,立賓主以相承事,取此義。"

蕤,葳蕤在下也,繼也。賓,擯也,導也。《漢書·律曆志》:"蕤賓,蕤,繼也,賓,導也,言陽始導陰氣,使繼養物也。"

林鐘 (鍾)

林,衆也;鐘,種也。《白虎通·五行》:"六月謂之林鐘何? 林者,衆也,萬物成熟,種類衆多也。"按:"鐘、種"右文、假借,見上"黄鐘"條。

林,衆也;鐘,鐘聚也。《淮南子·天文》"音比林鐘"注:"林鐘,六月也,林,衆;鐘,聚也:陽極陰生,萬物衆聚而盛,故曰林鐘。"《吕氏春秋·季夏紀》"律中林鐘"注:"林,衆;鐘,聚。陰律也,陽氣衰,陰氣起,萬物衆聚而成,竹管之音應林鐘也。"《國語·周語下》"四間林鐘"注:"林,衆也。言萬物衆盛也。鐘,聚也。"

林,君也;鐘,種也。《漢書·律曆志》:"林鐘,林,君也。言陰氣受任,助蕤賓，君主種物，使長大楸盛也。”按：“林、君”假借，《詩·小雅·賓之初筵》“有壬有林”傳：“林，君也。”此言假借，此“君”爲群義。

　　林，引也。《寶典》卷六引《元命苞》：“律中林鐘，林鐘者，引入陰。”《淮南子·天文》：“林鐘者，引而止也。”

　　林，林林也。《史記·律書》：“林鍾者，言萬物就死，氣林林然。”

夷則

　　夷，痍也，傷義；則，法則也。《白虎通·五行》：“七月謂之夷則何？夷，傷也；則，法也。言萬物始傷，被刑法也。”《漢書·律曆志》：“夷則：則，法也，言陽氣正法度，而使陰氣夷當傷之物也。”《淮南子·天文》“音比夷則”注：“夷，傷；則，法也。陽衰陰發，萬物彫傷，應法成性，故曰夷則也。”又《時則》“律中夷則”注：“夷，傷也；則，法也。是月陽衰陰盛，萬物凋傷，應法成性，故曰夷則也。”《吕氏春秋·孟秋紀》“律中夷則”注：“太陽氣衰，太陰氣發，萬物肅然，應法成性，故曰律中夷則。”按：“夷、痍”右文、假借，《左傳》成公十三年“芟夷我農功”釋文：“夷本亦作痍。”《史記·劉敬叔孫通列傳》“傷痍者未起”，《漢書·婁敬傳》“痍”作“夷”；阜陽漢簡《萬物》“石卦築之已金夷也”，“夷”爲“痍”之借。

　　則，賊也。《史記·律書》：“夷則，言陰氣之賊萬物也。”按：“則、賊”右文、假借，《史記·律書》“言陰氣之賊萬物也”集解引徐廣曰：“（賊）一作則。”又“申賊萬物”集解引徐廣曰：“賊一作則。”銀雀山漢墓竹簡《孫臏兵法·行篡》“近者弗則，遠者無能（怠）”，張震澤以“則”爲“賊”之借（《孫臏兵法校理》）。

　　夷，易也；則，法則也。《淮南子·天文》：“夷則者，易其則也，德以去矣。”《寶典》卷七引《元命苞》：“律中夷則，夷則者，易其法。”注：“易法者，陽性仁施而之也。”按：“夷、易”假借，《詩·小雅·節南山》“君子如夷”、《周頌·天作》“有夷之行”、《周頌·有客》“降福孔夷”傳“夷，易也”，并言假借。《尚書·堯典》“厥民夷”，《史記·五帝本紀》作“其民夷易”，此當是以“易”代“夷”，以書校史,注其旁而寫者誤入正文(臧琳《經義雜記》卷二十三《五帝本紀書說》)。

　　夷,夷平也；則,法則也。《國語·周語下》"五曰夷則"注:"夷,平也；則,法也。言萬物既成,可法則也。"按:"夷"訓"平"亦"易"之借。

南呂

　　南,任也；呂,紀也。《淮南子·天文》:"南呂者,任包大也。"《寶典》卷八引《元命苞》:"南呂者,任紀。"注:"紀,法也,言物皆任法,備成者也。"按:"南、任"假借,見《釋天》"南"條。"呂"訓"紀",蓋以"呂"通"律"。

　　南,任也；呂,侶也,旅也,旅助義。《史記·律書》:"南呂者,言陽氣之旅入藏也。"《漢書·律曆志》:"南呂,南,任也,言陰氣旅助夷則,任成萬物也。"《國語·周語下》"五間南呂"注:"南,任也,陰任陽事,助成萬物也。"《淮南子·天文》"音比南呂"注:"南呂,八月也,南,任也。言陽氣內藏,陰侶於陽,任成其功,故曰南呂也。"又《時則》"律中南呂"注:"南,任也,言陽氣呂旅而志助陰,陰任成萬物也。"《呂氏春秋·仲秋紀》"律中南呂"注:"是月陽氣內藏,陰呂於陽,任其成功,竹管音中南呂。"按:"呂、侶"右文假借,見上"大呂"條。

　　南,任也；呂,拒也。《白虎通·五行》:"八月謂之南呂何?南者,任也。言陽氣尚有,任生薺麥也,故陰拒之也。"

無(亡)射

　　射,斁也,斁,終也。《白虎通·五行》:"九月謂之無射何?射者,終也。言萬物隨陽而終,當復隨陰而起,無有終已也。"按:"射"訓"終"爲"斁"之借,"射、斁"假借,《詩·周南·葛覃》"服之無斁",《禮記·緇衣》引"斁"作"射";《詩·大雅·雲漢》"耗斁下土",《春秋繁露·郊祀》引"斁"作"射";《詩·魯頌·泮水》"徒御無斁"釋文本作"繹",云:"本又作射,又作斁。"

　　射,厭也。《淮南子·天文》:"無射,入無厭也。"《漢書·律曆志》:"亡射,射,厭也,言陽氣究物,而使陰氣畢剝落之,終而復始,亡厭已也。"按:"射、厭"假借,《詩·大雅·抑》"矧可射思"、《禮記·中庸》"在此無射"、《禮記·緇衣》“服之無射”箋注并云：“射，厭也。”此言假借。

　　射，射出也。《淮南子·時則》“律中無射”注：“陰氣上升，陽氣下降，萬物隨陽而藏，無射出見也。”又《天文》“音比無射”注：“無射，九月也，陰氣上升，陽氣下降，萬物隨陽而藏，無有射出見也，故曰無射。”《吕氏春秋·季秋紀》“律中無射”注：“陰氣上升，陽氣下降，故萬物隨而藏，無射出見也。”按：此蓋源於《史記·律書》：“無射者，陰氣盛用事，陽氣無餘也。故曰無射。”陽氣無餘即無出。

應鐘

　　應，感應也；鐘，動也。《白虎通·五行》：“十月謂之應鐘何？應者，應也；鐘者，動也。言萬物應陽而動下藏也。”《御覽》卷二十七引《風俗通》：“應者，應也；鐘者，動也。言萬物應陽而動下藏也。”[1]按：“鐘、動”右文。

　　應，感應也；鐘，種也。《寶典》卷十引《元命苞》：“律占應鐘，其種。”注：“應鐘者，應其種也。”《漢書·律曆志》：“應鐘，言陰氣應亡射，該臧萬物，而雜陽閡種也。”注引孟康曰：“閡，臧塞也。陰雜陽，氣臧塞，爲萬物作種也。”《淮南子·天文》：“應鐘者，應其鐘也。”[2]按：“鍾、種”右文、假借，見上“黄鐘”條。

　　應，感應也；鐘，鐘聚也。《國語·周語下》“六間應鐘，均利器用”注：“言陰應陽用事，萬物鐘聚。”《淮南子·時則》“律中應鐘”注：“陰應于陽，轉成其功，萬物聚成，故曰應鐘。”又《天文》“音比應鐘”注：“應鐘，十月也，陰應於陽，轉成其功，萬物應時聚藏，故曰應鐘。”《吕氏春秋·孟冬紀》“律中應鐘”注：“陰應於陽，轉成其功，萬物聚藏，故曰律中應鐘。”

咸池

　　咸，咸皆也；池，施也。《初學記》卷十五引《五經通義》：“黄帝樂所以爲

---

① “下”本訛“不”。
② 下“鐘”字當爲“種”之誤。

咸池者何？咸，皆也；施也，黄帝時，道皆施於民。"①《白虎通·禮樂》："黄帝曰咸池者，言大施天下之道而行之，天之所生，地之所載，咸蒙德施也。"《禮記·樂記》"咸池備矣"注："咸，皆也；池之言施也。言德之無不施也。"《御覽》卷五百六十六引《樂緯》注："池者，施也，道施於民，故曰咸池。"《緯書集成·叶圖徵》"黄帝樂曰咸池"宋均注："咸，皆也；池，施也，池取無所不浸，德潤萬物，故定以爲名。"又《動聲儀》"黄帝之樂曰咸池"注："池音施，道施於民，故曰咸池。"按："池、施"右文，"池"多假"沱"爲之，"沱、施"假借，上海博物館藏戰國楚竹書《曹沫之陣》"昔沱舶（伯）語寡人曰"，"沱"爲"施"之借。

　　池，池水也。《文選·何晏〈景福殿賦〉》"雖咸池之壯觀"李善注引《春秋漢含孳》"咸池主五穀"宋均注："咸池，取池水灌注生物以爲名也。"

六（五）莖

　　莖，根莖也。《白虎通·禮樂》："顓頊曰六莖者，言和律歷，以調陰陽，莖著萬物也。"《御覽》卷五百六十六引《樂緯》"顓頊曰六莖"注："道有根莖，故曰六莖。"《漢書·禮樂志》《風俗通·聲音》并云："六莖，及根莖也。"《緯書集成·叶圖徵》"顓頊曰五莖"注："能爲五行之道立根莖也。"《路史》卷四十一引《動聲儀》"五莖"宋均注："五莖者，能爲五行之道立根莖。"

五（六）英

　　英，英華也。《白虎通·禮樂》："帝嚳曰五英者，言能調和五聲，以養萬物，調其英華也。"《漢書·禮樂志》《風俗通·聲音》并云："五英，英華茂也。"《御覽》卷五百六十六引《樂緯》"帝嚳曰五英"注："道有英華，故曰五英。"《緯書集成·動聲儀》"帝嚳曰六英"注："道有英華，故曰六英。"《路史》卷四十一引《動聲儀》"六英"宋均注："六英者，能爲天地四方六合之英。"

---

① "施也"上當補"池者"二字。

大章

章，章明也。《白虎通·禮樂》："堯曰大章者，大明天地人之道也。"《漢書·禮樂志》《風俗通·聲音》并云："大章，章之也。"《禮記·樂記》"大章，章之也"注："堯樂名也，言堯德章明也。"《緯書集成·動聲儀》"堯曰大章"注："堯時仁義大行，法度章明，故曰大章。"《緯書集成·叶圖徵》"堯曰大章"注："堯時仁義大行，法度彰明。"《御覽》卷五百六十六引《樂緯》"堯曰大章"注："堯時仁義大行，法度彰明，故曰大章。"按："章"之明義爲"彰"之借，"章、彰"右文、假借，《尚書·益稷》"以五采彰施于五色"，《尚書大傳·洪範五行傳》鄭玄注引"彰"作"章"；《尚書·皋陶謨》"彰厥有常"，《史記·夏本紀》"彰"作"章"；《孝經》"神明彰矣"，釋文"彰"作"章"，云："本又作彰。"

韶（磬）

昭也。《春秋繁露·楚莊王》："舜時，民樂其昭堯之業也，故韶。韶者，昭也。"按："韶、昭"右文、假借，《史記·李斯列傳》"鄭衛桑間昭虞武象者"索隱引徐廣曰："昭一作韶。"《文選·李斯〈上書秦始皇〉》作"韶"；《史記·司馬相如列傳》"續昭夏"，《文選·司馬相如〈封禪文〉》"昭"作"韶"。

紹也。《御覽》卷五百六十六引《元命苞》："舜之時，民樂其紹堯業，故韶者，紹也。"《禮記·樂記》"韶，繼也"注："韶之言紹也，言舜能繼紹堯之德。"《周禮·春官·大司樂》"大磬"注："大磬，舜樂也。言其德能紹堯之道也。"《御覽》卷五百六十六引《樂緯》"舜曰簫韶"注："韶，紹也，舜紹堯之後，修行其道，故曰簫韶。"或訓"繼"，亦"紹"也，《白虎通·禮樂》："舜曰簫韶者，舜能繼堯之道也。"《禮記·樂記》："韶，繼也。"《漢書·禮樂志》："招，繼堯也。"《公羊傳》哀公十四年"有王者則至"疏引宋均注《樂説》："簫之言肅，舜時民樂其肅静，而紀堯道，故謂之簫韶。"[①]《風俗通·聲音》："韶，繼堯

---

① "紀"通"繼"。

也。”《緯書集成·叶圖徵》“舜曰簫韶”注：“招，繼也，繼堯之後，循行其道。”
又《動聲儀》“舜曰簫韶”注：“韶，繼也，舜繼堯之後，循行其道，故曰簫韶。”
按：“韶、紹”右文、假借，《論語·八佾》“子謂韶，盡美矣”，《禮記·樂記》注
引“韶”作“紹”。

大夏

　　光大堯舜之德也。《白虎通·禮樂》：“禹曰大夏者，言禹能順二聖之道而
行之，故曰大夏也。”《御覽》卷五百六十六引《樂緯》“禹曰大夏”注：“禹承
二帝之後，道重太平，故曰大夏。”或單稱“夏”，《御覽》又引《元命苞》：“禹
之時，民大樂其駢三聖相繼，故夏者，大也。”《春秋繁露·楚莊王》：“禹之時，
民樂其三聖相繼，故夏。夏者，大也。”《史記·樂書》：“夏，大也。”《漢書·禮
樂志》：“夏，大承二帝也。”《禮記·樂記》：“夏，大也。”注：“禹樂名也，言禹
能光大堯舜之德。”

　　光大諸夏也。《周禮·春官·大司樂》“大夏”注：“大夏，禹樂也，禹治水
傅土，言其德能大中國也。”《緯書集成·叶圖徵》“禹曰大夏”注：“言其德
能大諸夏也。”

大濩（護、護）

　　濩，護也，救義。《白虎通·禮樂》：“湯曰大護者，言湯承衰，能護民之急
也。”《御覽》卷五百六十六引《樂緯》“殷曰大護”注：“湯承衰而起，護先
王之道，故曰大濩，濩音護。”又引《元命苞》：“湯之時，其民大樂其救之於患
害，故樂名大護，護者，救也。”《春秋繁露·楚莊王》：“湯之時，民樂其救之於
患害也，故護。護者，救也。”《漢書·禮樂志》：“濩，言救民也。”按：“濩、護”
右文、假借，《左傳》襄公二十九年“見舞韶濩者”，《史記·吳太伯世家》“濩”
作“護”；《史記·司馬相如列傳》“氾尃濩之”，《漢書·司馬相如傳》“濩”作
“護”；《爾雅·釋地》“周有焦護”，《風俗通·山澤》引“護”作“濩”。

酌（勺）

　　斟酌也。《詩·周頌·酌·序》：“酌，告成大武也，言能酌先祖之道，以養天

下也。"《白虎通·禮樂》:"周公曰酌者,言周公輔成王,能斟酌文武之道而成之也。"《獨斷》卷上:"酌一章九句,告成大武,言能酌先祖之道,以養天下之所歌也。"《御覽》卷五百六十六引《樂緯》"周曰勺"注:"周承衰而起,斟酌文武之道,故曰勺。"《漢書·禮樂志》:"周公作勺,勺言能勺先祖之道也。武言以功定天下也。"按:"勺、酌"右文、假借,《儀禮·燕禮》注引《詩·周頌·酌》"酌"作"勺";《儀禮·燕禮》"若舞則勺"、《禮記·内則》"舞勺","勺"即《周頌》之"酌";《漢書·禮樂志》"周公作勺"注:"勺讀曰酌。"

武

武功也。《春秋繁露·楚莊王》:"又曰'王赫斯怒,爰整其旅',當是時,紂爲無道,諸侯大亂,民樂文王之怒而詠歌之也,周人德已洽天下,反本以爲樂,謂之大武,言民所始樂者,武也云爾。故凡樂者作之於終而名之以始,重本之義也。"《白虎通·禮樂》:"合曰大武者,天下始樂周之征伐行武,故詩人歌之:'王赫斯怒,爰整其旅。'當此之時,天下樂文王之怒以定天下,故樂其武也。"《周禮·春官·大司樂》"大武"注:"大武,武王樂也,武王伐紂,以除其害,言其德能成武功。"

伐也。《春秋繁露·楚莊王》:"文王之時,民樂其興師征伐也,故武。武者,伐也。"《御覽》卷五百六十六引《元命苞》:"文王之時,民樂其興師征伐,故武者,伐也。"按:"武者,伐也"蓋"止戈爲武"義。

象

象,像太平也。《白虎通·禮樂》:"武王曰象者,象太平而作樂,示已太平也。"按:此爲舞時之樂。"象太平"之"象"爲"像"之借。"象,像"右文、假借,《易·繫辭下》"象也者,像也"釋文:"像,孟、京、虞、董、姚還作象。"《老子》二十一章"其中有象",河上公本"象"作"像";《韓詩外傳》卷八"未見鳳凰,惟思其象",《説苑·辨物》"象"作"像"。

象,像干戈刺伐也。《詩·周頌·維清·序》:"維清,奏象舞也。"箋:"象舞,象用兵時刺伐之舞,武王制焉。"《文選·李斯〈上書秦始皇〉》"韶虞武象"李善注引《樂動聲儀》"周樂伐時曰武象"宋均注："武象，象伐時用干戈。"

篇

削也。《左傳》襄二十九年"見舞象篇、南籥者"疏引賈逵云："篇，舞曲名，言天下樂削去無道。"《詩·周頌·維清·序》"奏象舞也"疏引服虔云："篇，舞曲名，言天下樂削去無道。"按："篇、削"右文。

佾

列也。《白虎通·禮樂》："佾者，列也。"《論語·八佾》集解引馬融曰："佾，列也。"《御覽》卷五百七十四引蔡邕《月令章句》："佾，列也。"《禮記·祭統》"八佾以舞大夏"注："佾猶列也。"《公羊傳》隱公五年"天子八佾"注："佾者，列也。"

朝（侏、株）離

朝，侏也，侏微也；離，離去也。《御覽》卷五百六十七引《五經通義》："東夷之樂曰侏離。……東方所謂侏離者何？ 陽始通，萬物之屬離地而生，故謂之侏離。"《白虎通·禮樂》引《樂元語》曰："東夷之樂曰朝離，朝離者萬物微離地而生。"按："侏離"本爲蠻夷語聲，《後漢書·南蠻傳》"語言侏離"注："侏離，蠻夷語聲也。"因之以爲名也。

株，根株也；離，離去也。《儀禮經傳通解續》卷二十六上引《尚書虞傳》注："株離，舞曲名，言象物生育離根株也。"《七緯·樂稽耀嘉》"東夷之樂曰株離"注："陽氣始起，懷任之，物各離其株也。"

侏，株也；離，離離也。《周禮·春官·鞮鞻氏》疏引《尚書虞傳》鄭注："侏離，舞曲名。言象萬物生株離。"疏："若《詩》云'彼黍離離'，是物生亦曰離。"

南

任也。《白虎通·禮樂》引《樂元語》："南夷之樂曰南，……南之爲言任也，任養萬物。"《七緯·稽耀嘉》"南夷之樂曰任"注："南者，任也，盛夏之時，物皆懷任矣。"按:此"任"爲"妊"之借。"南、任"假借,見《釋天》"南"條。

南方也。《詩·小雅·鼓鐘》"以雅以南"傳:"南夷之樂曰南。"疏:"此言'南'而得總四夷者,以周之德先致南方。"

任

南也,懷任也。《禮記·明堂位》:"任,南蠻之樂也。"《御覽》卷五百六十七引《五經通義》:"南夷之樂曰任……南方所以謂任者何?陽氣盛用事,萬物懷任,故謂之任。"按:"任、南"假借,見《釋天》"南"條。

昧(味)

暗昧也。《御覽》卷五百六十七引《五經通義》:"北夷之樂曰昧。……北方陰氣盛用,萬物暗昧不見,故謂之昧。"《白虎通·禮樂》引《樂元語》曰:"西夷之樂曰味,……味之爲言昧也,昧者萬物衰老,取晦昧之義也。"《七緯·稽耀嘉》"北夷之樂曰昧"注:"盛陽消盡,蔽其光景昧然。"按:"味、昧"右文。

禁

禁止也。《御覽》卷五百六十七引《五經通義》:"西夷之樂曰禁。……西方所以謂之禁者何?西方陰氣用事,禁止萬物不得長大,故謂之禁。"《白虎通·禮樂》引《樂元語》:"北夷之樂曰禁,禁者,言萬物禁藏。"《七緯·稽耀嘉》"西夷之樂曰禁"注:"草木畢成,禁如收斂。"按:此以禁止之"禁"訓"禁"。

鄭聲

鄭國之聲也。《禮記·樂記》"鄭衛之音"疏引《五經異議》:"今《論》說鄭國之爲俗,有溱洧之水,男女聚會、謳歌相感,故云'鄭聲淫'。"

躑躅之聲也。《禮記·樂記》疏引《五經異議》:"《左傳》說煩手淫聲謂之'鄭聲'者,言煩手躑躅之聲使淫,過矣。許君謹按:鄭詩二十一篇,說婦人者十九矣,故鄭聲淫也。"按:左氏以躑躅之音爲"鄭聲",與醫書稱聲之不正者爲"鄭聲"同,王夫之《四書稗疏·論語·鄭聲》:"醫書以病聲之不正者爲鄭聲,么哇嚅呢而不可止者也。"《醫宗金鑒·張仲景〈傷寒論·陽明全篇〉》:

"夫實則譫語,虛則鄭聲。鄭聲者,重語也。"注:"戴元禮曰:'鄭聲者,鄭重頻煩,語雖謬而諄諄不已。'張錫駒曰:'鄭聲者,神氣虛不能自主,故聲音不正而語言重複也。'"又,"鄭、躑"右文、假借。

齌

汔也。《説文》豈部:"齌,汔也,訖事之樂也。"（段本）

釋樂器第二十

壎(塤)

熏也。《白虎通·禮樂》:"壎在十一月,壎之爲言熏也,陽氣於黄泉之下薰蒸而萌。"按:"壎、熏"右文。

喧也。《釋名·釋樂器》:"塤,喧也,聲濁喧喧然也。"

喎

叫也。《詩·小雅·何人斯》"伯氏吹壎"疏引《爾雅·釋樂》"大塤謂之喎"孫炎云:"音大如叫呼也。"按:"喎、叫"右文、假借,《爾雅·釋樂》"大塤謂之喎"釋文:"喎本或作叫。"

笙

生也。《白虎通·禮樂》:"笙者,太蔟之氣,象萬物之生,故曰笙。"《説文》竹部:"笙,十三簧,象鳳之身也。笙,正月之音。物生,故謂之笙。"《周禮·春官·大司樂》"以六律、六同、五聲、八音、六舞、大合樂以致鬼神"注"《虞書》云……笙鏞以間",疏引古文《舜典》鄭玄注:"東方之樂謂之笙,笙,生也。東方,生長之方,故名樂爲生也。"《風俗通·聲音》:"正月之音也,物生故謂之笙。"《儀禮·大射儀》"笙磬西面"注:"笙猶生也,東爲陽中,萬物以生。"《周禮·春官·眡瞭》"擊頌磬、笙磬"注:"磬在東方曰笙,笙,生也。"《釋名·釋樂器》:"笙,生也,竹之貫匏,象物貫地而生也。"按:"笙、生"右文、假借,《左傳》莊公九年"乃殺子糾于生竇",《史記·齊太公世家》"生竇"作"笙瀆";武威漢簡《儀禮·燕禮》"乃閒歌《魚麗》,生《由庚》""升歌

《鹿鳴》，下管《新宫》，生入三成"，"生"并"笙"之借。

施也。《白虎通·禮樂》："笙之言施也，牙也，在正月，萬物始施而牙。"

（據《初學記》卷十六引訂）

簫

肅也。《白虎通·禮樂》："簫者，中吕之氣也，萬物生於無聲，見於無形，勠也，肅也，故謂之簫。簫者以禄爲本，言承天繼物爲民本，人力加，地道化，然後萬物勠也，故謂之簫也。"《釋名·釋樂器》："簫，肅也，其聲肅肅然清也。"《公羊傳》哀公十四年"有王者則至"注"《尚書》曰'簫韶九成，鳳皇來儀'"，疏引宋均《樂説》注云："簫之言肅，舜時民樂其肅敬而紀堯道，故謂之簫。"按："簫、肅"右文。

筒 (洞) 簫

通也。《説文》竹部："筒，通簫也。"按：此"筒"即洞簫之"洞"，《文選·王褒〈洞簫賦〉》李善注引如淳曰："洞者，通也，簫之無底者，故曰洞簫。""洞、通"假借，《淮南子·原道》"遂兮洞兮"，《文子·道原》"洞"作"通"；《荀子·禮論》"朱絃而通越也"注："（通越）《史記》作洞越。"按：今《史記·禮書》作"通越"。

籟

其聲籟籟也。《風俗通·聲音》引《漢書》注："籟，簫也。言其聲音籟籟，名自定也。"

瑟

嗇也。《白虎通·禮樂》："瑟者，嗇也，閑也。所以懲忿窒欲，正人之德也。"

潔也。《御覽》卷五百七十六引《世本》："瑟，潔也，使人精潔於心，淳一於行也。"

瑟瑟也。《釋名·釋樂器》："瑟，施弦張之，瑟瑟然也。"

灑

掃灑也。《禮記·月令》“命樂師脩鞀、鞞、鼓，均琴、瑟、管、簫”疏引《爾雅·釋樂》“大瑟謂之灑”孫炎注：“音之布告如掃灑。”《爾雅》釋文引孫炎云：“音多變，布出如灑也。”

越

發越也。《儀禮·鄉射禮》“執越內弦”注：“越，瑟下孔，所以發越其聲也。”

琴

禁也。《文選·司馬相如〈長門賦〉》“援雅琴以變調兮”李善注引《七略》：“琴之言禁也，雅之言正也，君子守正以自禁也。”《白虎通·禮樂》：“琴者，禁也，所以禁止淫邪、正人心也。”《說文》珡部：“琴，禁也，神農所作。”《風俗通·聲音》：“琴之爲言禁也。”

離

流離也，衆音分散貌。《爾雅·釋樂》“大琴謂之離”疏引孫炎云：“音多變，聲流離也。”《禮記·月令》“命樂師脩鞀、鞞、鼓，均琴、瑟、管、簫”疏引《爾雅·釋樂》“大琴謂之離”孫炎注：“聲留離。”

磬

清也，成也。《詩·商頌·那》“依我磬聲”傳：“磬，聲之清者也，以象萬物之成。”《白虎通·禮樂》：“磬者，夷則之氣也，象萬物之成也。”

聲也。《禮記·樂記》：“石聲磬，磬以立辨，辨以致死。”注：“‘石聲磬’，‘磬’當爲‘聲’，字之誤也。”《白虎通·禮樂》：“磬者，夷則之氣也，象萬物之成也，其氣磬。”《釋名·釋樂器》：“磬，磬也。其聲磬磬然堅緻也。”按：“磬、罄”右文、假借，《左傳》僖公二十六年“室如懸磬”，《國語·魯語上》作“室如縣磬”，《古文苑》卷十《漢金城太守殷華碑》作“室如懸罄”；《淮南子·覽冥》“磬龜無腹”注：“磬，空也。”是以“磬”爲“罄”。

慶也。《緯書集成·叶圖徵》宋均注：“磬，慶也。”

磬

喬也。《爾雅·釋樂》"大磬謂之磬"釋文引孫炎云："磬，喬也，喬，高也，謂其聲高也。"按："磬、喬"右文。

燥也。《爾雅·釋樂》"大磬謂之磬"釋文引李巡云："大磬，聲清燥也，故曰磬，磬，燥也。"

鐘

動也。《白虎通·禮樂》："鐘之爲言動也，陰氣用事，萬物動成。"按："鐘"多借"鍾"爲之，"鍾、動"右文。

種也。《説文》金部："鐘，樂鐘也，秋分之音，萬物種成，故謂之鐘。"（段本）按："鐘"多借"鍾"爲之，"鍾、種"右文、假借，見《釋律吕》"黃鐘"條。

空也。《釋名·釋樂器》："鐘，空也，内空受氣多，故聲大也。"

攻也。《緯書集成·叶圖徵》宋均注："鐘，攻也，凡有罪者，鳴鐘以攻之也。"

鎛

迫也。《白虎通·禮樂》："鎛者，時之氣聲也，節度之所生也。君臣有節度則萬物昌，無節度則萬物亡，亡與昌正相迫，故謂之鎛。"

柷敔

柷，俶也，始義；敔，止義。《白虎通·禮樂》："柷敔者，終始之聲，萬物之所生也。陰陽順而複，故曰柷；承順天地，序迎萬物，天下樂之，故樂用柷。柷，始也。敔，終也。"《釋名·釋樂器》："柷敔，柷狀如柒桶，敔狀如伏虎。柷，如物始見，柷柷然也。柷，始也，故訓柷爲始，以作樂也。敔，衙也，衙，止也。所以止樂也。"按："柷"爲"俶"之借，《漢書·律曆志》"木曰柷"注："柷與俶同，俶，始也，樂將作，先鼓之，故謂之柷。"《説文》支部："敔，禁也。"此爲"禦"之本字，即禁止義。"衙"訓止亦"禦"之借。止樂之器名"敔"即取其禁止義，後以"禦"爲禁止義，以"敔"爲樂器義，二字分涂，故以"敔"訓"衙"，復以"衙"訓"止"也。

畢

似畢星故名。《儀禮·特牲饋食禮》“宗人執畢先入,當阼階南面”注：“畢,狀如叉蓋,爲其似畢星,取名焉。”按：此以狀似畢星釋“畢”。

鼓

郭也,萬物郭皮甲而出也。《説文》鼓部：“鼓,郭也,春分之音,萬物郭皮甲而出,故謂之鼓。”《風俗通·聲音》：“鼓者,郭也,春分之音也,萬物郭皮甲而出,故謂之鼓。”

郭也,張皮廓之也。《釋名·釋樂器》：“鼓,郭也,張皮以冒之,其中空也。”

朔鼙

朔,始也。《儀禮·大射儀》：“建鼓在阼階西,南鼓,應鼙在其東,南鼓。……朔鼙在其北”注：“朔,始也。”《釋名·釋樂器》：“鼙在前曰朔,朔,始也。”

應鼙

應,應和也。《儀禮·大射儀》“建鼓在阼階西,南鼓,應鼙在其東,南鼓。……朔鼙在其北”注：“應鼙,應朔鼙也,先擊朔鼙,應之。”《釋名·釋樂器》：“鼙……在後曰應,應大鼓也。”《爾雅·釋樂》“大鼓謂之鼖,小者謂之應”釋文引孫云：“和應大鼓也。”引李云：“小者音聲相承,故曰應,應,承也。”

業

捷業也,次比貌。《詩·周頌·有瞽》“設業設虡”傳：“業,大板也,所以飾栒爲縣也,捷業如鋸齒。”《説文》丵部：“業,大版也,所以飾縣鐘鼓,捷業如鋸齒,以白畫之,象其鉏鋙相承也。”《詩·大雅·靈臺》“虡業維樅”疏引孫炎曰：“業所以飾栒,刻板捷業如鋸齒也。”《釋名·釋樂器》：“所以懸鐘鼓者,橫曰筍,筍,峻也,在上高峻也。……筍上之板曰業,刻爲牙,捷業如鋸齒也。”

崇牙

以彩色爲大牙,其狀隆然。《詩·大雅·靈臺》“虡業維樅”疏引孫炎曰：

“業所以飾栒，刻板捷業如鋸齒也。其懸鍾磬之處，又以彩色爲大牙，其狀隆然，謂之崇牙。”

㯥

引也。《周禮·春官·大師》“令奏鼓㯥”注引鄭司農云：“㯥，小鼓也，先擊小鼓，乃擊大鼓，小鼓爲大鼓先引，故曰㯥，㯥讀爲道引之引。”

箜篌（空侯）

空國侯所造者。《資治通鑑》漢紀三十六“先帝時所賜呼韓邪竽、瑟、空侯皆敗”注引《世本》：“空侯，空國侯所造。”希麟《續一切經音義》卷九引《世本》：“取空國之侯名也。”《釋名·釋樂器》：“箜篌，師延所作靡靡之樂也。後出於桑間、濮上之地，蓋空國之侯所存也。”按：“箜、空”右文，“篌、侯”右文。

空，坎也；侯，侯姓也。《風俗通·聲音》：“《漢書》：孝武皇帝賽南越，禱祠太一后土，始用樂人侯調，依琴作坎坎之樂，言其坎坎應節奏也，侯以姓冠章耳。”

空，空中也。《風俗通·聲音》引或説：“空侯取其空中。”

批把

以手批把也。《風俗通·聲音》：“以手批把，因以爲名。”《釋名·釋樂器》：“批把，本出於胡中，馬上所鼓也，推手前曰批，引手卻曰把，象其鼓時，因以爲名也。”[①]

笛（篴）

滌也。《風俗通·聲音》引《樂記》：“笛者，滌也，所以蕩滌邪穢，納之於雅正也。”按：“笛、篴”異體，“篴、滌”假借，《周禮·春官·笙師》“掌教龡竽笙塤鑰簫篪篴管”注引杜子春讀篴爲蕩滌之“滌”。

其聲滌滌然也。《釋名·釋樂器》：“篴，滌也，其聲滌滌然也。”

---

① “批把”本作“枇杷”，從段玉裁校。

管

貫也。《風俗通·聲音》引《禮·樂記》："管,漆竹長一尺,六孔,十二月之音也。象物貫地而牙,故謂之管。"按:"管、貫"假借,《禮記·樂記》"禮樂之説,管乎人情矣",《史記·樂書》"管"作"貫"。

言

言言也。《爾雅·釋樂》"大簫謂之言,小者謂之筊"疏引李巡云："大簫,聲大者言言也。"按:言言,大也。《詩·大雅·皇矣》"崇墉言言"傳:"言言,高大也。"

筊

小也。《爾雅·釋樂》"大簫謂之言,小者謂之筊"疏引李巡云："小者聲揚而小,故言筊,筊,小也。"

籈

憮也。《風俗通·聲音》引《漢書》舊注："籈者,憮也,言其節憮威儀。"

相

穅也。《禮記·樂記》"治亂以相"注："相即拊也,亦以節樂。拊者,以韋爲表,裝之以穅,穅一名相,因以名焉,今齊人或謂穅爲相。"

輔相也。《御覽》卷五百八十四引《風俗通》："相,拊也,所以輔相於樂,奏樂之時先擊相。"

巢

高也。《御覽》卷五百八十一引《爾雅·釋樂》"大笙謂之巢,小者謂之和"舍人曰："大笙音聲衆而高也。"《儀禮·鄉射禮記》"三笙一和而成聲"疏引《爾雅》"大笙謂之巢"孫氏注云："巢,高大。"按:此言聲高,《爾雅·釋樂》釋文:"巢,高也,言其聲高。"

和

應和也。《御覽》卷五百八十一引《爾雅·釋樂》"大笙謂之巢,小者謂之和"舍人曰："小者音相和也。"《爾雅·釋樂》疏引李巡云："小者聲少,音相和也。"孫炎云："應和於笙。"

沂

悲沂也。《御覽》卷五百八十引《爾雅·釋樂》"大簴謂之沂"舍人曰："大簴，其聲悲沂鏘然也。"《爾雅·釋樂》"大簴謂之沂"疏引孫炎云："簴聲悲，沂，悲也。"按："沂"之悲義爲"㤵"之借，《説文》心部："㤵，痛聲也。""㤵"俗作"偯"，《孝經》"哭不偯"注："氣竭而息聲不委曲。"

簫

高也。《御覽》卷五百八十引《爾雅》"大管謂之簥，其中謂之篞，小者謂之篎"舍人曰："大管者，聲高大，故曰簥者，高也。"《爾雅·釋樂》疏引李巡云："聲高大，故曰簥，簥，高也。"按："簥、高"右文。

篞

密也。《御覽》卷五百八十引《爾雅》"大管謂之簥，其中謂之篞，小者謂之篎"舍人曰："中者聲精密故曰篞，篞，密也。"

篎

妙也。《御覽》卷五百八十引《爾雅》"大管謂之簥，其中謂之篞，小者謂之篎"舍人曰："小者聲音清，故曰篎，篎者，妙也。"[1]按："篎、妙"右文。

仲

仲吕也。《御覽》卷五百八十一引《爾雅》"大籥謂之産，中者曰仲，小者曰箹"犍爲舍人曰："仲其聲適仲吕也。"按："仲、中"右文、假借，見《釋親屬》"仲"條。

箹

約也。《御覽》卷五百八十一引《爾雅》"大籥謂之産，中者曰仲，小者曰箹"犍爲舍人曰："小者形聲細小曰箹也。"按：此以"約"釋"箹"也，"約、箹"右文。

---

[1]　四庫本如此，宋本作"小者聲音清妙也"，蓋有脱文。

庸

功也。《周禮·春官·眡瞭》“視瞭掌凡樂事，播鼗，擊頌磬、笙磬”注：“磬……在西方曰頌，頌或作庸，庸，功也。”按：“功”者，即《周禮·春官·大司樂》疏引古文《舜典》鄭玄注：“鏞者，西方之樂謂之鏞，庸，功也，西方物熟有成功，亦謂之頌，頌亦是頌其成也。”

剽

慓也，小義。《爾雅·釋樂》：“大鐘謂之鏞……其中謂之剽”疏引孫炎注：“剽者，聲輕疾也。”李巡注：“其中微小，故曰剽，剽，小也。”按：此蓋以“剽”爲“僄、慓”之借，《説文》人部：“僄，輕也。”心部：“慓，疾也。”《史記·淮南衡山列傳》“荆楚僄勇輕悍”，《漢書·淮南衡山濟北王傳》“僄”作“剽”；《史記·貨殖列傳》“患其僄悍”，《漢書·地理志》“僄”作“剽”。《周禮·考工記·弓人》“於挺臂中有柎焉，故剽”注：“剽，亦疾也。”此以“剽”爲“慓”。又，從“票”得聲之字多有輕小義。

棧

淺也。《爾雅·釋樂》“大鐘謂之鏞……小者謂之棧”疏引李巡云：“棧，淺也。”按：“棧、淺”右文。

咢

驚咢也。《爾雅·釋樂》“徒擊鼓謂之咢”疏引孫炎注：“聲驚咢也。”按：“驚咢”之“咢”《説文》作“㗊”，俗作“愕”，“咢、愕”右文、假借，《周禮·春官·占夢》“二曰噩夢”注引杜子春云：“噩當爲驚愕之愕，謂驚愕而夢。”《説文》㝱部作“咢夢”。

旋蟲

以蟲飾之旋也。《周禮·考工記·鳧氏》“鐘縣謂之旋，旋蟲謂之幹”注引鄭司農云：“旋蟲者，旋以蟲爲飾也。”按：王引之以蟲爲獸，“旋蟲謂之幹者，銜旋之紐鑄爲獸形（獸亦稱蟲）”（《經義述聞》第九《鍾縣謂之旋旋蟲謂之幹》）。

宮縣

宮室四面懸之也。《周禮·春官·小胥》"王宮縣" 注引鄭司農云："宮縣，四面縣……四面象宮室，四面有牆，故謂之宮縣。"

提

提持也。《周禮·夏官·大司馬》"師帥執提" 注引鄭司農云："提讀如攝提之提，謂馬上鼓，有曲木提持鼓立馬髦上者，故謂之提。"

土鼓

築土爲鼓也。《禮記·禮運》"蕢桴而土鼓" 注："土鼓，築土爲鼓也。"

釋詔令第二十一

詔

告也。《史記·秦始皇本紀》"令爲詔" 集解引蔡邕曰："詔，告也。"《獨斷》卷上："詔，猶告也，告教也。"《漢書·高帝紀》"詔曰" 注引如淳曰："詔，告也。"

令

命也。《尚書·説命上》"臣下罔攸稟令" 傳："令，亦命也。"《漢書·東方朔傳》："令者，命也。"《周禮·夏官·大司馬》"犯令陵政則杜之" 注："令，猶命也，《王霸記》曰：'犯令者，違命也。'"《國語·楚語上》"王言以出令也" 注："令，命也。" 按："令、命" 右文、假借，《左傳》僖公九年 "令不及魯" 釋文："令本又作命。"《禮記·月令》"擇元日，命民社"，《淮南子·時則》"命" 作 "令"；《易·姤卦》"后以施命誥四方"，《後漢書·魯恭傳》引 "命" 作 "令"。

領也。《釋名·釋典藝》："令，領也，理領之使不得相犯也。" 按："令、領" 右文、假借，《呂氏春秋·離俗》"自投於蒼領之淵" 注："蒼領或作青令。"《鹽鐵論·備胡》"南越内侵，滑服令"，《漢書·南粵傳》作 "服領"；《漢書·揚雄傳》"君子純終領聞" 注："領，令也。聞，名也。言君子之道能善於終而不失令名。”

燕令

燕，燕居也。《周禮·夏官·御僕》“掌王之燕令”注：“燕居時之令。”

誥

告也。《爾雅·釋詁上》、《説文》言部并云：“誥，告也。”按：“誥、告”右文、假借，《周禮·春官·大祝》“三曰誥”注引杜子春云：“誥當爲告，書亦或爲告。”《易·姤卦》“后以施命誥四方”，京氏《易傳》“誥”作“告”；《尚書·康王之誥》“遂誥諸侯”，《史記·周本紀》“誥”作“告”。

柄

秉也。《周禮·天官·大宰》“以八柄詔王馭群臣”注：“柄，所以秉執以起事者也。”按：“柄、秉”假借，《國語·齊語》“治國家不失其柄”“慎用其六柄焉”，《管子·小匡》“柄”并作“秉”；睡虎地秦墓竹簡《日書甲種·詰咎》“以棘椎桃秉以憙（敲）其心”，“秉”爲“柄”之借。

徹

徹取也。《孟子·滕文公上》：“徹者，徹也。”注：“徹猶取，人徹取物也。”

貢

貢獻也。《周禮·考工記·匠人》“九夫爲井”注：“夫貢者，自治其所受田，貢其税穀。”

助（莇、耡）

藉也。此爲助税，《孟子·滕文公上》：“助者，藉也。”注：“藉者，借也，猶人相借力助之也。”《説文》耒部：“耡，商人七十而耡，耡，耤税也。”[①]《周禮·考工記·匠人》“九夫爲井”注：“莇者，借民之力，以治公田，又使收斂焉。”按：“耡、借（藉）”假借，《周禮·地官·遂人》“以興耡利甿”注：“鄭大夫讀耡爲藉。”

---

① 段玉裁注：“耤税者，借民力以食税也。”

耡粟

耡，助也。《周禮·地官·旅師》"旅師掌聚野之耡粟、屋粟、間粟"注："耡粟，民相助作，一井之中所出，九夫之稅粟也。"按："耡、助"假借，見《釋宮室》"耡"條。

屋粟

屋，一家田爲一夫，三夫爲屋，故爲三義。《周禮·地官·旅師》"旅師掌聚野之耡粟、屋粟、間粟"注："屋粟，民有田不耕，所罰三夫之稅粟。"

間粟

間，間也。《周禮·地官·旅師》"旅師掌聚野之耡粟、屋粟、間粟"注："間粟，間民無職事者，所出一夫之征粟。"釋文："間音閑。"

總布

總，傷也。《周禮·地官·廛人》"掌斂市絘布、總布、質布、罰布、廛布，而入于泉府"注引杜子春云："總當爲傷，謂無肆立持者之稅也。"

總，租穉也。《周禮·地官·廛人》注："玄謂總讀如租穉之穉，穉布謂守斗斛銓衡者之稅也。"（參《校勘記》）

質布

質人所罰犯質劑者之泉布也。《周禮·地官·廛人》"掌斂市絘布、總布、質布、罰布、廛布，而入于泉府"注："質布者，質人所罰犯質劑者之泉也。"

刑

俐也。《寶典》卷四引《元命苞》："刑者，俐也，刀守井，井飲人，人入井陷於淵，乃守之，割其情也。"宋均注："井飲人則人樂之，樂不已則陷，自陷於淵，故井加刀謂之刑，欲人畏慎以全節也。"《周禮·秋官·序官》"以佐王刑邦國"注引《孝經説》："刑者，俐也，過出罪施。"《禮記·王制》："刑者，俐也，俐者，成也，一成而不可變，故君子盡心焉。"按："刑、俐"右文。

罰

網也。《新集藏經音義隨函録》卷一引《元命苞》："網言爲詈，刀詈爲罰也,罰之言網也,謂網陷於害也。”

赦

舍也。慧琳《音義》卷四十四引《三蒼》:“赦,舍也。”《爾雅·釋詁》:“赦,舍也。”《周禮·秋官·司刺》“司刺掌三刺三宥三赦之灋”注:“赦,舍也。”按:“赦、舍”假借,《左傳》宣公十五年“楚子舍之以歸”,《説苑·奉使》“舍”作“赦”;《左傳》莊公十四年“與之盟而赦之”,《史記·鄭世家》“赦”作“舍”;《詩·鄭風·羔裘》“舍命不渝”,《爾雅·釋言》“渝,變也”疏引“舍”作“赦”。

盜

逃也。《詩·小雅·巧言》“君子信盜”傳:“盜,逃也。”疏云:“毛解名曰盜意也。”引《風俗通》:“盜,逃也,言其晝伏夜奔,逃避人也。”

囚

遒也。《初學記》卷二十引《風俗通》:“囚,遒也,言辭窮情得,以罪誅遒也。”

獄

埆也。《詩·召南·行露》“何以速我獄”傳:“獄,埆也。”疏引鄭玄駁《五經異義》:“獄者,埆也,囚證於埆核之處。”釋文引盧植云:“相質毃爭訟者也。”《書鈔》卷四十五引《元命苞》:“獄者,刻确。”《説文》犾部:“獄,确也。”《釋名·釋宮室》:“獄,确也,言實确人情僞也。”“确、埆”古今字。

囹圄

囹,令也;圄,舉也。《大般涅槃經疏》卷五引《白虎通》:“囹,令也;圄,舉也。令其思愆舉罪。”《寶典》卷二引《風俗通》:“周曰囹圄,囹者,令也;圄,舉也。言令人幽閉思愆,改惡爲善,因原之也。”按:“囹、令”右文。

囹,領也;圄,禦也。《釋名·釋宮室》:“囹,領也;圄,禦也:領録囚徒禁禦之也。”“圄”爲“圉”之借,“圉、禦”假借,《詩·大雅·桑柔》“孔棘我圉”箋:“圉當作禦。”《詩·大雅·烝民》“不畏強禦”,《漢書·王莽傳》引“禦”作

“圉”；《莊子·繕性》“其來不可圉”釋文：“圉本又作禦。”

图，牢也；圉，敬也，止義。《禮記·月令》“命有司，省图圉”疏引蔡邕云：“图，牢也；圉，止也。所以止出入，皆罪人所舍也。”按：“圉”訓“止”乃“敬”之借，“圉、敬”右文、假借，《隸釋》卷一《孟郁脩堯廟碑》“韶磬祝圉”，洪适以“圉”爲“敬”之借。又，“圉、敬”假借，《禮記·月令》“飭鐘磬祝敬”釋文：“敬本又作圉。”《詩·周頌·有瞽》“靴磬祝圉”，《爾雅·釋樂》“大簸謂之麻”疏引“圉”作“敬”。

圜土

築土表牆，其形圜也。《周禮·秋官·序官》“司圜”注引鄭司農云：“圜謂圜土也，圜土謂獄城也，今獄城圜。”《釋名·釋宮室》：“獄……又謂之圜土，言築土表牆，其形圜也。”

械

戒也。《御覽》卷六百四十四引《風俗通》：“械，戒也，所以警戒使爲善也。”按：“械、戒”右文、假借，《列子·力命》“動若械”釋文：“械本又作戒。”睡虎地秦墓竹簡《法律答問》“群盜赦爲庶人，將盜戒囚刑罪以上”、銀雀山漢墓竹簡《王兵》“器戒備，功（攻）伐少費”，“戒”并“械”之借。

桎

實也。《御覽》卷六百四十四引《風俗通》：“桎，實也，言其下垂至地，然後吐情首實。”

宮

閉于宮中也。《御覽》卷六百四十八引《刑德放》：“宮者，女子淫亂，執置宮中不得出。”《書鈔》卷四十四引《白虎通》：“宮者，女子淫，執置宮中，不得出也。”（參劉師培説改）《周禮·秋官·司刑》“宮罪五百”注：“宮者，丈夫則割其勢，女子閉于宮中。”按：此以“宮”爲宮廷義。

宮刑

官刑也。《周禮·天官·小宰》“掌建邦之宮刑”注引杜子春云：“宮當爲官。”

在王宮者之刑也。《周禮·天官·小宰》注:“在王宮中者之刑。”

腐

腐臭也。《漢書·景帝紀》“死罪欲腐者”注引蘇林曰:“宮刑其創腐臭,故曰腐也。”

腐朽也。《漢書·景帝紀》注引如淳曰:“腐,宮刑也,丈夫割勢,不能復生子,如腐木不生實。”

臏

脱其臏也。《御覽》卷六百四十八引《刑德放》:“臏者,脱去人之臏也。”《書鈔》卷四十四引《白虎通》:“臏者,脱其臏也。”

劓

截鼻也。《尚書·康誥》“又曰劓刵人”傳:“劓,截鼻。”《書鈔》卷四十四引《白虎通》:“劓者,劓其鼻也。”《説文》刀部:“劓,刑鼻也。”《戰國策·秦策一》“黥劓其傅”注:“截其鼻曰劓也。”《周禮·秋官·司刑》“劓罪五百”注:“劓,截其鼻也。”《尚書·吕刑》“爰始淫爲劓刵椓黥”疏引鄭玄云:“劓,截鼻。”《易·困卦》“劓刖困于赤紱”集解引虞翻曰:“割鼻曰劓。”按:“劓、鼻”右文。

刵

截耳也。《尚書·康誥》“又曰劓刵人”傳:“刵,截耳。”《説文》刀部:“刵,斷耳也。”《尚書·吕刑》“爰始淫爲劓刵椓黥”疏引鄭玄云:“刵,斷耳也。”按:“刵、耳”右文。

椓

椓破也。《尚書·吕刑》“爰始淫爲劓刵椓黥”疏引鄭玄云:“椓謂椓破陰。”

墨

以墨黥面也。《漢書·武帝紀》注引《白虎通》:“墨者,謂以墨黥其面也。"《周禮·秋官·司刑》"墨罪五百"注："墨，黥也，先刻其面，以墨窒之。"

屋誅

誅三族也。《周禮·秋官·司烜氏》"軍旅修火禁，邦若屋誅，則爲明竁焉"注引鄭司農云："屋誅謂夷三族……三夫爲屋，一家田爲一夫，以此知三家也。"

誅於屋下也。《周禮·秋官·司烜氏》注："屋讀如其刑劓之劓，劓誅，謂所殺不於市，而以適甸師氏者也。"疏："謂甸師氏屋舍中誅。"《漢書·敘傳下》"厎劓鼎臣"注引服虔曰："《周禮》有'屋誅'，誅大臣於屋下，不露也。"

殨（辜）

枯也。《説文》歺部："殨，枯也。"《周禮·秋官·掌戮》"殺王之親者辜之"注："辜之言枯也，謂磔之。"按："殨、辜、枯"右文。

弑

試也。《白虎通·誅伐》："弑者何謂也？弑者，試也，欲言臣子殺其君父，不敢卒，候間司事，可稍稍試之。"按："試、弑"右文、假借，《公羊傳》隱公十一年"何隱爾？弑也"，漢石經"弑"作"試"。

伺也。《釋名·釋喪制》："下殺上曰弑，弑，伺也，伺間而後得施也。"按："弑、伺"蓋假借，《禮記·檀弓上》"君謂我欲弑君也"釋文："弑，徐云：字又作嗣，音同。"顧廣圻云："嗣，未詳。"此"嗣"或"伺"之借。

釋兵戈第二十二

征

正也。《孟子·盡心下》："征之爲言正也。"《白虎通·誅伐》："征猶正也，欲言其正也。"《禮記·月令》"以征不義"注："征之言正也。"《國語·周語上》"穆王將征犬戎"注："征，正也，上討下之稱。"《魯語下》"是以上能征下"、《楚語上》"撫征南海"注并云："征，正也。"《吕氏春秋·孟秋紀》"以征不義"注："征，正也。"按："征、正"右文、假借，《周禮·地官·司門》

"正其貨賄"注："正讀爲征。"《禮記·王制》"關譏而不征"釋文："征本又作正。"今本《周易》"征"字馬王堆漢墓帛書本并作"正"。

伐

敗也。《御覽》卷三百四引《説題辭》："伐者，涉人國内行威[①]，有所斬壞，伐之爲言敗也。"《金光明經文句新記》卷六引《白虎通》："伐者，敗也，欲敗去之也。"《説文》人部："伐，敗也。"

戰

憚也。《白虎通·誅伐》："戰者，何謂也？《尚書大傳》曰：'戰者，憚警之也。'"按："戰、憚"右文、假借，《國語·魯語下》"帥大讎以憚小國"，《説苑·正諫》"憚"作"戰"；《莊子·達生》"以鈎注者憚"，《吕氏春秋·去尤》"憚"作"戰"。

延也。《白虎通·誅伐》引《春秋讖》："戰者，延改也。"[②]

斧

補也。《御覽》卷七百六十三引《元命苞》："斧鑽主亂行，斬狂詐，斧之爲言補也。"按："斧、補"假借，銀雀山漢墓竹簡《孫臏兵法·見威王》"昔者，神戎（農）戰斧遂"，"斧"爲"補"之借。

甫也。《釋用器》："斧，甫也，甫，始也，凡將制器，始用斧伐木，已，乃制之也。"按："斧、甫"假借，《儀禮·士冠禮》"章甫，殷道也"注："甫，今文爲斧。"

齊斧

齊，齊整也。《漢書·敘傳下》"終用齊斧"注引張晏曰："齊斧，越斧也，以整齊天下也。"

齊，齋也。《文選·陳琳〈檄吴將校部曲文〉》"要領不足以膏齊斧"李善

---

① "人"本訛"入"。

② 陳立疏證云："'延改也'三字未詳何義，蓋'改'是'攻'之誤。"

注引虞喜《志林》曰："凡師出必齊戒、入廟受斧，故曰齊斧也。"齊戒之"齊"通"齋"。按："齊、齋"右文、假借，《易·旅卦》"得其資斧"釋文："資斧，《子夏傳》及衆家并作'齊斧'……虞喜《志林》云：'齊當作齋。'"《詩·召南·采蘋》"有齊季女"釋文："齊本亦作齋。"《禮記·王制》"天子齊戒受諫"釋文本作"齋"云："側皆反，本亦齋。"

戈

句也。《詩·大雅·公劉》"干戈戚揚"箋："戈，句子戟也。"《周禮·夏官·序官》"司戈盾"注："戈，今時句子戟。"又《考工記·冶氏》"戈廣二寸"注："戈，今句子戟也。"又"已句則不決"注："戈，句兵也。"《禮記·文王世子》"春夏學干戈"注："戈，句子戟也。"

句也，過也。《釋名·釋兵》："戈，句子戟也；戈，過也，所刺擣則決過，所鈎引則制之，弗得過也。"

殳

殊也。《説文》殳部："殳，以杖殊人也……長丈二尺，建於兵車，旅賁以先驅。"（段本）《釋名·釋兵》："殳，殊也，長丈二尺，而無刃，有所撞挃於車上，使殊離也。"

酋（仇）矛

酋，發語詞。《周禮·考工記》"酋矛常有四尺"注引鄭司農云："酋，發聲，直謂矛。"

酋，遒也。《周禮·考工記·廬人》"酋矛常有四尺，夷矛三尋"注："八尺曰尋，倍尋曰常。酋、夷，長短名，酋之言遒也，酋近夷長矣。"按："酋、遒"右文、假借，《史記·魯周公世家》"子考公酋立"索隱："鄒誕本作遒。"《詩·大雅·卷阿》"似先公酋矣"傳"酋，終也"疏："遒，終，《釋詁》文，彼遒作酋，音義同也。"

酋，仇也。《釋兵》："仇矛，頭有三叉，言可以討仇敵之矛也。"

鐏

鐏於地也。《禮記·曲禮上》"進戈者前其鐏，後其刃"注："銳底曰鐏，取其鐏地。"按：《説文》金部："鐏，柲下銅也。"即戈柄下端錐形銅套。

鐓

鐓於地也。《禮記·曲禮上》"進矛戟者前其鐓"注："平底曰鐓，取其鐓地。"

匕首

匕，匕匙也；首，頭首也。《御覽》卷三百四十六引《通俗文》："匕首，劍屬，其頭類匕，故曰匕首，短而便用。"《史記·刺客列傳》"曹沫執匕首劫齊桓公"索隱引《鹽鐵論》以爲："長尺八寸，其頭類匕，故云匕首也。"

魚刀

魚兵如刀者也。《尚書大傳·禹貢》"大都鰹魚、魚刀"鄭玄注："魚刀，魚兵如刀者也。"按：桂馥以爲此魚刀即吳鈎："刀有號吳句者，案：鯷鮈，魚名，禹四海異物，大都魚刀，鄭注：'魚刀，魚兵如刀者也。'"（《札樸》卷四）

弓

窮也。《説文》弓部："弓，以近窮遠。"按："弓、窮"右文。

穹也。《釋名·釋兵》："弓，穹也，張之穹隆然也。"按："弓、穹"右文、假借，《史記·天官書》"如群畜穹閭"索隱引鄒云："一作弓閭。"《史記·衛將軍驃騎列傳》"濟弓閭"索隱："包愷音穹。"

侯弓

射侯之弓也。《周禮·考工記·弓人》"覆之而幹至謂之侯弓"注："射侯之弓也。"

深弓

射深之弓也。《周禮·考工記·弓人》"覆之而筋至謂之深弓"注："射深之弓也。"

族

族族也。《說文》㫃部：“族，矢鋒也，束之族族也。”

弧

豫也。《說苑·修文》：“弧之爲言豫也，豫者，豫吾意也。故古者，兒生三日，桑弧蓬矢六，射天地四方，天地四方者，男子之所有事也，必有意其所有事，然後敢食穀，故曰‘不素飡兮’，此之謂也。”

鍭（猴）矢

鍭，候也。《周禮·夏官·司弓矢》“鍭矢”注：“鍭之言候也，……可以司候射敵之近者。”《儀禮·既夕禮》“猴矢一乘”注：“猴猶候也，候物而射之矢也。”按：“鍭、猴、候”右文。

矰矢

矰，矰高也。《周禮·夏官·司弓矢》“矰矢”注：“結繳於矢謂之矰矢，矰，矰高也。”疏：“言矰高者，欲取向上射飛鳥之義也。”

茀矢

茀，刜也。《周禮·夏官·司弓矢》“茀矢”注：“茀之言刜也，……可以弋飛鳥刜羅之也。”按：“茀、刜”右文。

痹矢

痹，罷也，短義。《周禮·夏官·司弓矢》“痹矢”注引鄭司農云：“痹矢讀爲人罷短之罷。”

痹，比也，與他矢相倫比也。《周禮·夏官·司弓矢》“痹矢”注：“痹讀如痹病之痹，痹之言倫比。”

枉矢

如於枉矢星也。《周禮·夏官·司弓矢》“枉矢、絜矢利火射”注：“枉矢者，取名變星，飛行有光，今之飛矛是也。”按：“變星”謂其狀變化之星，即流星，此以枉矢得名於枉矢星。

韘

沓也。《詩·衛風·芄蘭》“童子佩韘”箋:“韘之言沓,所以彄沓手指。”按:《説文》韋部:“韘,射決也。”段注:“即今人之扳指也。”

珥(衈)

耳也。《周禮·地官·山虞》“致禽而珥焉”注引鄭司農云:“珥者,取禽左耳以效功也,大司馬職曰:‘獲者取左耳。’”又《天官·獸人》“及弊田令禽注于虞中”注引鄭司農云:“珥焉者,取左耳以致功,若斬首折馘。”《禮記·雜記下》“其衈皆于屋下”注:“衈謂將刉割牲以釁,先滅耳旁毛薦之。耳,聽聲者,告神欲其聽之。”按:“珥、耳”右文。

藩盾

藩,藩衛也。《周禮·夏官·司戈盾》“及舍,設藩盾,行則斂之”注:“藩盾,盾可以藩衛者,如今之扶蘇與?”

捍

可以捍弦也。《禮記·内則》“右佩玦、捍、管、遰、大觽、木燧”注:“捍謂拾也,言可以捍弦也。”

遂

所以遂弦也。《儀禮·鄉射禮》“袒決遂”注:“遂,射韝也,以韋爲之,所以遂弦者也。”又《大射儀》“袒決遂”注:“遂,射韝也,以朱韋爲之,著左臂,所以遂弦也。”

簫

邪也。《禮記·曲禮》“右手執簫”注:“簫,弭頭也,謂之簫,簫,邪也。”

楅

幅也。《儀禮·鄉射禮》“立于所設楅之南”注:“楅猶幅也,所以承笴矢者。”

合甲

合,合併也;甲,鎧甲也。《周禮·考工記·函人》“合甲五屬”注引鄭司農云："合甲,削革裹肉,但取其表,合以爲甲。"

鈎梯

鈎引上城之梯也。《詩·大雅·皇矣》"以爾鈎援"傳:"鈎,鈎梯也,所以鈎引上城者。"按:先秦時期多言鈎梯,《管子·兵法》"凌山阬不待鈎梯";《韓非子·外儲説·左上》趙主父、秦昭王并"令工施鈎梯";《墨子·備城門》"臨、鈎、衝、梯、堙、水、穴、突、空洞、蟻傅、轒輼、軒車"岑仲勉云:"《六韜·軍用》有飛鈎長八寸,鈎芒長四寸,系用以鈎著城壁,援引而上,其爲用與梯同,故又稱'鈎梯',但與梯大異。"(《墨子城守各篇簡注》)

釋車旗第二十三

輅(路)

路也。《白虎通·闕文》:"名車爲輅者,言所以步之於路也。"《釋名·釋車》:"天子所乘曰路,路亦車也,謂之路者,言行於道路也。"按:"輅、路"右文、假借,《尚書·顧命》"大輅在賓階面",《周禮·春官·典路》注引"輅"作"路";《禮記·月令》"乘鸞路"釋文:"路本又作輅。"《左傳》定公四年"分魯公以大路"釋文:"路本亦作輅。"

玉路

以玉飾路末也。《周禮·春官·巾車》"一曰玉路"注:"玉路,以玉飾諸末。"

金路

以金飾路末也。《周禮·春官·巾車》"金路"注:"金路,以金飾諸末。"

象路

以象牙飾路末也。《周禮·春官·巾車》"象路"注:"象路,以象飾諸末。"

革路

路鞔之以革而漆之也。《周禮·春官·巾車》"革路"注:"革路,鞔之以革而漆之。"

翟車

以翟飾車側也。《周禮·春官·巾車》"翟車"注："不重不厭，以翟飾車之側爾。"

服車

服事者之車也。《周禮·春官·巾車》"服車五乘"注："服車，服事者之車。"

役車

給役之車也。《周禮·春官·巾車》"庶人乘役車"注："役車，方箱可載任器以共役。"《釋名·釋車》："役車，給役之車也。"

匶路

匶，柩也。《周禮·春官·巾車》"小喪共匶路"注："柩路，載柩車也。"

藪

如蜂藪，取其多孔狀。《周禮·考工記·輪人》"以其圍之阞捎其藪"注引鄭司農云："藪讀爲蜂藪之藪，謂轂空壺中也。"按：孔穎達云："車轂之法，其孔必大頭寬、小頭狹，當輻入處謂之藪。"

趨也。《周禮·考工記·輪人》注："藪者猶言趨也，蜂藪者衆輻之所趨也。"[①]

宣

若頭髮皓落之宣也。《周禮·考工記·車人》"半矩謂之宣，一宣有半謂之欘，一欘有半謂之柯"注："頭髮皓落曰宣，半矩，尺三寸三分寸之一，人頭之長也，柯、欘之木，頭取名焉，《易·巽》'爲宣髮'。"疏："頭髮皓落曰宣者，以得謂宣去之義，人髮皓白則落墮，故云此者，解頭名宣意也。"

轛

綴也。《周禮·考工記·輿人》"參分軹圍，去一以爲轛圍"注引鄭司農

---

① 參《周禮注疏》校勘記。

云："轛讀如繫綴之綴,謂車輿軨立者也,立者爲轛,橫者爲軹。"按:轛爲車闌直木。

以鄉人爲名。《周禮·考工記·輿人》注:"轛者,以其鄉人爲名。"

闕車

補闕之車也。《周禮·春官·車僕》"掌闕車之萃"注:"闕車,所用補闕之車也。"

驅逆之車

驅,驅趨也;逆,迎逆也。《周禮·夏官·大司馬》"乃設驅逆之車"注:"驅,驅出禽獸使趨田者也;逆,逆要不得令走。"孫詒讓正義云:"迎而要之,令不得走出圍外也。或驅或逆皆乘此車,故謂之驅逆之車。"

鹿車

僅容一鹿之車也。《御覽》卷七百七十五引《風俗通》:"鹿車,窄小裁容一鹿也。"

道車

王行道德之車也。《周禮·夏官·道右》"道右掌前道車"注:"道車,象路也,王行道德之車。"

齊車

齊,整齊也。《周禮·夏官·齊右》"齊右掌祭祀會同賓客,前齊車,王乘則持馬,行則陪乘"注:"齊車,金路,王自整齊之車也。"

安車

安,安坐也。《禮記·曲禮上》"適四方,乘安車"注:"安車,所以養其身體也。安車,坐乘,若今小車也。"《釋名·釋車》:"安車,蓋卑,坐乘,今吏所乘小車也。"按:《禮記》疏:"古者乘四馬之車,立乘。此臣既老,故乘一馬小車,坐乘也。"

羊車

羊門之車。《周禮·考工記·車人》"羊車二柯有參分柯之一"注引鄭司農云:"羊車,謂車羊門也。"

　　羊,**祥也**。《周禮·考工記·車人》注:"羊,善也。善車若今定張車,較長七尺。"按:注以"祥"訓"羊",祥,善也。《釋名·釋車》:"羊車,羊,祥也,祥,善也,善飾之車,今犢車是也。"按:"羊、祥"右文、假借,見《釋禽蟲》"羊"條。

輦

　　輓也。《説文》車部:"輦,輓車也。"《周禮·春官·巾車》"輦車,組輓,有翠羽蓋"注:"輦車,不言飾,后居宮中,從容所乘,但漆之而已,爲輇輪,人輓之以行。"又《地官·鄉師》"正治其徒役與其輦"注:"輦,人輓行,所以載任器也。"《釋名·釋車》:"輦車,人所輦也。"按:下"輦"字爲動詞,亦輓義。《詩·小雅·黍苗》"我任我輦"箋:"有負任者,有輓輦者。"

游環

　　游移之環也。《詩·秦風·小戎》"游環脅驅"傳:"游環,靳環也,游在背上,所以禦出也。"箋:"游環在背上,無常處,貫驂之外轡,以禁其出。"《釋名·釋車》:"游環,在服馬背上,驂馬之外轡貫之,游移前卻,無定處也。"

脅驅

　　脅,外脅也。《詩·秦風·小戎》"游環脅驅"箋:"脅驅者,著服馬之外脅,以止驂之入。"《釋名·釋車》:"脅驅,在服馬外脅也。"

靷

　　引也。《詩·秦風·小戎》"陰靷鋈續"傳:"靷,所以引也。"《説文》革部:"靷,所以引軸者也。"(段本)《釋名·釋車》:"靷,所以引車也。"按:"靷、引"右文、假借,《荀子·王霸》"常以結引馳外爲務"注:"引讀爲靷。"

續

　　續靷也。《詩·秦風·小戎》"陰靷鋈續"傳:"續,續靷也。"箋:"鋈續,白金飾續靷之環。"《釋名·釋車》:"續,續靷端也。"

軾（式）

式敬也。《漢書·李廣傳》“登車不式”注引服虔曰：“式，撫車之式，以禮敬人也。式者，車前橫木也，字或作軾。”《釋名·釋車》：“軾，式也，所伏以式敬者也。”按：“式”爲俯身禮，《儀禮·士喪禮》“辟君式之”注：“古者立乘，式謂小俛以禮主人也。”又，“軾、式”右文、假借，《周禮·考工記》通作“式”，《史記·萬石張叔夜列傳》“見路馬必式焉”，《漢書·石奮傳》“式”作“軾”；《詩·秦風·小戎》“游環脅驅”箋“撟軾在軾”，釋文：“軾本亦作式。”

勒

絡也。《説文》革部：“勒，馬頭絡銜也。”《釋名·釋車》：“勒，絡也，絡其頭而引之也。”

驂

三也。《説文》馬部：“驂，駕三馬也。”按：“參、三”假借，清華大學藏戰國竹簡《筮法一·死生》“參兇同吉”、放馬灘秦墓簡牘《日書乙種·直室門》“妻不吉，必參寡”、張家山漢簡《蓋廬》“參辰爲剛（綱），列星爲紀”，“參”并“三”之借。“驂、參”右文、假借，《戰國策·秦策四》“魏桓子驂乘”，《史記·魏世家》“驂”作“參”；《史記·張釋之馮唐列傳》“召釋之參乘”，《漢書·張釋之傳》“參”作“驂”；《史記·司馬相如列傳》“衛公驂乘”，《漢書·司馬相如傳》“驂”作“參”。

駟

四也。《詩·鄭風·清人》“駟介旁旁”箋：“駟，四馬也。”《楚辭·招魂》“青驪結駟兮”注：“四馬爲駟。”按：“駟、四”右文、假借，《詩·秦風·駟驖》“駟驖孔阜”，《説文》馬部引“駟”作“四”；《禮記·樂記》“夾振之而駟伐”注：“駟當爲四，聲之誤也。”《老子》六十二章“雖有拱璧以先駟馬”，馬王堆漢墓帛書甲、乙本并“駟”作“四”。

鈎車

鈎，鈎軹也。《詩·小雅·六月》“元戎十乘”傳：“夏后氏曰鈎車，先正也。"箋："鈎，鈎鞶，行曲直有正也。……可以先前啓突敵陳之前行。"疏："定本鈎鞶作鈎般。……謂此車行，鈎曲般旋，曲直有正。"《釋名·釋車》："鈎車，以行爲陳，鈎般曲直有正，夏所制也。"

軿 (苹) 車

軿，屏也。《周禮·春官·車僕》"苹車之萃"注："苹猶屏也，所用對敵自蔽隱之車也。"引杜子春云："苹車當爲軿車。"《釋名·釋車》："軿車，軿，屏也，四面屏蔽，婦人所乘牛車也。"按："軿、屏"右文。

軘車

軘，屯也。《左傳》宣公十二年"使軘車逆之"疏引伏虔云："軘車，屯守之車。"《釋名·釋車》："軘車，戎者所乘也。"[1]按："軘、屯"右文。

蜃車

車行似蜃也。《周禮·地官·遂師》"共丘籠及蜃車之役"注："蜃車，柩路也，柩路載柳，四輪迫地而行，有似於蜃，因取名焉。"

轈

巢也。《説文》車部："轈，兵車高如巢以望敵也。"（段本）按："轈、巢"右文、假借，《左傳》成公十六年"楚子登巢車以望晉軍"，《説文》引"巢"作"轈"。

衝車

衝，衝殺也。《淮南子·覽冥》"大衝車，高重京"注："衝車，大鐵著其轅端，馬被甲、車被兵，所以衝于敵城也。"按："衝"《説文》作"䡴"，陷陣車也。

轅門

以車轅表門也。《周禮·天官·掌舍》"設車宮轅門"注："謂王行止宿阻險之處，備非常，次車以爲藩，則仰車以其轅表門。"疏："言'仰車以其轅表門'者，謂仰兩乘，車轅相向以表門，故名爲轅門。"

---

[1] 此有脱誤。

笠轂

轂之蓋如笠也。《左傳》宣公四年"射汏輈以貫笠轂"疏引服虔云："笠轂，轂之蓋如笠，所以蔽轂上以禦矢也。"

旗

期也。《説文》㫃部："旗，熊旗五游，以象罰星，士卒以爲期。"《釋名·釋兵》："熊虎爲旗，旗，期也，言與眾期於下。"按："旗、期"右文、假借，《禮記·射義》"旌期稱道不亂者"釋文："期本又作旗。"《左傳》昭公十四年"令尹子旗"，《國語·楚語下》作"子期"；《論語·述而》"巫馬期"，《史記·仲尼弟子列傳》巫馬施字子旗。

龍旂

交龍爲旂也。《儀禮·覲禮》"乘墨車載龍旂"注："交龍爲旂，諸侯之所建。"

斾

沛也。《説文》㫃部："斾，繼旐之旗也，沛然而垂。"按："斾、沛"右文。

旌

精也，精進也。《説文》㫃部："旌，游車載旌，析羽注旌首，所以精進士卒。"按："旌、精"假借，《列子·説符》"東方有人焉，曰爰旌目"，《後漢書·張衡傳》"旌督以之"注："一作爰精目"，《劉子新論·妄瑕》亦引作"精"。《隸釋》卷一《孟郁脩堯廟碑》"陃工旌密"，洪适以"旌"爲"精"。

精也，精光也。《釋名·釋兵》："析羽爲旌，旌，精也，有精光也。"

獲旌

獲者所持旌也。《周禮·春官·司常》"凡射共獲旌"注："獲旌，獲者所持旌。"

旟

旟旟也。《説文》㫃部："旟，錯革畫鳥其上，所以進士眾。旟旟，眾也。"

譽也。《釋名·釋兵》："鳥隼爲旟，旟，譽也，軍史所建，急疾趨事，則有稱譽也。”按：“旗、譽”右文。

斿

展也。《説文》㲼部：“斿，旗曲柄也，所以斿表士衆。”段玉裁以斿表之“斿”當爲“展”。

戰也。《釋名·釋兵》：“通帛爲斿，斿，戰也，戰戰恭己而已，通以赤色爲之，無文采，三孤所建，象無事也。”

兩

兩輪也。《尚書·牧誓》“武王戎車三百兩”疏引《風俗通》：“車有兩輪，故稱爲兩。”

卷　四

釋禮教第二十四

禮

履也。《禮記·祭義》："禮者，履此者也。"《荀子·大略》："禮者，人之所履也。"《吕氏春秋·孝行》："禮者，履此者也。"《御覽》卷五百二十二引《含文嘉》："禮者，履也。"《白虎通·禮樂》："禮者，身當履而行之。""禮之爲言履也，可履踐而行。"又《情性》："禮者，履也，履道成文也。"《漢書·公孫弘傳》："禮者，所履也。"《説文》示部："禮，履也，所以事神致福也。"按："禮、履"假借，《易·履卦》"履虎尾"、《坤卦》"履霜堅冰至"，馬王堆漢墓帛書本"履"并作"禮"；《詩·商頌·長發》"率履不越"，《漢書·宣帝紀》引"履"作"禮"。

體也。《左傳》桓公二年："禮以體政。"《尸子》卷上："禮者，天地萬物體也，使天地萬物皆得其宜、當其體者，謂之大仁。"《禮記·禮器》："禮也者，猶體也。"《大戴禮記·曾子大孝》："禮者，體此者也。"《韓詩外傳》卷五："禮者，則天地之體。"《春秋繁露·竹林》："禮者，庶于仁，文質而成體者也。"又《天道施》："禮，體情而防亂者也。"《淮南子·齊俗》："禮者，體情制文者也。……禮者，體也。"《新書·道術》："動有文體謂之禮。"又《道德説》："禮者，體德理而爲之節文，成人事，故曰'禮者，此之體者也'。"《法言·問道》："禮，體也。"《御覽》卷五百二十三引《説題辭》："禮者，所以設容明天地之體也。"《釋名·釋言語》："禮，體也，得事體也。"按："禮、體"右文、假借，

《易·繫辭上》"知崇禮卑"釋文:"禮蜀才作體。"《詩·邶風·谷風》"無以下體",《韓詩外傳》引"體"作"禮"(王應麟《詩考》);銀雀山漢墓竹簡《奇正》"故一節痛,百節不用,同禮也","禮"爲"體"之借。

　　理也。《禮記·仲尼燕居》:"禮也者,理也。"又《樂記》:"禮也者,理之不可易者也。"《管子·心術》:"禮者,謂有理也。"按:"禮、理"假借,銀雀山漢墓竹簡《晏子·内篇問上第三》"安和之禮存焉,未可攻也""未免乎危亂之禮"、《六韜·王法》"大國行仁義,明道憲,中國守戰,小國事養,天地之禮也","禮"并"理"之借。

政

　　正也。《論語·顏淵》:"政者,正也。"《管子·法法》:"政者,正也,正也者,所以正定萬物之命也。"《左傳》桓公二年:"政以正民。"《尸子》卷上:"政也者,正人者也,身不正則人不從。"《禮記·哀公問》:"政者,正也。"《周禮·夏官·序官》"掌邦政"注引《孝經説》曰:"政者,正也,正德名以行道。"《説文》攴部:"政,正也。"《論語·子路》"對曰'有政'"集解引馬曰:"政者,有所改更匡正也。"《周禮·夏官·序官》"掌邦政"鄭玄注:"政,正也,政所以正不正者也。"《釋名·釋言語》:"政,正也,下所取正也。"按:"政、正"右文、假借,《尚書·舜典》"以齊七政",《史記·律書》引"政"作"正";《詩·大雅·皇矣》"其政不獲"釋文:"政,鄭作正。"《周禮·天官·凌人》"掌冰正"注:"故書正爲政……杜子春讀政當爲正。"

教

　　效也。《御覽》卷三百六十引《元命苞》:"教之爲言效也,上爲下效,道之始也。"卷五百九十三引《元命苞》:"天垂文象,人行其事謂之教,教,效也,言上爲而下效也。"玄應《音義》卷二引《三蒼》曰:"教,效也。"《白虎通·三教》:"教者,何謂也? 教者,效也,上爲之,下效之。"《説文》教部:"教,上所施下所效也。"《禮記·中庸》"脩道之謂教"注:"治而廣之,人放傚之,是曰教。"《釋名·釋言語》:"教,效也,下所法效也。"《吕氏春秋·誣徒》"教人則不精"注："教，效也。"按："教、效"假借，馬王堆漢墓帛書《繫辭》"教法之胄（謂）川（坤）"，"教"爲"效"之借；北京大學藏西漢竹書《妄稽》"虞士雖不宵（肖），願以自教也"，何有祖以"教"爲"效"之借（《讀北大簡〈妄稽〉條記（一）》）。

學（斆）

覺也。《白虎通·辟雍》："學之爲言覺也，以覺悟所不知也。"《説文》教部："斆，覺悟也。"按："學、覺"右文、假借，《淮南子·説山》"不小學，不大迷"，《文子·上德》"學"作"覺"；張家山漢簡《引書》"學心腹及匃（胸）中有痛者"，"學"爲"覺"之借；嶽麓書院藏秦簡《第二組》"史子未傅先覺覺室"，二"覺"并"學"之借。

效也。《尚書大傳·洛誥》："學，效也。"按："學、斆"異體，"斆、效"假借，《史記·張釋之馮唐列傳》"豈斆此嗇夫諜諜利口捷給哉"，《漢書·張釋之傳》"斆"作"效"。

校

教也。《孟子·滕文公上》："校者，教也。"注："教者，教以禮義。"《御覽》卷五百三十五引《五經通義》："三王教化之宮總名爲學，夏爲學校，校之言教也。"按："校、教"假借，《莊子·説劍》"王乃校劍士七日"釋文："校本或作教。"

校正也。《詩·鄭風·子衿·序》"刺學校廢也"箋："鄭國謂學爲校，言可以校正道藝。"

娿

加也。《説文》女部："娿，女師也。……杜林説，加教於女也。"按："娿"或借作"阿"，如《列女傳》之"保阿"，《禮記·内則》"擇於諸母與可者"《儀禮·喪服傳》"爲庶母何以小功也"注引此，云："可者，賤於諸母，謂傅姆之屬。"又，"娿、加"右文。

儒

無也。《韓詩外傳》卷五：“儒者，儒也。儒之爲言無也，不易之術也，千舉萬變，其道不窮，六經是也。”

柔也，優也。《説文》人部：“儒，柔也，術士之稱。”《禮記·儒行》“儒行”疏引鄭玄《目録》云：“儒之言優也，柔也，能安人，能服人。”

濡也。《禮記·儒行》“儒行”疏引鄭玄《目録》云：“儒者，濡也，以先王之道能濡其身。”按：“儒、濡”右文、假借，《隷釋》卷八《衛衡方碑》“少以濡術安貧樂道”，洪适以“濡”爲“儒”。

區也。《後漢書·杜林傳》“時稱通儒”注引《風俗通》：“儒者，區也，言其區別古今，居則翫聖哲之詞，動則行典籍之道，稽先王之制，立當時之事，此通儒也。若能納而不能出，能言而不能行，講誦而已，無能往來，此俗儒也。”

綱

張也。《白虎通·三綱六紀》：“綱者，張也。”《詩·大雅·棫樸》“綱紀四方”箋：“張之爲綱，理之爲紀。”《詩·大雅·卷阿》“四方爲綱”箋：“綱者，能張衆目。”

紀

理也。《白虎通·三綱六紀》：“紀者，理也。”《詩·大雅·棫樸》“綱紀四方”箋：“張之爲綱，理之爲紀。”

律

述也。《禮記·中庸》“上律天時”注：“律，述也。”按：此“述”或以爲述刑名，《急就篇》“春秋尚書律令文”顏師古注：“律，述也，具述刑名也。”

累也。《釋名·釋典藝》：“律，累也，累人心使不得放肆也。”

巡狩（守）

巡，循也；狩，牧也。《御覽》卷五百三十七引《禮記·逸禮》曰：“巡狩者何？巡，循也；狩，牧也；爲天循行牧民也。”《白虎通·巡狩》：“巡者，循也；

狩者，牧也。爲天循行守牧民也。"按："巡、循"假借，《禮記·月令》"循行犧牲"，《吕氏春秋·仲秋季》"循"作"巡"；《禮記·月令》"命司徒巡行縣鄙"，《吕氏春秋·孟夏紀》"巡"作"循"。

巡者，循也；狩者，守也。《尚書大傳·堯典》："巡猶循也，狩猶守也：循行守視之辭。亦不可國至人見爲煩擾，故至四嶽，知四方之政而已。"《公羊傳》隱公八年"天子有事于泰山"注："巡猶循也，守猶守也，循行守視之辭，亦不可國至人見，爲煩擾，故至四岳足以知四方之政而已。"《風俗通·山澤》："巡者，循也，狩者，守也。"《孟子·梁惠王下》："天子適諸侯曰巡狩，巡狩者，巡所守也。"《説苑·修文》："巡狩者，巡其所守也。"按："狩、守"右文、假借，見《釋禽蟲》"狩"條。

封

附也。《白虎通·封禪》："封者，附廣也。"（據劉師培説改）

禪

傳也。《白虎通·封禪》："言禪者，明以成功相傳也。"《淮南子·繆稱》"禪於家國"注："禪，傳也，言堯舜禹相傳，天下服之也。"

壇也。《禮記·禮器》"因名山，升中於天"注"禪乎梁甫"疏引《尚書説》："禪者，除地爲壇。"按：此"壇"爲"墠"之借，"禪、墠"右文。

述職

述所職也。《孟子·梁惠王下》："諸侯朝於天子曰述職，述職者，述所職也。"《説苑·修文》："述職者，述其所職也。"

諫

間也，更也。《白虎通·諫諍》："諫者何？諫者，間也，更也，是非相間，革更其行也。"《論衡·譴告》："諫之爲言間也。"按："諫、間"假借，睡虎地秦墓竹簡《爲吏之道》"敬上勿犯，聽間勿塞"、北京大學藏西漢竹書《周馴》"或進間曰：夷吾之罪大矣"、阜陽漢簡《春秋事語·葉公諸梁問樂王鮒》"人而好學受規間"，"間"并"諫"之借。

諷諫

諷，諷告也。《白虎通·諫諍》："諷諫者，智也，知患禍之萌，深睹其事，未彰而諷告焉：此智之性也。"

順諫

順，遜順也。《白虎通·諫諍》："順諫者，仁也。出詞遜順，不逆君心：此仁之性也。"

指諫

指，質也。《白虎通·諫諍》："指諫者，信也，指者，質也，質相其事而諫，此信之性也。"

拜

服也。《禮記·郊特牲》："拜，服也。"《白虎通·姓名》："拜之言服也。"

跌也，拔也。《釋名·釋姿容》："拜，於丈夫爲跌，跌然詘折下就地也；於婦人爲拔，自抽拔而上下也。"[①]按："拜、拔"假借，《詩·召南·甘棠》"勿翦勿拜"箋："拜之言拔也。"此説假借。

振動

振，振動也；動，慟也。《周禮·春官·大祝》"辨九拜：……四曰振動"注引杜子春云："振讀爲振鐸之振，動讀爲哀慟之慟。"按："動、慟"右文。

振動義。《周禮·春官·大祝》注引鄭大夫云："動讀爲董，書亦或爲董，振董，以兩手相擊也。"按："動、董"右文。

振，振動也；動，顏色變動也。《周禮·春官·大祝》注："振動，戰慄變動之拜。《書》曰：'王動色變。'"

奇拜

奇，奇數也。《周禮·春官·大祝》"辨九拜：……七曰奇拜"注引杜子春云："奇讀爲奇偶之奇，謂先屈一膝，今雅拜是也。"

---

① 二"拔"字本并作"扶"，今從段玉裁説改。

奇，倚也。《周禮·春官·大祝》注引或云：“奇讀曰倚，倚拜謂持節持戟拜，身倚之以拜。”按：“奇、倚”右文、假借，《易·説卦》“參天兩地而倚數”釋文：“倚，蜀才作奇。”《周禮·地官·媒氏》注引“倚”作“奇”；《荀子·儒效》“倚物怪變”，《韓詩外傳》卷五“倚”作“奇”；《史記·外戚世家》“欲奇兩女”索隱：“《漢書》作倚。”

奇，奇數也，一也。《周禮·春官·大祝》注引鄭大夫云：“奇拜謂一拜也。”

褒拜

褒，報也。《周禮·春官·大祝》“辨九拜：……八曰褒拜”注引鄭大夫云：“褒讀爲報，報拜，再拜是也。”

致仕（事）

致其事於君也。《白虎通·致仕》：“致仕者，致其事於君。”《禮記·曲禮上》：“大夫七十而致事。”注：“致其所掌之事於君而告老。”疏：“致事，致職於君。”按：“士、仕”多假借，“士、事”假借。

禄

録也。《詩·周南·樛木》“福履綏之”傳“履，禄；綏，安也”疏引《援神契》：“禄者，録也，取上所以敬録接下，下所以謹録事上。”《白虎通·京師》：“禄者，録也，上以敬録接下，下各以謹録事上。”按：“禄、録”右文、假借，《周禮·天官·職幣》“而奠其録”注：“故書録爲禄，杜子春云：‘禄當爲録。’”《莊子·漁父》“禄禄而受變於俗”釋文：“禄，司馬云録。”《禮記·王制》“其餘以禄士”，《公羊傳》襄公十五年疏引“禄”作“録”。

穀也。《周禮·春官·天府》“若祭天之司民、司禄”注：“禄之言穀也，年穀登乃後制禄。”

射

繹也，舍也。《禮記·射義》：“射之爲言者繹也，或曰舍也，繹者，各繹己之志也，故心平體正，持弓矢審固，持弓矢審固則射中矣。”《儀禮·鄉射禮》

“賓主人大夫若皆與射”注：“射者，繹己之志，君子務焉。”按：“射、繹”假借，《周禮·春官·龜人》“地龜曰繹屬”，《禮記·玉藻》“卜人定龜”注“謂靈射之屬”釋文：“射音亦，《周禮》作‘繹’。”

侯

諸侯也。天子射侯，爲射不朝之諸侯；諸侯射之，中者則得爲諸侯，不中則不得爲諸侯。如《白虎通·鄉射》：“名之爲侯者何？明諸侯有不朝者，則當射之。”《論衡·亂龍》：“名布爲侯，示射無道諸侯也。夫畫布爲熊麋之象，名布爲侯，禮貴意象，示義取名也。”《禮記·射義》：“天子之大射謂之射侯，射侯者，射爲諸侯也，射中則得爲諸侯，射不中，則不得爲諸侯。”《周禮·天官·司裘》“王大射，則共虎侯、熊侯、豹侯”注：“所射正謂之侯者，天子中之，則能服諸侯；諸侯以下中之，則得爲諸侯。”《儀禮·大射儀》“司馬命量人量侯道”注：“侯，謂所射布也，尊者射之，以威不寧侯；卑者射之，以求爲侯。”

皮侯

皮所飾之侯也。《周禮·考工記·梓人》“張皮侯而棲鵠”注：“皮侯，以皮所飾之侯，《司裘職》曰：‘王大射，則共虎侯、熊侯、豹侯，設其鵠。’謂此侯也。”

獸侯

畫獸之侯也。《周禮·考工記·梓人》“張獸侯”注：“獸侯，畫獸之侯也。”

鵠

鵠毛也。《周禮·天官·司裘》“王大射，則共虎侯、熊侯、豹侯，設其鵠”注引鄭司農云：“鵠，鵠毛也。”疏：“鄭司農云‘鵠，鵠毛也’者，先鄭意以鵠字與鴻鵠字同，故爲鵠毛解之。”

鴇鵠也，取難中義。《周禮·天官·司裘》“設其鵠”注：“謂之鵠者，取名於鴇鵠，鴇鵠，小鳥而難中，是以中之爲雋。”《儀禮·大射儀》“大侯之崇見鵠於參”注：“或曰，鵠，鳥名，射之難中，中之爲俊，是以所射於侯取名也。”

　　較也，梏也，覺也，直義。《周禮·天官·司裘》“設其鵠”注：“亦取鵠之言較，較者，直也，射所以直己志。”《儀禮·大射儀》“大侯之崇見鵠於參”注：“鵠之言較，較，直也，射者所以直己志。”《周禮》疏：“案：《梓人》云‘張皮侯而棲’，鵠毛非可棲之物，故後鄭不從（先鄭）。”《禮記·射義》“發而不失正鵠者”注：“棲皮曰鵠……鵠之言梏也，梏，直也，言人正直乃能中也。”《詩·小雅·賓之初筵》“大侯既抗”傳“抗，舉也”箋“舉者，舉鵠而棲之於侯也”，釋文引《説文》又云：“鵠者，覺也，直也，射者直己志。”按：直義蓋“榷”之借。

正

　　正直也。《周禮·夏官·射人》“九節五正”注：“正之言正也，射者内志正，則能中焉。”《禮記·射義》“發而不失正鵠者”注：“畫曰正……正之言正也……言人正直乃能中也。”《儀禮·大射儀》“大侯之崇見鵠於參”注：“《淮南子》曰：‘鴻鵠知來。’然則所云‘正者，正也’，亦鳥名，齊魯之間名題肩爲正。正、鵠皆鳥之捷黠者。”按：侯中有鵠，鵠中有正，正中有質，《周禮·天官·司裘》“王大射，則共虎侯、熊侯、豹侯，設其鵠”注引鄭司農云：“方十尺曰侯，四尺曰鵠，二尺曰正，四寸曰質。”

貍步

　　如貍之步也。《儀禮·大射儀》“司馬命量人量侯道與所設乏，以貍步”注：“貍之伺物，每舉足者止視遠近，爲發必中也，是以量侯道取象焉。”《周禮·夏官·射人》“若王大射則以貍步張三侯”注：“鄭司農云：貍步謂一舉足爲一步，於今爲半步。玄謂：貍，善搏者也，行則止而擬度焉，其發必獲，是以量侯道法之也。”

武

　　舞也。《禮記·樂記》“武亂皆坐”注：“武，舞，象戰鬥也。”又“夫武之備戒之已久”注：“武，謂周舞也。”《釋名·釋言語》：“武，舞也，征伐動行如物鼓舞也。”按：“武、舞”假借，左氏、公羊《春秋》莊公十年“以蔡侯獻舞歸”，穀梁《春秋》“舞”作“武”；《周禮·地官·鄉大夫》“五曰興舞”，《論語·八佾》“射不主皮”集解馬融引“舞”作“武”，云：“與舞同。”《戰國策·燕策三》“秦武陽”，《史記·刺客列傳》作“秦舞陽”。

萬舞

萬人之舞也。《公羊傳》宣公八年“萬者何？干舞也”注：“萬者，其篇名，武王以萬人服天下，民樂之，故名之云爾。”疏以爲《春秋説》文。

干舞

執干而舞也，干，扞也。《公羊傳》宣公八年“萬者何？干舞也”注：“干謂楯也，能爲人扞難而不使害人，故聖王貴之，以爲武樂。”按：“干、扞”右文、假借，《左傳》成公十二年“公侯干城”釋文：“干本亦作扞。”《左傳》襄公二十五年“陪臣干掫”《史記·齊太公世家》索隱引“干”作“扞”。

籥舞

吹籥而舞也。《周禮·春官·籥師》“掌教國子舞羽龡籥”注：“文舞有持羽吹籥者，所謂籥舞也。”《公羊傳》宣公八年“籥者何？籥舞也”注：“籥所吹以節舞也，吹籥而舞，文樂之長。”

皋舞

皋，號也。《周禮·春官·樂師》“詔來瞽皋舞”注：“皋之言號，告國子當舞者舞。”

羽舞

羽，羽毛也。《周禮·春官·樂師》“有羽舞”注引鄭司農云：“羽舞者，析羽。”

旄舞

旄，氂也。《周禮·春官·樂師》“有旄舞”注引鄭司農云：“旄舞者，氂牛之尾。”

皇舞

皇，鳳皇也。《周禮·春官·樂師》“皇舞”注：“皇，雜五采羽如鳳皇色，持以舞。”

歌

歡也。《初學記》卷十五引《五經通義》曰：“歌之言驩也。”

柯也。《釋名·釋樂器》：“人聲曰歌，歌，柯也，所歌之言，是其質也。以聲吟詠有上下，如草木之有柯葉也，故兗冀言歌聲如柯也。”按：“歌、柯”右文。

謠

消搖也。《爾雅·釋樂》“徒歌謂之謠”疏引孫炎注：“聲消搖也。”按：“消搖”即“逍遙”，又“謠、搖”右文。

操

操行也。《後漢書·曹襃傳》“歌、詩、曲、操，以俟君子”注引劉向《別錄》：“君子因雅琴之適，故從容以致思焉，其道閉塞，悲愁而作者，名其曲曰‘操’，言遇災害，不失其操也。”《意林》卷三引桓譚《新論》：“古者聖賢玩琴以養心，窮則獨善其身而不失其操，故謂之操。”《文選·鮑照〈蕪城賦〉》“抽琴命操”李善注引《新論·琴道》：“琴有伯夷之操，夫遭遇異時，窮則獨善其身，故謂之操。”《風俗通·聲音》：“其遇閉塞，憂愁而作者，命其曲曰操，操者，言遇菑遭害，困厄窮迫，雖怨恨失意，猶守禮義，不懼不懾，樂道而不失其操者也。”

暢

通暢也。《意林》卷三引桓譚《新論》：“古者聖賢玩琴以養心……達則兼善天下，無不通暢，故謂之暢。”《風俗通·聲音》：“其道行和樂而作者，命其曲曰暢，暢者，言其道之美暢，猶不敢自安，不驕不溢，好禮不以暢其意也。”

釋書契第二十五

書

如也，舒也，紀也。《御覽》卷七百四十九引《援神契》：“題於竹帛，謂之書，書者，如也，舒也，紀也。”《説文·敘》：“書者，如也。”

著也。《新書·道德説》：“書者，著德之理于竹帛而陳之，令人觀焉，以著所從事，故曰，‘書者，此之著者也’。”《説文》聿部：“書，箸也。”《釋名·釋書契》：“書……亦言著也，著之簡紙永不滅也。”按：“箸、著”古今字，“書、箸”假借，上海博物館藏戰國楚竹書《苦成家父》“鑾（欒）箸乃退”、《武王踐阼》（乙本）“丹箸之言又（有）之”、清華大學藏戰國竹簡《保訓》“女（汝）以箸及尔（爾）身受大命”，“箸”并“書”之借。

庶也。《釋名·釋書契》：“書，庶也，紀庶物也。”

契

刻也。《易·繫辭下》“後世聖人易之以書契”集解引九家《易》：“契，刻也。”《釋名·釋書契》：“契，刻也，刻識其數也。”

約

約束也。《周禮·秋官·序官》“司約”注：“約，言語之約束。”《釋名·釋書契》：“約，約束之也。”

文

文理也。《御覽》卷七百四十九引《援神契》：“得之自然，備其文理，象形之屬，則謂之文。”[①]

字

孳也。《御覽》卷七百四十九引《援神契》：“因而滋蔓，母子相生，形聲會意之屬，則謂之字，字者，言孳乳浸多也。”《説文·敘》：“字者，言孳乳而浸

---

① “謂”本訛“爲”。

多也。”按：“字、孳”右文、假借，《尚書·堯典》“鳥獸孳尾”，《史記·五帝本紀》“孳”作“字”。

飾也。《廣韵·志韵》引《説題辭》：“字者，飾也。”

版

以版爲之，故名。《周禮·天官·宫伯》“掌王宫之士、庶子凡在版者”注引鄭司農云：“版，名籍也，以版爲之，今時鄉户籍謂之户版。”按：“版、板”古今字，後名籍作“版”，製版之木爲“板”。

判也。《説文》片部：“版，判也。”

珽

挺也。《禮記·玉藻》“天子搢珽，方正於天下也”注：“此亦笏也，謂之珽，珽之言珽然無所屈也。”按：珽然之“珽”爲“挺”之借，“珽、挺”右文。

珪（圭）

珪，瓄也，瓄，潔義。《白虎通·瑞贄》：“珪之爲言潔也。”[①]《儀禮·士虞禮記》“圭爲而哀薦之”注：“圭，絜也。”《孟子·滕文公上》“卿以下必有圭田”注：“圭，潔也。”按：“絜、潔”通。此以“珪”爲“瓄”之借，故訓“潔”，《爾雅·釋言》：“瓄，明也。”“圭、瓄”假借，詳《釋地》“圭田”條。

鎮圭

圭以四鎮之山爲瑑飾也。《周禮·春官·大宗伯》“王執鎮圭”注：“鎮，安也，所以安四方。鎮圭者，蓋以四鎮之山爲瑑飾，圭長尺有二寸。”疏：“四鎮者，謂揚州之會稽，青州之沂山，幽州之醫無閭，冀州之霍山是也。”

桓圭

圭上有如桓楹之飾也。《周禮·春官·大宗伯》“公執桓圭”注：“雙植謂之桓，桓，宫室之象，所以安其上也。桓圭蓋亦以桓爲瑑飾，圭長九寸。”疏：“云‘雙植謂之桓’者，桓謂若屋之桓楹。”

---

① “潔”盧本作“圭”，今從元大德本。

命圭

王所命之圭也。《周禮·考工記·玉人》“命圭九寸，謂之桓圭，公守之”注：“命圭者，王所命之圭也。”

信圭

信，身也，圭以人形爲瑑也。《周禮·春官·大宗伯》“侯執信圭，伯執躬圭”注：“信當爲身，聲之誤也，身圭、躬圭蓋皆象以人形爲瑑飾，文有粗縟耳，欲其慎行以保身，圭皆長七寸。”《御覽》卷八百六引鄭玄《三禮射侯圖》：“信圭，七寸，謂圭上瑑爲人頭身之形，侯所執也。”按：“信、身”假借，《禮記·儒行》“竟信其志”注：“信或爲身。”《孔子家語》“信”作“身”；清華大學藏戰國竹簡《命訓》“事（使）身身（人）祝（畏）天”，上“身”字爲“信”之借。

躬圭

躬，躬身也。《御覽》卷八百六引《三禮射侯圖》：“躬圭，七寸，謂圭上瑑爲四體之形，伯所執也。”

珍圭

珍，鎮也。《周禮·春官·典瑞》“珍圭以徵守，以恤凶荒”注引杜子春云：“‘珍’當爲‘鎮’，書亦或爲‘鎮’，以徵守者，以徵召守國諸侯，若今時徵郡守以竹使符也。鎮者，國之鎮，諸侯，亦一國之鎮，故以鎮圭徵之也。凶荒則民有遠志，不安其土，故以鎮圭鎮安之。”

土圭

土，度也。《周禮·春官·典瑞》“土圭以致四時日月，封國則以土地”注引鄭司農說以玉人職曰：“‘土圭尺有五寸，以致日，以土地’，以求地中，故謂之土圭。”鄭玄云：“土地，猶度地也，封諸侯以土圭，度日景，觀分寸長短以制其域所封也。”

祼圭

祼，灌也。《周禮·考工記·玉人》“祼圭尺有二寸有瓚”注：“祼之言灌也，或作‘淉’，或作‘果’，祼謂始獻酌奠也。”按：《周禮·春官·典瑞》“祼圭有瓚"注引鄭司農云"於圭頭爲器,可以挹鬯祼祭"與此義同。又,"祼、灌"假借,《禮記·郊特牲》"灌用鬱鬯"釋文:"灌本又作祼。"《周禮·秋官·大行人》"王禮再祼而酢"注引鄭司農云:"祼讀爲灌。"《周禮·春官·鬱人》"凡祼玉,濯之陳之"注:"祼玉,謂圭瓚、璋瓚。"《類聚》卷三十八引《鬱人》并鄭注二"祼"字并作"灌"。

琬圭

琬,圜也。《周禮·考工記·玉人》"琬圭九寸而繅"注:"琬,猶圜也,王使之瑞節也。"按:《周禮·春官·典瑞》"琬圭以治德以結好"注引鄭司農云:"琬圭,無鋒芒,故治德以結好。""無鋒芒"亦圜義。

琬,宛也。《説文》玉部:"琬,圭有琬者。"段玉裁云:"此當作圭首宛宛者。"按:"琬、宛"右文。

琰圭

琰,剡也。《周禮·考工記·玉人》"琰圭九寸"注:"凡圭,琰上寸半。琰圭,琰半以上,又半爲瑑飾。"按:"琰半以上"之"琰"通"剡",削殺義。又,"琰、剡"右文。

璧

辟積也。《白虎通·瑞贄》:"璧之爲言積也。"按:此可參《釋宮室》"辟雍"條。

穀璧

璧以穀爲飾也。《周禮·春官·大宗伯》"子執穀璧"注:"穀所以養人……蓋或以穀爲飾。"

蒲璧

蒲,蒲席也。《周禮·春官·大宗伯》"男執蒲璧"注:"蒲爲席,所以安人……蓋或以蒲爲瑑飾。"

璜

橫也,光也。《白虎通·瑞贄》:"璜者,橫也,質尊之命也。陽氣橫于黄泉，故曰璜。璜之爲言光也，陽光所及，莫不動也。”按：“璜、橫”右文、假借，《漢書·費直傳》“琅邪王璜平中能傳之”，《溝洫志》“王璜”作“王橫”。“璜、光”右文。

璋

章明也。《白虎通·瑞贄》：“璋之爲言明也，賞罰之道，使臣之禮，當章明也。南方之時，萬物莫不章，故謂之璋。”按：“章”之明義爲“彰”之借，“璋、章”右文、假借，《詩·大雅·棫樸》“追琢其章”，《周禮·天官·追師》注引“章”作“璋”；《史記·秦始皇本紀》“顯陳舊章”正義：“碑文作‘畫璋’也。”《管子·牧民》“不璋兩原”尹知章注：“璋當爲章，章，明也。”

牙璋

牙，齒牙也。《周禮·春官·典瑞》“牙璋以起軍旅，以治兵守”注引鄭司農云：“牙璋，琢以爲牙，牙，齒，兵象，故以牙璋發兵，若今時以銅虎符發兵。”按：此以“牙”爲雕飾齒牙狀紋理。

琮

宗也。《白虎通·瑞贄》：“琮之爲言聚也，象萬物之宗聚也。”（從劉師培説改）按：“琮、宗”右文。

釭也。《説文》玉部：“琮，瑞玉，大八寸，似車釭。”段玉裁云：“如車釭者，蓋車轂空中，不正圜，爲八觚形，琮似之。”

駔琮

駔，組也。《周禮·考工記·玉人》“駔琮五寸”注：“駔讀爲組，以組繫之，因名焉。”按：“駔、組”右文、假借，《周禮·春官·典瑞》“駔圭璋璧琮琥璜之渠眉”注：“駔讀爲組，與組馬同，聲之説也。”

琥

虎也。《説文》玉部：“琥，發兵瑞玉，爲虎文。”聶崇義《三禮圖集注》卷十一引鄭玄《三禮圖》云：“（琥）以玉，長九寸，廣五寸，刻伏虎形，高三寸。”按：“琥、虎”右文、假借，《禮記·禮器》“琥璜爵”釋文：“琥又作虎。”

瓏

龍也。《説文》玉部："瓏，禱旱玉，龍文。"按："瓏、龍"右文。

瑁（冒）

冒也，其形有所冒也。《尚書·顧命》"上宗奉同瑁" 傳："瑁，所以冒諸侯圭。"《尚書大傳·堯典》："古者圭必有冒，言不敢專達之義也。"《白虎通·瑞贄》："瑁之爲言冒也，上有所覆，下有所冒也。"《説文》玉部："瑁，諸侯執圭朝天子，天子執玉以冒之，似犂冠。"按："瑁、冒"右文、假借，《史記·司馬相如列傳》"瑇瑁鼈黿"，《漢書·司馬相如傳》"瑇瑁"作"毒冒"。

冒也，德覆冒天下也。《周禮·考工記·玉人》"天子執冒四寸以朝諸侯" 注："名玉曰冒者，言德能覆蓋天下也。"

同

齊同也。《三國志·吳志·虞翻傳》注引馬融《尚書·顧命》"上宗奉同瑁"注："同者，大同天下。"按："同"爲爵名。

璽

信也。《御覽》卷六百八十二引《漢官儀》："璽，施也，信也。"《漢書·高帝紀》"封皇帝璽符節"注引應劭曰："璽，信也。"《史記·秦始皇本紀》"矯王御璽"集解引蔡邕曰："璽者，印信也。"

徙也。《釋名·釋書契》："璽，徙也，封物使可轉徙而不可發也。"按："璽、徙"假借，《吕氏春秋·孟冬紀》"固封璽"注："璽，讀曰移徙之徙。"

印

信也，驗也。慧琳《音義》二十八引《蒼頡篇》："印，驗也。"卷三十引《蒼頡篇》："印，信也。"慧琳《音義》卷六十七引《三蒼》："印，信也，檢也。"[①]《説文》印部："印，執政所持信也。"《獨斷》卷上："印者，信也。"《釋名·釋書契》："印，信也，所以封物爲信驗也。"

---

① "檢"蓋"驗"之誤。

因也。《釋名·釋書契》：“印……亦言因也，封物相因付也。”

方

板也。《儀禮·聘禮》“不及百名書於方”注：“方，板也。”又《既夕禮》“書賵於方”注：“方，板也。”《禮記·曲禮下》“書方”注：“方，板也。”《周禮·秋官·萏蔟氏》“以方書十日之號”注：“方，版也。”《禮記·中庸》“文武之政，布在方策”注：“方，版也。”《史記·張丞相列傳》“主柱下方書”集解引如淳曰：“方，版也，謂書事在版上者也。”“板、版”通。

讎校

讎，怨讎也。《文選·左思〈魏都賦〉》“讎校篆籀”李善注引《風俗通》引劉向《別録》：“讎校，一人讀書，校其上下，得繆誤爲校；一人持本，一人讀書，若怨家相對。”

銘

名也。《禮記·祭統》：“夫鼎有銘，銘者，自名也。自名以稱揚其先祖之美，而明著之後世者也。”“銘者，論譔其先祖之有德善、功烈、勳勞、慶賞、聲名，列於天下而酌之祭器，自成其名焉。”《周禮·夏官·司勳》“凡有功者，銘書于王之大常”注：“銘之言名也。”《釋名·釋言語》：“銘，名也，記名其功也。”又《釋典藝》：“銘，名也，述其功美，使可稱名也。”按：“銘、名”右文、假借，《周禮·春官·小祝》“設熬置銘”注：“銘，今書或作名。”《儀禮·士喪禮》“爲銘各以其物”注：“今文銘皆爲名。”又“書銘於末”，《周禮·春官·小祝》注引“銘”作“名”。

庸器

庸，功也。《周禮·春官·序官》“典庸器”注：“庸，功也。”引鄭司農云：“庸器，有功者鑄器銘其功，《春秋傳》曰：‘以所得於齊之兵作林鍾而銘魯功焉。’”

玉儀

以玉爲渾儀也。《晉書·天文志上》引《考靈曜》“乃命中星觀玉儀之游”鄭玄注：“以玉爲渾儀也。”

讒鼎

疾讒之鼎也。《左傳》昭公三年“讒鼎之銘”疏引服虔云：“讒鼎，疾讒之鼎，《明堂位》所云‘崇鼎’是也。”

傅別（辨）

傅，束縛也，縛而別之也。《周禮·秋官·士師》“凡以財獄訟者，正之以傅別、約劑”注：“故書別爲辯，鄭司農云：‘傅或爲付，辯讀爲風別之別，若今時市買，爲券書以別之，各得其一，訟則案券以正之。’”是鄭司農本作“傅辨”。又《天官·小宰》“聽稱責以傅別”“稱責以傅別”注引鄭司農云：“傅別謂券書也。……傅，傅著約束於文書。別，別爲兩，兩家各得一也。”

傅，符也；書於一符，中分而別之，即符之別也。《周禮·秋官·士師》“凡以財獄訟者，正之以傅別、約劑”注：“傅別，中別手書也。”又《天官·小宰》“聽稱責以傅別”注：“傅別，故書作‘傅辨’，鄭大夫讀爲‘符別’，杜子春讀爲‘傅別’。……傅別，謂爲大手書於一札，中字別之。”然則鄭司農與杜子春同，康成云“大手書於一札”，則以“傅”爲“符”，同鄭大夫之讀矣。《釋名·釋書契》：“莂，別也，大書中央，中破別之也。”孫詒讓以爲“莂”即“傅別”字，“艹”爲累加形符，亦作“笧”（《札迻》卷二）。

馬

馬也。《禮記·投壺》“請爲勝者立馬”注：“馬，勝筭也。謂之馬者，若云技藝如此，任爲將帥乘馬也。”按：此即籌碼字。又，“碼、馬”右文、假借，如上文。

釋典藝第二十六

五經

經，經常也。《白虎通·五經》：“經所以有五何？經，常也，有五常之道，故曰五經。”

經，徑也。王逸《離騷經章句》：“經，徑也。言己放逐離別，中心愁思，猶依道徑，以風諫君也。”《釋名·釋典藝》：“經，徑也，常典也。如徑路無所不通，可常用也。”按：“經、徑”右文、假借，《禮記·月令》“審端經術”，釋文本、《吕氏春秋·孟春紀》“經”作“徑”；《荀子·君道》“其於事也，徑而不失”，《韓詩外傳》卷四“徑”作“經”；《史記·大宛列傳》“經匈奴”，《漢書·張騫傳》“經”作“徑”。

三墳

三，三王也。《左傳》昭公十二年“是能讀三墳五典八索九丘”疏引賈逵云：“三墳，三王之書。”

三，三氣也。《左傳》昭公十二年“是能讀三墳五典八索九丘”疏引馬融說：“三墳，三氣，陰陽始生，天地人之氣也。”

墳，防也。《左傳》昭公十二年“是能讀三墳五典八索九丘”疏引張平子說：“三墳，三禮，禮爲大防，《爾雅》曰：‘墳，大防也。’《書》曰：‘誰能典朕三禮。’”

墳，分也。《釋名·釋典藝》：“三墳，墳，分也，論三才分天地人之始，其體有三也。”按：“墳、分”假借，《楚辭·天問》“地方九則，何以墳之”注：“墳，分也。”此以“墳”爲“分”之借。

五典

五，五行也。《左傳》昭公十二年“是能讀三墳五典八索九丘”疏引馬融說：“五典，五行也。”

五帝之典也。《左傳》昭公十二年“是能讀三墳五典八索九丘”疏引賈逵云：“五典，五帝之典。”

典，典常也。《左傳》昭公十二年“是能讀三墳五典八索九丘”疏引張平子說：“五典，五帝之常道也。”

典，鎮也。《釋名·釋典藝》：“五典，典，鎮也，制教法所以鎮定上下，差等有五也。”

八索

八，八卦也。《左傳》昭公十二年“是能讀三墳五典八索九丘”疏引馬融說：“八索，八卦。”

索，素也。《文選·潘岳〈閒居賦〉》“傲墳素之場圃”李善注引賈逵注《左傳》“能讀三墳五典八索九丘”云：“八索，素王之法。”《釋名·釋典藝》：“八索，索，素也，著素王之法，若孔子者，聖而不王，制此法者有八也。”按：“索、素”假借，《左傳》昭公十二年“八索九丘”釋文：“索本又作素。”《爾雅·釋草》“枹，霍首素華”釋文：“素，又作索。”《禮記·中庸》“素隱行怪”，《漢書·藝文志》作“索隱行怪”。

索，索也，索，空義。《左傳》昭公十二年“是能讀三墳五典八索九丘”疏引張平子說：“八索，周禮八議之刑，索，空，空設之。”按：“索”爲繩索義，“索”爲搜索義，經典多假“索”爲“索”，空義爲“索”之引申。

索，求索也。《尚書·序》：“八卦之說，謂之八索，求其義也。”

九丘

九，九州也。丘，聚也。《尚書·序》：“九州之志，謂之九丘，丘，聚也，言九州所有、土地所生、風氣所宜，皆聚此書也。”《左傳》昭公十二年“是能讀三墳五典八索九丘”疏引馬融說：“九丘，九州之數也。”

九，九州也。丘，空也。《左傳》昭公十二年“是能讀三墳五典八索九丘”疏引賈逵云：“九丘，九州亡國之戒。”引張平子說：“九丘，周禮之九刑，丘，空也，亦空設之。”

九，九州也。丘，區也。《釋名·釋典藝》：“九丘，丘，區也，區別九州之土氣，教化所宜施者也。”按：“丘、區”假借，《禮記·曲禮上》“禮不諱嫌名”注：“嫌名謂音聲相近，若禹與雨、丘與區也。”《黃帝內經·素問》“鬼臾區”，《亢倉子·賢道》作“鬼臾丘”；《荀子·大略》“在乎區蓋之間”注：“器名區者，與丘同義。”顏師古以陸機詩“普厥區宇”，《晉宮閣名》所載“若干區”，“區”并“丘”之借（《匡謬正俗》卷三）。

易

簡易也，變易也，不易也。《易正義·序》"第一論易之三名"引《乾鑿度》："易一名而含三義：所謂易也，變易也，不易也。"又云："易者，其德也，光明四通，簡易立節，天以爛明，日月星辰布設張列，通精無門，藏神無穴，不煩不擾，澹泊不失，此其易也；變易者，其氣也，天地不變不能通氣，五行迭終，四時更廢，君臣取象變節相移，能消者息，必專者敗，此其變易也；不易者，其位也，天在上，地在下，君南面，臣北面，父坐子伏，此其不易也。"《周禮·春官·大卜》"掌三易之灋：一曰連山，二曰歸藏，三曰周易"注："易者，揲蓍變易之數可占者也。"《易正義·序》"第一論易之三名"引鄭玄《易贊》及《易論》云："易一名而含三義：易簡一也，變易二也，不易三也。"《緯書集成·說題辭》："易之爲言易也，變易其道也。"《釋名·釋典藝》："易，易也，言變易也。"

連山

象山之出雲連連不絶也。《易正義·序》"第三論三代易名"引鄭玄《易贊》及《易論》云："夏曰連山，殷曰歸藏，周曰周易。"鄭玄釋云："連山者，象山之出雲連連不絶。"按：《周禮·春官·大卜》："掌三易之法：一曰連山，二曰歸藏，三曰易。"注："名曰連山，似山出內氣也。"亦連連不絶之義。

歸藏

回歸而潛藏也。《易正義·序》"第三論三代易名"引鄭玄《易贊》及《易論》云："夏曰連山，殷曰歸藏，周曰周易。"鄭玄釋云："歸藏者，萬物莫不歸藏於其中。"《周禮·春官·大卜》"掌三易之法：一曰連山，二曰歸藏，三曰易"注："歸藏者，萬物莫不歸而藏於其中。"

河圖

載江河、山川、州界分野之圖也。《水經注·河水》引《命曆序》："河圖，帝王之階圖，載江河、山川、州界之分野。"

馬圖

龍馬負出之圖也。《禮記·禮運》"河出馬圖"注："馬圖，龍馬負圖而出也。"

《周易》

周，周備也。《易正義·序》"第三論三代易名"引鄭玄《易贊》及《易論》云："夏曰連山，殷曰歸藏，周曰周易。"鄭玄釋云："周易者，言易道周普，無所不備。"

《禮》

體也，履也。《御覽》卷六百十引《説題辭》："禮者，體也，人情有哀樂，五行有興滅，故立鄉飲之禮，終始之哀，婚姻之宜，朝聘之表，尊卑有序，上下有體。王者行禮，得天中和，禮得則天下咸得厥宜，陰陽滋液，萬物調，四時和，動靜常，用不可須臾惰也。"《禮記》疏引鄭序云："禮者，體也，履也，統之於心曰體，踐而行之曰履。"《釋名·釋典藝》："禮，體也，得其事體也。"按："禮、體"右文、假借，"禮、履"假借，并見《釋禮教》"禮"條。

《詩》

止也。《荀子·勸學》："詩者，中聲之所止也。"

志也。《新書·道德説》："詩者，志德之理而明其旨，令人緣之以自成也，故曰，'詩者，此之志者也'。"《史記·樂書》："詩，言其志也。"《詩·詩譜序》"《虞書》曰'詩言志'"疏引《説題辭》："在事爲詩，未發爲謀，恬澹爲心，思慮爲志，詩之爲言志也。"《尚書大傳·洪範五行傳》"時則有詩妖"鄭玄注："詩之言志也。"《詩·詩譜序》"《虞書》曰'詩言志'"疏引鄭注《堯典》云："詩所以言人之志意也。"《楚辭·九章·悲回風》"竊賦詩之所明"注："詩，志也。"按："詩、志"右文、假借，清華大學藏戰國竹簡《芮良夫毖》"周公之頌志"、《周武王有疾，周公所自以代王之志》"周公乃遺王志曰《周（鴟）鶚》"、上海博物館藏戰國楚竹書《民之父母》"可（何）志是迡（迡）"，"志"并"詩"之借。

持也。《詩·詩譜序》“《虞書》曰‘詩言志’”疏引《詩緯含神霧》：“詩者，持也。”

之也。《詩·周南·關雎·序》：“詩者，志之所之也。”《釋名·釋典藝》：“詩，之也，志之所之也。”

《尚書》

上古之書也。《尚書序》：“以其上古之書，謂之‘尚書’。”《初學記》卷二十一引《説題辭》：“尚者，上也，上世帝王遺書也。”《論衡·正説》：“説《尚書》者，以爲上古帝王之書。”《釋名·釋典藝》：“尚書，尚，上也，以堯爲上，始而書其時事也。”按：“尚、上”假借，《周易》“上九”“上六”，馬王堆漢墓帛書本“上”并作“尚”；《尚書·多方》“爾尚不忌于凶德”，《説文》言部“詧”下引“尚”作“上”；《詩·魏風·陟岵》“上慎旃哉”，漢石經“上”作“尚”。

上所爲下所書也。《論衡·正説》：“説《尚書》者……或以爲上所爲下所書。”陸德明《經典釋文序録》引王肅云：“上所言，下爲史所書，故曰尚書。”

在上總領之書也。《御覽》卷二百一十二引韋昭《辨釋名》引時人之説：“尚，上也，言最在上總領之也。”

奉上之書也。《御覽》卷二百一十二引韋昭《辨釋名》：“辨云：尚猶奉也，百官言事，當省案平處奉之，故曰尚書，尚食、尚方亦然。”

尚，上天也，尚書，天書也。《釋文·序録》引鄭玄《書贊》云：“孔子撰書，尊而命之曰‘尚書’，尚者，上也，蓋言若天書然。”

書，如也。《尚書序》“尚書序”疏引《書緯璿璣鈐》云：“書者，如也。”《類聚》卷五十五引《璇璣鈐》云：“尚書，篇題號，尚者，上也，上天垂文象，布節度，書也，如天行也。”

《春秋》

春秋爲陰陽之中也。《公羊傳》“春秋公羊經傳解詁”疏引《三統曆》云：“春爲陽中，萬物以生，秋爲陰中，萬物以成，故名‘春秋’。”并云：“賈服依此解‘春秋’之義。”《春秋序》“故史之所記，必表年以首事，年有四時，故錯舉以爲所記之名也”，疏引賈逵云：“取法陰陽之中，春爲陽中，萬物以生；秋爲陰中，萬物以成。欲使人君動作不失中也。”

　　春作秋成也。《公羊傳》“春秋公羊經傳解詁”疏引《春秋説》云：“始於春，終於秋，故曰‘春秋’。”“舊云《春秋説》云：‘哀十四年春，西狩獲麟，作《春秋》，九月書成，以其春作秋成，故云春秋也。’”

　　舉“春秋”以該四時也。《孟子·離婁下》“魯之春秋”注：“春秋以二始舉四時，記萬事之名。”《釋名·釋典藝》：“春秋，言春秋冬夏終而成歲，舉春秋則冬夏可知也。春秋書人事，卒歲而究備，春秋溫涼中，象政和也，故舉以爲名也。”

《論語》

　　論，門人論纂；語，夫子之語也。《漢書·藝文志》：“《論語》者，孔子應答弟子時人，及弟子相與言而接聞於夫子之語也。當時弟子各有所記，夫子既卒，門人相與輯而論纂，故謂之‘論語’。”

　　論語，夫子所語之言也。《釋名·釋典藝》：“論語，記孔子與諸弟子所語之言也。”

《顧命》

　　顧，回顧也；命，命令也。《尚書·顧命》疏引鄭玄云：“迴首曰顧，顧是將去之意，此言臨終之命曰顧命，言臨將死去迴顧而爲語也。”《史記·周本紀》“作《顧命》”集解引鄭玄曰：“臨終出命，故謂之顧，顧，將去之意也。”

《戰國策》

　　戰國游士之策謀也。劉向《戰國策·序》：“戰國時游士輔所用之國爲之策謀，宜爲‘戰國策’。”

《越絶書》

　　越國絶惡之書也。《越絶書·外傳本事》：“問曰何謂越絶？越者，國之氏……絶者，絶也，句踐之時，天子微弱，諸侯皆叛，於是句踐抑彊扶弱，絶惡反之於善。……故作此者，貴其内能自約，外能絶人也。”

《康誥》

康叔所作誥命也。《禮記·緇衣》"《康誥》曰:'敬明乃罰。'"注:"康,康叔也,作誥。《尚書》篇名也。"

《兑命》

傅説之命也。《禮記·緇衣》"《兑命》曰:'惟口起羞。'"注:"兑當爲説,謂殷高宗之臣傅説也,作書以命高宗。《尚書》篇名也。"《禮記·文王世子》"《兑命》曰:'念終始典于學。'"注:"兑當爲説,《説命》,《書》篇名,殷高宗之臣傅説之所作。"

《尹誥》

伊尹之誥也。《禮記·緇衣》"尹吉曰:惟尹躬及湯咸有壹德"注:"吉當爲告,告,古文誥,字之誤也,尹告,伊尹之誥也。"

賦

鋪也。《周禮·春官·大師》"教六詩,曰風,曰賦,曰比,曰興,曰雅,曰頌"注:"賦之言鋪,直鋪陳今之政教善惡。"《楚辭·九章·悲回風》"竊賦詩之所明"注:"賦,鋪也。"

敷也。《釋名·釋典藝》:"敷布其義謂之賦。"按:"賦、敷"假借,《尚書·益稷》"敷納以言",《左傳》僖公二十七年、《潛夫論·考績》并引"敷"作"賦"。

比

比類也。《周禮·春官·大師》"教六詩,曰風,曰賦,曰比,曰興,曰雅,曰頌"注:"比,見今之失,不敢斥言,取比類以言之。"《釋名·釋典藝》:"事類相似謂之比。"

風

風也。《詩·周南·關雎·序》:"風,風也,教也,風以動之,教以化之。"又《關雎·序》:"上以風化下,下以風刺上,主文而譎諫,言之者無罪,聞之者足以戒,故曰風。"箋:"風化、風刺,皆謂譬喻,不斥言也。"按:訓釋詞"風"後分化爲"諷"。

雅

正也。《詩·周南·關雎·序》："雅者，正也。"《文選·司馬相如〈長門賦〉》"援雅琴以變調兮"李善注引《七略》："雅之言正也。"《白虎通·禮樂》："雅者，古正也，所以遠鄭聲也。"《孝經·開宗明義章》"《大雅》云"疏引鄭注："雅者，正也。"《詩·小雅·鼓鐘》"以雅以南"箋："雅，正也。"《周禮·春官·大師》"教六詩：曰風、曰賦、曰比、曰興、曰雅、曰頌"注："雅，正也。"又《春官·籥章》"豳雅"注："謂之雅者，以其言男女之正。"《風俗通義·聲音》："雅之爲言正也。"按："雅"之訓"正"乃誤解，大雅、小雅之"雅"本字當作"夏"，"夏、疋"音近，故亦假"疋"爲之，《説文》："疋……古文以爲《詩》'大疋'字。"又"疋"與"正"形似，故"雅"訓"正"。二者古音近，故古人以之爲聲訓。

頌

容也。《詩·周南·關雎·序》："頌者，美盛德之形容，以其成功告於神明者也。"《詩·周頌譜》："頌之言容，天子之德，光被四表，格于上下，無不覆燾，無不持載，此之謂容。"《釋名·釋典藝》："稱頌成功謂之頌。"按：稱頌義爲"容"之借，《周禮·地官·鄉大夫》"四曰和容"注："杜子春讀'和容'爲'和頌'。"《淮南子·脩務》"而不期於《洪範》《商頌》"注："頌或作容。"《戰國策·趙策三》"世以鮑焦無從容而死者，皆非也"，《史記·魯仲連鄒陽列傳》"容"作"頌"。

成也。《東觀漢記》卷五東平王蒼引《詩傳》曰："頌言成也，一章成篇，宜列德，故登歌《清廟》一章也。"

誦也。《周禮·春官·大師》"教六詩，曰風，曰賦，曰比，曰興，曰雅，曰頌"注："頌之言誦也，容也，誦今之德廣以美之。"按："頌、誦"假借，《隸釋》卷一《成陽靈臺碑陰》"立作石碑誦"，洪适以"誦"爲"頌"；《詩·大雅·烝民》"吉甫作誦"，《文選·曹植〈與吳季重書〉》"瀏若清風"李善注引"誦"爲"頌"。

二南

南，南方也。《儀禮·鄉飲酒禮》"乃合樂周南、關雎、葛覃、卷耳、召南、鵲巢、采蘩、采蘋"注："文王作邑于豐，以故地爲卿士之采地，乃分爲二國。周，周公所食；召，召公所食。於時文王三分天下有其二，德化被于南土，是以其詩有仁賢之風者，屬之《召南》焉；有聖人之風者，屬之《周南》焉。"《毛詩序》："南，言化自北而南也。"

卜

赴也。《禮記·曲禮上》"卜筮不過三"疏引劉向云："卜，赴也，赴來者之心。"《白虎通·蓍龜》："卜，赴也，爆見兆也。"按："卜、赴"右文、假借，銀雀山漢墓竹簡《尉繚子·攻權》"擊適（敵）若卜溺者"，"卜"爲"赴"之借。

筮

信也。《白虎通·蓍龜》："筮者，信也，見其卦也。"

問也。《禮記·曲禮》"卜筮不過三"疏引劉向云："筮，問也，問筮者之事。"

三兆

玉、瓦、原之釁鏬可占兆也。《周禮·春官·大卜》"掌三兆之灋，一曰玉兆，二曰瓦兆，三曰原兆"注："兆者，灼龜發於火其形可占者。其象似玉、瓦、原之釁鏬，是用名之焉。……原，原田也。"

卦

挂也。《易·乾卦》"乾：元，亨，利，貞"疏引《易緯》："卦者，掛也，言縣掛物象以示於人，故謂之卦。"按："掛"爲"挂"之俗，"卦、掛"右文、假借，《易·繫辭上》"故再扐而後掛"釋文："掛，京作卦。"《説文》手部引"掛"作"卦"。武威漢簡《特牲》（甲本）"裹（懷）于左袂，卦于季指"、《儀禮·少牢》（甲本）"詩壞（懷）之，實于左袂，卦于季指"，"卦"并"挂"之借。

爻（縣）

效也。《易·繫辭下》："爻也者，效此者也。……爻也者，效天下之動者也。”按：“爻、效”假借，《易·繫辭上》“效法之謂坤”釋文“效”作“爻”，云：“蜀才作效。”馬王堆漢墓帛書《繫辭》“效馬〈象〉動乎内，吉凶見乎外”，“效”爲“爻”之借。

交也。《説文》爻部：“爻，交也，象《易》六爻頭交也。”

抽也。《易·繫辭下》注“爻繇之辭”釋文引服虔云：“抽也，抽出吉凶也。”韋昭云：“由也，吉凶所由而出也。”《史記·孝文本紀》“大横庚庚”集解引李奇曰“庚庚，其繇文”索隱引荀悦云：“繇，抽也，所以抽出吉凶之情也。”按：“繇”正字作“籀”，“籀、由”異體，“由、抽”右文。“繇、抽”假借，武威漢簡甲本《少牢》“右繇上犢（牘）”“繇下犢（牘）”，“繇”并“抽”之借。

象

像也。《易·繫辭下》：“象也者，像此者也。”“象也者，像也。”按：“象、像”右文、假借，見《釋律吕》“象”條。

彖

斷也。《乾鑿度》“合於十五，則彖變之數，若之一也”鄭玄注：“彖，斷也。”

乾

健也。《易·繫辭下》：“夫乾，天下之至健也。”《易·説卦》：“乾，健也。”《易緯乾坤鑿度》：“乾訓健，壯健不息，日行一度。”《釋名·釋天》：“天……《易》謂之乾，乾，健也，健行不息也。”按：《易·乾卦》“乾”馬王堆漢墓帛書本作“鍵”，“鍵、健”右文。

天也，川也，先也。《易緯乾坤鑿度》：“乾者，天也，川也，先也，川者，倚竪天者也。乾者，乾天也，又天也，乾、先也。”

坤

順也。《易·繫辭下》：“夫坤，天下之至順也。”《易·説卦》：“坤，順也。”《國語·晉語四》“坤，土也”注：“坤，順也。”《釋名·釋地》：“地……《易》謂之坤，坤，順也，上順乾也。”按：“坤、川”多假借，《易·坤卦》釋文：“坤本又作巛。”“巛”即“川”字;《易·坤卦》“坤,元亨,利牝馬之貞”,馬王堆漢墓帛書本“坤”作“川”;《左傳》昭公二十九年“其坤曰”釋文:“坤本又作巛。”“川、順”右文。

震

震動也。《易·説卦》:“震,動也。”《釋名·釋天》:“卯……於《易》爲震,二月之時,雷始震也。”

巽

入也。《易·説卦》:“巽,入也。”

散也。《釋名·釋天》:“巳……於《易》爲巽,巽,散也,物皆生布散也。”

坎

陷也。《易·説卦》:“坎,陷也。”按:“坎”或作“埳”,《易·坎卦》釋文:“坎本亦作埳。”“埳、陷”右文。又,《集韻》“埳”同“陷”。

險也。《釋名·釋天》:“子……於《易》爲坎,坎,險也。”

離

麗也。《易·離卦》:“離,麗也。”集解引荀爽曰:“陰麗于陽,相附麗也,亦爲別離,以陰隔陽也。”《易·説卦》:“離,麗也。”《釋名·釋天》:“午……於《易》爲離,離,麗也,物皆附麗陽氣以茂也。”按:“離、麗”假借,《易·離卦》“離王公也”釋文:“離,鄭作麗。”《詩·小雅·漸漸之石》“月離于畢”,《論衡·説日》、《淮南子·原道》注并引作“月麗于畢”;《戰國策·燕策三》“高漸離”;《論衡·書虛》作“高漸麗”。

艮

很也,止義。《説文》匕部:“艮,很也。”《易·艮卦》釋文引鄭曰:“艮之言很也。”又,《易·説卦》《艮卦》《雜卦》:“艮,止也。”《易·序卦》:“艮者,止也。”按:“艮”訓“止”爲“很”之借。“艮、很”右文。又,“很”爲止義,段玉裁云:“很者,不聽從也。一曰行難也。一曰盭也。《易傳》曰:‘艮,止也。’‘止’可兼‘很’三義。許不依孔子訓‘止’者,止,下基也,足也,孔子取

其引伸之義,許説字之書,嫌云'止'則義不明審,故易之。此字書與説經有不同,實無二義也。"(《説文·匕部》"艮"字注)

限也。《釋名·釋天》:"丑……於《易》爲艮,艮,限也,時未可聽物生,限止之也。"按:"艮、限"右文。

兑

説也。《易·説卦》:"兑,説也。"《易·序卦》:"兑者,説也。"《説文》儿部:"兑,説也。"《釋名·釋天》:"酉……於《易》爲兑,兑,説也,物得備足,皆喜悦也。"按:此"説"爲喜悦之"悦"古字。又,"兑、説"右文、假借,《尚書·説命》"高宗夢得説"釋文:"説,本又作兑。"《禮記·文王世子》《學記》《緇衣》并引"説"作"兑";《禮記·學記》《兑命》曰"注:"兑當爲説,字之誤也。"

蒙

蒙昧也。《易·序卦》:"蒙者,蒙也,物之稺也。"《公羊傳》定公十五年"三卜之運也"注"再三瀆瀆則不告",疏引《蒙卦·彖辭》"匪我求童蒙,童蒙求我"鄭氏云:"蒙者,蒙蒙,物初生形,是其未開著之名也。"

比

比輔也。《易·序卦》:"比者,比也。"按:此以比卦之"比"爲比輔之"比",《易·比卦》:"比,輔也。"

履

禮也。《易·序卦》:"物畜然後有禮,故受之以履。"按:《易·履卦》"履,君子以辯上下"疏:"履,禮也,在下以禮承事於上。"又,"履、禮"假借,詳《釋禮教》"禮"條。

剥

剥落也。《易·序卦》:"剥者,剥也。"按:此以剥卦之"剥"爲剥落義,《易·剥卦》"剥,不利有攸往"疏:"剥者,剥落也,今陰長變剛,剛陽剥落,故稱剥也。"

遯

逃遯也。《易·序卦》：“遯者，退也。”《易·遯卦》“遯，亨，小利貞”，集解引鄭玄曰：“遯，逃去之名也。”

夬

決也。《易·序卦》：“夬者，決也。”《易·夬卦》《雜卦》并云：“夬，決也，剛決柔也。”《易·繫辭下》“蓋取諸夬”集解引《九家易》：“夬者，決也。”《乾鑿度》：“夬之爲言決也。”按：“夬、決”右文、假借，《易·夬卦》“莧陸夬夬中行”，馬王堆漢墓帛書本“夬夬”作“決決”；《詩·小雅·車攻》“決拾既佽”，釋文“決”作“夬”，云：“本又作決。”《戰國策·魏策三》“與楚兵決於陳郊”，馬王堆漢墓帛書《戰國縱橫家書·朱己謂魏王章》“決”作“夬”。

姤

遘也，遇義。《易·序卦》：“姤者，遇也。”《易·姤卦》：“姤，遇也。”《易·雜卦》：“姤，遇也，柔遇剛也。”按：此以姤卦之“姤”爲遘遇之“遘”。又，“姤、遘”異體，《説文》辵部：“遘，遇也。”段玉裁云：“見《釋詁》。《易·姤卦》釋文曰：‘薛云古文作遘，鄭同。’按：《襍卦傳》：‘遘，遇也，柔遇剛也。’可以證全經皆當作‘遘’矣。”

萃

萃聚也。《易·序卦》：“萃者，聚也。”

无妄

妄，望也。《易·无妄卦》物與无妄集解引京氏及俗儒以爲：“大旱之卦，萬物皆死，無所復望。”釋文引馬、鄭、王肅云：“妄猶望，謂無所希望也。”《後漢書·李通傳》“無妄之福”注引鄭玄注《易·无妄卦》“无妄之往，何之矣”：“妄之言望，人所望宜正。行必有所望，行而無所望，是失其正，何可往也！”按：“妄、望”假借，《戰國策·楚策四》“世有無妄之福，又有無妄之禍”，《史記·春申君列傳》“無妄”作“毋望”；《大戴禮記·文王官人》“故得望譽”韓元吉校：“妄當聲誤爲望。”

睽

乖也。《易·序卦》：“睽者，乖也。”又《睽卦》“睽，小事吉”鄭玄注：“睽，乖也。”按：“睽、乖”假借，《易·睽卦》“睽，小事吉”，馬王堆漢墓帛書本“睽”作“乖”，上九、九四同。又，馬王堆漢墓帛書《繫辭》“蓋取者（諸）諦也”，“諦”爲“睽”之借。

需

須也。《易·需卦》：“需，須也。”按：此“須”爲“頾”之借，《説文》雨部：“需，頾，遇雨不進，止頾也。”又，《易·需卦》“需，有孚”，《京氏易傳》卷中：“需者，待也。”此以“需”爲“頾”，復訓待。

論

倫也。《詩·大雅·靈臺》“於論鼓鐘”箋：“論之言倫也。”《釋名·釋典藝》：“論，倫也，有倫理也。”按：“論、倫”右文、假借，《儀禮·公食大夫禮》“倫膚七”注：“今文倫或作論。”《禮記·王制》“必即天論”注：“論或爲倫。”武威漢簡《儀禮·少牢》“雕人論膚九，實于一鼎”，“論”爲“倫”之借。

貍首

貍，不來也。《儀禮·大射儀》“奏貍首”注：“貍首，逸《詩》‘曾孫’也，貍之言不來也，其詩有‘射諸侯首不朝者’之言，因以名篇。”按：“貍首”爲逸《詩》篇名，《禮記·投壺》“請奏貍首”注：“貍首，《詩》篇名也，今逸，《射義》所云《詩》曰‘曾孫侯氏’’是也。”又，《尚書·禹貢》“熊羆狐貍織皮”，《漢簡》犬部引《尚書》“貍”作“狭”。

釋古史第二十七

古

故也。《詩·大雅·烝民》“古訓是式”傳：“古，故。”《爾雅·釋詁》、《説文》古部并云：“古，故也。”按：“古、故”右文、假借，《詩·大雅·烝民》“古訓是式”，《列女傳》卷二引“古”作“故”；《戰國策·燕策二》“欲以復振古垄也”，鮑本“古”作“故”；《老子》二十二章“故天下莫能與之争”，郭店楚墓竹簡《老子》甲“故”作“古”。

史

紀也。《御覽》卷二百三十五引《元命苞》：“屈中挾一而起者爲史，史之爲言紀也，天度文法以此起也。”

事也。《説文》史部：“史，記事者也。”

使也。《白虎通·諫諍》：“所以謂之史何？明王者使爲之也。”按：“史、使”右文、假借，《易·巽卦》“用史巫紛若吉”，馬王堆漢墓帛書本“史”作“使”；《禮記·雜記上》“客使自下由路西”注：“使或爲史。”《戰國策·韓策一》“使信王之救己也”，馬王堆漢墓帛書《戰國縱橫家書·公仲佣謂韓王章》“使”作“史”。

乘

車乘也。《孟子·離婁下》“晉之乘”注：“乘者，興於田賦乘馬之事，因以爲名。”

檮杌

惡獸名，因以爲記惡垂戒之名。《孟子·離婁下》“楚之檮杌”注：“檮杌者，嚚凶之類，興於記惡之戒，因以爲名。”按：檮杌本惡獸名，《左傳》文公十八年“天下之民謂之渾敦”疏引服虔引《神異經》云：“檮杌狀似虎，毫長二尺，人面虎足豬牙，尾長丈八尺，能鬭不退。”

皇

煌煌也。《類聚》卷十一引《刑德放》：“皇者，煌煌也。”《御覽》卷七十六引《元命苞》：“皇者，煌煌也，道爛然顯明。”《説郛》卷五引《璿璣鈐》：“皇者，煌煌也。”《緯書集成·尚書璇璣鈐》：“皇者，煌煌也。”《白虎通·號》：“號之爲皇者，煌煌人莫違也。”《獨斷》卷上云：“皇者，煌也。盛德煌煌，無所不照。”《御覽》卷七十六引應劭《漢官儀》：“皇者，大帝，言其煌煌盛美。”按：“皇、煌”右文、假借，《詩·大雅·大明》“檀車煌煌”，《韓詩外傳》卷三引"煌煌"作"皇皇"。

中也，光也，弘也。《風俗通·皇霸》引《運斗樞》："皇者，中也，光也，弘也。含弘履中，開陰陽，布剛正，含皇極，其施光明，指天畫地，神化潛通，煌煌盛美，不可勝量。"

帝

諦也。《禮記·明堂位》疏引《援神契》："帝者，諦也，象上可承五精之神。"《風俗通·皇霸》引《尚書大傳》："帝者，任德設刑，以則象之，言其能行天道，舉措審諦。"《御覽》卷七十六引《元命苞》曰："帝者，諦也。"《白虎通·號》："號言爲帝者何？帝者，諦也，象可承也。"《後漢書·李雲傳》："孔子曰：'帝者，諦也。'"注引《運斗樞》："五帝脩名立功，脩德成化，統調陰陽，招類使神，故稱帝，帝之言諦也。"《説文》上部："帝，諦也，王天下之號也。"《獨斷》卷上："帝者，諦也，能行天道，事天審諦。"《御覽》卷七十六引應劭《漢官儀》："帝者，德象天地，言其能行天道，舉措審諦，父天母地，爲天下主。"按："帝、諦"右文、假借，郭店楚墓竹簡《六德》："君子不帝，明虖（乎）民（萌）敝而已"，陳偉以"帝"爲"諦"之借（《郭店楚簡別釋》）。

王

黄也，方也，匡也，黄也。《春秋繁露·深察名號》："王者，皇也；王者，方也；王者，匡也；王者，黄也。"

往也。《吕氏春秋·下賢》："王也者，天下之往也。"《國語·吴語》"王總其百執事"注引賈逵云："王，往也。"《穀梁傳》莊公三年："其曰王者，民之所歸往也。"《春秋繁露·深察名號》："王者，往也。"又《滅國》："王者，民之所往。"《韓詩外傳》卷五："王者何也？曰：往也，天下往之，謂之王。"《意林》卷三引桓譚《新論》："王者，往也，言其惠澤優游，天下歸往也。"《御覽》卷七十六引《文耀鈎》："王者，往也，神所嚮往，人所歸樂。"《初學記》卷九引《元命苞》："王者，往也，神之所輸向，人所歸樂。"《類聚》卷十一引《春秋考曜文》："王者，往也，神所輸向，人所樂歸。"《白虎通·號》："王者，往也，天下所歸往。”《漢書·刑法志》：“歸而往之，是爲王矣。”《説文》王部：“王，天下所歸往也。”《風俗通·皇霸》：“王者，往也。爲天下所歸往也。”按：“王、往”假借，《詩·大雅·板》“及爾出王”傳：“王，往。”放馬灘秦墓簡牘《日書乙種·往見貴人》“甲午、庚午日，王見貴人”，“王”爲“往”之借。

霸

　　方伯也。《白虎通·號》：“霸者，伯也。行方伯之職，會諸侯，朝天子，不失人臣之義，故聖人與之。”按：“霸”之王霸義即“伯”之借，此時二詞已劃然分別。

　　迫也，把也，把持諸侯之政以朝王也。《白虎通·號》：“霸猶迫也，把也，迫脅諸侯，把持其政。”慧琳《音義》卷八十五注引賈逵注《國語》云：“霸，把也，把持諸侯之權，行方伯之職也。”按：“霸”之王霸義即“伯”，“伯、迫”右文。

　　把持王者之政以霸天下也。《論語·憲問》“管仲相桓公，霸諸侯”疏引鄭玄云：“霸者，把也，言把持王者之政教。”《禮記·祭義》“至孝近乎王，至弟近乎霸”疏引《中候》“諸侯曰霸”注：“霸，把也，把天子之事也。”《路史》卷三十二《共工氏無霸名》引《尚書中候》注云：“霸，猶把也，傳云五伯之霸，謂以諸侯長把王者之政。”

　　駁也。《風俗通·皇霸》：“霸者，把也，駁也。言把持天子政令，糾率同盟也。”按：霸較之於王爲不純，故曰駁，《漢書·王莽傳》：“伯者，繼空續乏，以成曆數，故其道駁。”《荀子·王霸》：“粹而王，駁而霸。”

伯

　　白也。《風俗通·皇霸》：“伯者，長也，白也。言其咸建五長，功實明白也。”按：此爲王霸本字。“伯、白”右文、假借，見《釋爵秩》“伯”條。

伏羲（伏戲、庖犧、包犧）

　　服化也。《易釋文》引孟喜古文《易》本、京房《章句》本作“伏戲”，云：“伏，服也；戲，化也。”《白虎通·號》：“伏羲……畫八卦以治下，下伏而化之，

故謂之伏羲也。"按："伏、服"假借，《易·同人卦》"伏戎于莽"，馬王堆漢墓帛
書本"伏"作"服"；《戰國策·秦策一》"嫂蛇行匍伏"，《史記·蘇秦列傳》"匍
伏"作"蒲服"；《史記·項羽本紀》"衆乃皆伏"，《漢書·項籍傳》"伏"作"服"。

伏獻也，別獻也。《風俗通·皇霸》引《含文嘉》："伏者，別也，變也；戲
者，獻也，法也。伏羲始別八卦，以變化天下，天下法則，咸伏貢獻，故曰伏
羲也。"按："戲、獻"假借，《周禮·春官·司尊彝》"用兩獻尊"釋文："獻本或
作戲。"

炮啖犧牲也。《周易集解》引虞翻本《易》作"庖犧"，釋曰："庖犧，太昊
氏，以木德王天下，位乎乾五，五動見離，離生於木，故知火化，炮啖犧牲，號
庖犧氏也。"按："庖、炮"右文。

包取犧牲也。《周易鄭注》作"包犧"，鄭玄云："包，取也；鳥獸全具
曰犧。"

神農

神，神化也；農，農事也。《子夏易傳》："神農氏之時，人育而繁，腥毛不
足供給其食，修易其變，觀天地之宜，相五穀之種，可食者收而藝之，易物之
才而生財也，其在於器乎，故斫木爲耜，揉木爲耒……神而化之，得農之道。"
《白虎通·號》："神農因天之時，分地之利，制耒耜，教民農作。神而化之，使
民宜之，故謂之神農也。"《呂氏春秋·季夏紀》"命神農，將巡功"注："昔炎
帝神農能殖嘉穀，神而化之，號爲神農。"

神，信也；農，濃也。《風俗通·皇霸》引《含文嘉》："神者，信也；農者，
濃也。始作耒耜，教民耕種，美其衣食，德濃厚若神，故爲神農也。"按："神、
申"假借，《老子》六十章"非其神不傷人也"，馬王堆漢墓帛書甲本"神"作
"申"。"申、信"假借。"農、濃"右文。

燧人

鑽燧取火以養人也。《韓非子·五蠹》："有聖人作，鑽燧取火，以化腥臊，
而民說之，使王天下，號之曰燧人氏。"《白虎通·號》："謂之燧人何？鑽木燧

取火，教民熟食，養人利性，避臭去毒，謂之燧人也。"

遂天意之人也。《風俗通·皇霸》引《含文嘉》云："燧人始鑽木取火，炮生爲熟，令人無復腹疾，有異於禽獸，遂天之意，故曰燧人也。"按："燧、遂"右文、假借，《禮記·祭義》"陶陶遂遂"釋文："遂本又作燧。"北京大學藏西漢竹書《陰陽家言》"秋食金遂之火"，"遂"爲"燧"之借；《周禮·秋官·司烜氏》"掌以夫遂取明火於日"，《通典》卷四十九引"遂"作"燧"。

祝融

祝，屬也；融，庸也，續義。《寶典》卷四引《元命苞》："祝融者，屬續也。"《白虎通·號》："謂之祝融何？祝者，屬也。融者，續也。言能屬續三皇之道而行之，故謂祝融也。"又《五行》："祝融者，屬續也。"按：《左傳》昭公二十九年"祝融"，《路史·後紀四》注引《山海經》作"祝庸"。

祝，篤也，甚義；融，明也。《左傳》昭公二十九年疏引賈逵云："夏陽氣明朗，祝，甚也；融，明也。亦以夏氣爲之名耳。"《史記·楚世家》"帝嚳命曰祝融"集解引虞翻曰："祝，大；融，明也。"

祝，俶也，始義；融，明也。《國語·鄭語》"故命之曰祝融"注："祝，始也；融，明也。"

黃帝

黃，色也。《白虎通·號》："黃者，中和之色，自然之性，萬世不易。黃帝始作制度，得其中和，萬世常存，故稱黃帝也。"[1]

黃，光也，厚也。《風俗通·皇霸》引《尚書大傳》："黃帝始制冠冕，垂衣裳，上棟下宇，以避風雨，禮文法度，興事創業，黃者，光也，厚也，中和之色，德施四季，與地同功，故先'黃'以別之也。"按："黃、光"右文、假借，左氏《春秋》襄公二十年、二十三年"陳侯之弟黃"，公羊、穀梁《春秋》"黃"并作"光"。

---

① "黃者"盧本訛"黃帝"，今從陳立《疏證》本。

顓頊

顓，專也；頊，信也。《風俗通·皇霸》引《尚書大傳》："顓者，專也；頊者，信也。言其承文，易之以質，使天下蒙化，皆貴貞愨也。"按："顓、專"假借，《公羊傳》莊公十九年"則專之可也"，《漢書·馮奉世傳》引"專"作"顓"；《史記·陳涉世家》"顓妄言輕威"，《漢書·陳勝傳》"顓"作"專"；《史記·樊酈滕灌列傳》"高后時用事專權"，《漢書·樊噲傳》"專"作"顓"。"頊、琞"假借，上海博物館藏戰國楚竹書《武王踐阼》（甲本）"不智（知）黃帝、耑（顓）琞、堯舜之道在虖（乎）"，"琞"爲"頊"之借。"琞、信"右文。

顓，專也；頊，愉也。《通典》卷一百四引《五經通義》曰："顓頊者，顓猶專，頊猶愉，幼少而王，以致太平，常自愉儉，嗛約自小之意。"

顓，專也；頊，頊正也。《白虎通·號》："謂之顓頊何？顓者，專也；頊者，正也。能專正天人之道，故謂之顓頊也。"按：《説文》頁部："頊，頭頊頊謹皃。""正"義爲"頊"義之引申。

顓，寒也；頊，頊縮也。《寶典》卷十引《元命苞》："其帝顓頊，顓頊者，寒縮。"注："時寒縮，因以名其帝。"《白虎通·五行》："顓頊者，寒縮也。"按：《説文》頁部："頊，頭頊頊謹皃。"頊謹引申有縮義。

嚳

酷也，極義。《白虎通·號》："謂之帝嚳者何也？嚳者，極也，言其能施行窮極道德也。"

考也，成也。《風俗通·皇霸》引《尚書大傳》云："嚳者，考也，成也。言其考明法度，醇美嚳然，若酒之芬香也。"

堯

嶢嶢也。《白虎通·號》："謂之堯者何？堯猶嶢嶢也，至高之貌，清妙高遠，優游博衍，衆聖之主，百王之長也。"按："堯、嶢"右文。

高也，饒也。《風俗通·皇霸》引《尚書大傳》云："堯者，高也，饒也。言其隆興焕炳，最高明也。"按："堯、饒"右文。

舜

舛也，推義。《風俗通·皇霸》引《尚書大傳》云：“舜者，推也，循也，言其推行道德，循堯緒也。”《白虎通·號》：“謂之舜者何？舜猶僢僢也。言能推信堯道而行之。”按：“舜”訓“推”爲“舛”之借。又，“僢”即“舛”字，爲相抵之義，《説文》舛部：“舛，對臥也。”對臥則足相抵，故有推義。

舛也，充義。《禮記·中庸》“舜其大知也與”注：“舜之言充也。”疏：“《謚法》云‘受禪成功曰舜’，又云‘仁義盛明曰舜’，皆是道德充滿之意，故言舜爲充也。”按：充義蓋亦“舛”義之引申，足相抵則力充滿。

夏

大也。《春秋繁露·楚莊王》《説苑·修文》并云：“夏者，大也。”《論衡·正説》引説《尚書》謂：“夏者，大也。”《白虎通·號》：“夏者，大也，明當守持大道。”《國語·周語下》“賜姓曰姒氏，曰有夏”注：“夏，大也，以善福殷富天下爲大也。”參《釋律吕》“大夏”。

殷

殷盛也(中義)，聞也，見也。《白虎通·號》：“殷者，中也，明當爲中和之道也。聞也，見也，謂當道著見中和之爲也。”按：《爾雅·釋言》：“殷，中也。”《尚書·堯典》“以殷仲春”釋文引馬、鄭云：“殷，中也。”傳：“殷，正也。”《史記·五帝本紀》作“以正中秋”。《説文》𣪊部：“殷，作樂之盛稱殷。”中，其引申義。

商

常也。《説苑·修文》：“商者，常也。常者質，質主天。”按：“商、常”假借，《戰國策·韓策一》“常阪”，《史記·蘇秦列傳》作“商阪”，集解引徐廣曰：“商一作常。”《淮南子·繆稱》“老子學商容”，《説苑·敬慎》“商容”作“常樅”。

得名於商丘。《詩·商頌譜》疏引《左傳》襄公九年“閼伯居商丘……相土因之”服虔注：“商丘，地名。相土，契之孫。因之者，代閼伯之後居商丘，湯以爲號。”又引《書·序》王肅注：“契孫相土居商丘，故湯因以爲國號。”

高宗

高而宗之也。《詩·商頌·玄鳥》傳“玄鳥，祀高宗也”疏引《喪服四制》：“當此之時，殷衰而復興，禮廢而復起，高而宗之，故謂之高宗。”《説苑·君道》：“高宗者，武丁也，高而宗之，故號高宗。”

周

周至也，周密也。《論衡·正説》引説《尚書》者謂：“周者，至也。”《白虎通·號》：“周者，至也，密也。道德周密，無所不至也。”

唐

蕩蕩也。《論衡·正説》引説《尚書》者謂：“唐之爲言蕩蕩也……堯則蕩蕩民無能名。”《白虎通·號》：“唐，蕩蕩也，蕩蕩者，道德至大之貌也。”按：“唐、蕩”假借，《左傳》成公十五年“蕩澤弱公室”，宋蕩澤子山，《史記·宋微子世家》“蕩澤”“蕩澤子山”作“唐山”①。

虞

娛也，樂義。《論衡·正説》引説《尚書》謂：“虞者，樂也……舜則天下虞樂。”《白虎通·號》：“虞者，樂也，言天下有道，人皆樂也。”

有熊

熊，宏也。《白虎通·號》：“有熊者，獨宏大道德也。”按：“熊”或作“雄”，《路史·後紀五》“有熊氏”注：“熊或作雄。”《易·繫辭下》疏引《帝王世紀》“黄雄氏”，《禮記·月令》疏引《世紀》作“皇熊氏”，《隸釋》卷一《魯相韓勑造孔廟禮器碑》作“皇雄”。“雄、宏”右文。

高陽

陽明也。《白虎通·號》：“高陽者，陽猶明也，道德高明也。”

---

① 澤，字子山。

高辛

辛,信也。《白虎通·號》:"高辛者,道德大信也。"

后

後也。《白虎通·闕文》:"夏稱后者,以揖讓受於君,故稱后。"按:此無訓釋詞,實以"後"爲訓。"後、后"假借,見《釋爵秩》"后"條。

人

仁也。《白虎通·闕文》:"殷周稱人者,以行仁義,人所歸往,故稱人。"按:此"人"爲稱殷周之君也。又,"人、仁"假借,見《釋言語》"仁"條。

禹

輔也。《風俗通·皇霸》:"禹者,輔也,輔續舜後,庶績洪茂。"

湯

攘也,昌也。《風俗通·皇霸》:"湯者,攘也,昌也,言其攘除不軌,改亳爲商;成就王道,天下熾盛。"

棄(弃)

丟棄也。《史記·周本紀》:"姜原出野,見巨人跡,心忻然説,欲踐之,踐之而身動如孕者,居期而生子,以爲不祥,弃之隘巷,馬牛過者皆辟不踐,徙置之林中,適會山林多人,遷之而弃渠中冰上,飛鳥以其翼覆薦之,姜原以爲神,遂收養長之。初欲弃之,因名曰弃。"《古列女傳》卷一:"棄母姜嫄者,邰侯之女也。當堯之時,行見巨人迹,好而履之,歸而有娠……生子,以爲不祥而棄之隘巷,牛羊避而不踐,乃送之平林之中,後伐平林者咸薦之覆之,乃取置寒冰之上,飛鳥傴翼之,姜嫄以爲異,乃收以歸,因命曰棄。"

歷

適也。《論衡·譴告》:"太王亶父以王季之可立,故易名爲歷,歷者,適也。"

姬昌

姬,基;昌,倡也,始義。《御覽》卷八十四引《元命苞》:"伐殷者爲姬昌。”注：“姬昌之言基始也。”按：“昌”之始義爲“倡”之借。又，“昌、倡”右文、假借，《周禮·春官·樂師》“遂倡之”注：“故書倡爲昌，鄭司農云：‘昌當爲倡，書亦或爲倡。’”

成王

成人爲王也。《尚書·酒誥》“王若曰”釋文引馬本作“成王若曰”，注云：“俗儒以爲成王骨節始成，故曰成王。”

成就文武之功也。《吕氏春秋·下賢》：“文王造之而未遂，武王遂之而未成，周公旦抱少主而成之，故曰成王。”《類聚》卷十二引《元命苞》同。《尚書·酒誥》“王若曰”疏引鄭玄云：“成王，所言成道之王。”《詩·周頌·噫嘻》“噫嘻成王”傳：“成王，成是王事也。”箋：“能成周王之功。”《尚書·酒誥》“王若曰”釋文引馬本作“成王若曰”，注云：“或曰，以成王爲少成二聖之功，生號曰成王，没因爲謚。”

成就人道也。《尚書·酒誥》“王若曰”釋文引馬本作“成王若曰”，注云：“衛、賈以爲，戒成康叔以慎酒，成就人之道也，故曰成。”

姞

吉也。《左傳》宣公三年：“吾聞姬、姞耦，其子孫必蕃。姞，吉人也，后稷之元妃也。”按：“姞、吉”右文、假借，《詩·小雅·都人士》“謂之尹吉”箋：“吉讀爲姞。”

姒

苡也。《御覽》卷三百六十二引《刑德放》：“禹姓姒，祖昌意以薏苡生。”《御覽》卷一百三十五引《禮含文嘉》：“夏姒氏，祖以薏苡生。”《史記·五帝本紀》“帝禹爲夏后而别氏，姓姒氏”索隱引《禮緯》：“禹母脩已吞薏苡而生禹，因姓姒氏。”《白虎通·姓名》：“夏姓姒氏，祖以薏苡生。”《論衡·奇怪》：“禹母吞薏苡而生禹，故夏姓曰姒。”按：“姒、苡”右文。

子

子嗣也。《御覽》卷三百六十二引《刑德放》：“殷姓子氏，祖以玄鳥子生也。"《史記·五帝本紀》"契爲商,姓子氏"索隱引《禮緯》:"契姓子氏者,亦以其母吞乙子而生。"《白虎通·姓名》:"殷姓子氏,祖以玄鳥子生也。"《論衡·奇怪》:"禼母吞燕卵而生禼,故殷姓曰子。"

　　茲大也。《史記·三代世表》引《詩傳》:"姓之曰子氏,子者茲,茲,益大也。"按:"子、茲"假借,《漢書·孟喜傳》引蜀人趙賓解《易·明夷卦》"箕子明夷",以"箕子者,萬物方荄茲也";今文《尚書·金縢》"有負子之責于天","負子"《公羊傳》桓十六年作"負茲";《史記·仲尼弟子列傳》"秦商字子丕"正義引《家語》云:"魯人,字丕茲。"高亨以爲"子丕"當作"丕子",即《左傳》襄公十年"秦丕茲"。(《古字通假會典》)

姬

　　迹也。《御覽》卷三百六十二引《刑德放》:"周姓姬氏,祖以履大人迹生也。"《白虎通·姓名》:"周姓姬氏,祖以履大人迹生也。"《論衡·奇怪》:"后稷母履大人跡而生后稷,故周姓曰姬。"

　　基也。《御覽》卷八十四引《元命苞》:"伐殷者爲姬昌。"注:"姬昌之言基始也。"《論衡·奇怪》:"姜原履大人跡,跡者,基也。姓當爲'其'下'土',乃爲'女'旁'臣'。非基跡之字。"《史記·三代世表》引《詩傳》:"姓之曰姬氏,姬者,本也。"亦以"姬"爲"基",復訓"本"也。

單于

　　單于也,廣大貌。《漢書·匈奴傳》:"單于者,廣大之貌也,言其象天單于然也。"

釋喪制第二十八

崩

　　崩聲也。《白虎通·崩薨》:"崩之爲言崩然伏僵。"《釋名·釋喪制》:"天子曰崩,崩壞之形也;崩,硼聲也。"

　　崩殞也。《御覽》卷五百四十八引《説題辭》:"天子曰崩,崩之爲言殯也。”

薨

奄也。《御覽》卷五百四十八引《説題辭》：“諸侯稱薨，薨之爲言奄然而亡。”《白虎通·崩薨》：“薨之言奄也，奄然亡也。”

薨然也。《禮記·曲禮下》“諸侯曰薨”注：“薨，顛壞之聲。”《公羊傳》隱公三年“諸侯曰薨”注：“小毀壞之辭。”《釋名·釋喪制》：“諸侯曰薨，薨壞之聲也。”按：毀壞之聲，《禮記·曲禮下》疏：“‘諸侯曰薨者’，薨者，崩之餘聲也，而《詩》云‘蟲飛薨薨’，是聲也。諸侯卑，死不得效崩之形，但如崩後之餘聲，遠劣於形壓，諸侯之死，知者亦局也。”

卒

終卒也。《御覽》卷五百四十八引《説題辭》：“大夫曰卒，精輝終卒，卒之爲言絶，絶於邦也。”[①]《通典》卷八十三引《説題辭》：“大夫曰卒，精耀終也，卒之爲言終於國也。”《白虎通·崩薨》：“卒之爲言終於國也。”《禮記·曲禮下》“大夫曰卒”注：“卒，終也。”《公羊傳》隱公三年“大夫曰卒”注：“卒，猶終也。”《釋名·釋喪制》：“大夫曰卒，言卒竟也。”按：“卒”之死義爲“猝”之借。

不禄

不終其禄也。《御覽》卷五百四十八引《説題辭》：“士曰不禄，失其忠也，不禄之言削名章也。”《白虎通·崩薨》：“士曰不禄，不終君之禄。禄之言消也，身消名彰。”《禮記·曲禮下》“士曰不禄”注：“不禄，不終其禄。”《釋名·釋喪制》：“士曰不禄，不復食禄也。”《公羊傳》隱公三年“士曰不禄”注：“不禄，無禄也。”《通典》卷八十三引高堂隆云：“云‘士不禄’者，言士業未卒，不終其禄也。”

死

澌也。《素問·熱論注》：“死猶澌也，言精氣皆澌也。”“澌、㴝”古今字

---

① “絶”蓋“終”之誤。

通。《白虎通·崩薨》：“死之爲言澌，精氣窮也。”《御覽》卷五百四十八引《說題辭》：“庶人曰死，魂魄去心，死之爲言精爽窮也。”此亦澌盡義。《說文》死部：“死，澌也，人所離也。”《禮記·曲禮下》“庶人曰死”注：“死之言澌也，精神澌盡也。”又《檀弓上》“小人曰死”注：“死之言澌也，……消盡爲澌。”《釋名·釋喪制》：“人始氣絕曰死，死，澌也，就消澌也。”《風俗通·怪神》：“死者，澌也。”

喪

亡也。《白虎通·崩薨》：“喪者，何謂也？ 喪者，亡也。人死謂之喪何？言其喪亡，不可復得見也。”《儀禮·喪服》疏引鄭玄《目録》：“不忍言死而言喪，喪者，棄亡之辭，若全存居於彼焉，已亡之耳。”《說文》哭部：“喪，亡也。”按：“喪、亡”右文、假借，《易·坤卦》“東北喪朋”、《井卦》“无喪无得”、《既濟卦》“婦喪其茀”，馬王堆漢墓帛書《周易》“喪”并作“亡”。

謚

列也。《通典》卷一百四引《五經通義》：“謚之言列，陳列所行，善有善謚，惡有惡謚，亦以爲勸戒也。”《白虎通·謚》：“謚之爲言列也，引列行之迹也。”（據劉師培説改）

迹也。《通典》卷一百四引《大戴禮記》：“謚者，行之迹也。”《逸周書·謚法解》：“謚者，行之迹也。”《類聚》卷四十引《說題辭》曰：“謚者，行之迹，所以追勸成德，使尚務節。”《說文》言部：“謚，行之迹也。”《論衡·福虚》：“謚者，行之迹也，迹生時行以爲死謚。”又《須頌》：“謚者，行之跡也。”《禮記·檀弓下》“請謚於君”注：“謚者，行之迹。”又《樂記》“聞其謚知其行也”注：“謚者，行之迹也。”又《表記》“謚以尊名”注：“謚者，行之迹也。”

慎也。《書鈔》卷九十四引《大戴禮記·謚禮》：“謚，慎也，以人行之始終，悉慎録之，以爲名也。”

曳也。《釋名·釋典藝》：“謚，曳也，物在後爲曳，言名之於人亦然也。”

銘

名也。《周禮·春官·小祝》“設熬置銘”注引鄭司農云：“銘，書死者名于旌。”按：“銘、名”右文、假借，詳《釋書契》之“銘”。此與《釋書契》之“銘”異。

誄

累也。《周禮·春官·大祝》“作六辭，以通上下親疏遠近，一曰祠，二曰命，三曰誥，四曰會，五曰禱，六曰誄”注引鄭司農云：“誄謂積累生時德行以錫之命。”《禮記·曾子問》“賤不誄貴，幼不誄長”注：“誄，累也，累列生時行迹，誄之以作謚。”《釋名·釋典藝》：“誄，累也，累列其事而稱之也。”按：“誄、讄、讅”異文，與“累”右文，《論語·述而》：“誄曰：‘禱爾于上下神祇。’”釋文：“或云作讄。”《説文》言部引“誄”作“讄”。

贈

稱也。《御覽》卷五百五十引《説題辭》：“玩好曰贈，決其意也……贈，稱也。”《白虎通·崩薨》：“贈之爲言稱也，玩好曰贈。”按：此贈爲送喪之儀，異於《釋言語》之“贈”。

襚

遺也。《御覽》卷五百五十引《説題辭》：“衣被曰襚，養死具也……襚，遺也。”《白虎通·崩薨》：“襚之爲言遺也，衣被曰襚。”《儀禮·士喪禮》“君使人襚”注：“襚之言遺也，衣被曰襚。”《公羊傳》隱公元年“衣被曰襚”注：“襚猶遺也。”

賻

補也，助也。《儀禮·既夕禮》“若賻”注：“賻之言補也，助也，貨財曰賻。”《周禮·秋官·小行人》“喪則令賻補之”注引鄭司農云：“賻補之，謂賻喪家，補助其不足也。”《御覽》卷五百五十引《説題辭》：“賻之爲言助也……貨財曰賻。”《白虎通·崩薨》：“賻者，助也。”《禮記·檀弓上》“使子貢説驂而賻之”注：“賻，助喪用也。”《公羊傳》隱公元年“車馬曰賵，貨財曰賵”注：“賵猶覆也，賻猶助也，皆助生送死之禮。”按：“賻、補”右文。

賵

覆也。《御覽》卷五百五十引《説題辭》：“賵之爲言覆也，輿馬曰賵。”
《白虎通·崩薨》：“賵者，覆也。”《春秋》隱公元年“天王使宰咺來歸惠公仲
子之賵”，《左傳》疏引服虔云：“賵，覆也，天王所以覆被臣子。”《公羊傳》隱
公元年“車馬曰賵，貨財曰賻”注：“賵猶覆也，賻猶助也，皆助生送死之禮。”

祖載

祖，祖祭也，將葬，以車載柩，行祖祭禮。《周禮·春官·喪祝》“及祖，飾
棺，乃載，遂御”注引鄭司農云：“祖謂將葬，祖於庭，象生時出則祖也，故曰
事死如事生，禮也。”《白虎通·崩薨》：“乘軸車辭祖禰，故名爲祖載也。”

祖，始也，柩車始載於庭也。《白虎通·崩薨》：“祖者，始也，始載於庭也。
乘軸車辭祖禰，故名爲祖載也。”《周禮·春官·喪祝》“及祖，飾棺，乃載，遂
御”注：“或謂‘及祖’，至祖廟也。玄謂祖爲行始，飾棺，設柳池紐之屬，其序
載而後飾，既飾當還車鄉外，喪祝御之。”是鄭玄用“始載”之説。

棺

完也。《白虎通·崩薨》：“棺之爲言完，所以載尸令完全也。”

關也。《説文》木部：“棺，關也，所以掩尸。”《釋名·釋喪制》：“棺，關
也，關閉也。”

小要

要，約也。《禮記·玉藻》“衽當旁”注：“凡衽者，或殺而下，或殺而上，
是以‘小要’取名焉。”此即要約狀。《釋名·釋喪制》：“棺……旁際曰小要，
其要約小也。”按：小要之狀，兩頭廣，中央狹，《禮記·檀弓上》“衽每束一”
注：“衽，今小要。”疏：“衽，小要也。其形兩頭廣，中央小也。既不用釘棺，
但先鑿棺邊及兩頭合際處作坎形，則以小要連之，令固棺，并相對，每束之
處，以一行之衽連之，若豎束之處，則豎著其衽，以連棺蓋及底之木，使與棺
頭尾之材相固。”又，“要、約”假借，《國語·齊語》“以約誓于上下庶神”，《管

子·小匡》“約”作“要”；《戰國策·趙策二》“欲以論德而要功”，《史記·趙世家》“要”作“約”；《史記·高祖本紀》“諸侯至而定約束”，《漢書·高帝紀》作“要束”。“袥、任”右文。

槨（椁）

廓也。《白虎通·崩薨》：“椁之爲言廓，所以開廓辟土，無令迫棺也。”《説文》木部：“椁，葬有木墓也。”“墓”即“郭”字，通“廓”。《釋名·釋喪制》：“槨，廓也，廓落在表之言也。”按：“槨、廓”右文、假借，《隸釋》卷三《楚相孫叔敖碑》“將無棺郭”、銀雀山漢墓竹簡《尉繚子·王法》“親死不得爲郭”、嶽麓書院藏秦簡《占夢書》“夢死者復起，更爲官（棺）郭”，“郭”并“槨”之借；“郭、廓”古今字，典籍多通用。

聖周

聖木相周也。《白虎通·崩薨》：“聖周，謂聖木相周，無膠漆之用也。”按：“聖”爲“垩”之古文，《説文》：“垩，以土增大道上。”引申爲增益義，即《鹽鐵論·散不足》所謂“古者瓦棺容尸，木板聖周，足以收形骸，藏髮齒而已”。

聖土以周於瓦棺也。《禮記·檀弓上》：“有虞氏瓦棺，夏后氏聖周，殷人棺槨，周人牆置翣。”注：“火熟曰聖，燒土冶以周於棺也。或謂之土周。”依鄭意，於瓦棺外燒土以圍之，謂之聖周。

尸

陳也。《禮記·郊特牲》：“尸，陳也。”《白虎通·崩薨》：“尸之爲言陳也，失氣亡神，形體獨陳。”《禮記·曲禮下》“在床曰尸”注：“尸，陳也，言形體在。”

舒也。《釋名·釋喪制》：“尸，舒也，骨節解舒，不復能自勝斂也。”

率帶

率，緃也。《禮記·雜記上》“率帶，諸侯大夫皆五采，士二采”注：“此謂襲尸之大帶，率，緃也，緃之不加箴功。”按：緃，索屬。又，“率、緃”右文、假借，《左傳》桓公二年“藻率鞞鞛”，《文選·張衡〈東京賦〉》“藻緃鞶厲”李善注引“率”作“繂”。

柩

究也，久也，指尸。《白虎通·崩薨》：“柩之爲言究也，久也，久不復變也。”

究也，指送終隨身之制。《禮記·曲禮下》“在棺曰柩”注：“柩之言究也。”《釋名·釋喪制》：“尸已在棺曰柩，柩，究也，送終隨身之制皆究備也。”

柳

聚也。《周禮·天官·縫人》“衣翣柳之材”注：“柳之言聚，諸飾之所聚。”《釋名·釋喪制》：“輿棺之車……其蓋曰柳，柳，聚也，衆飾所聚，亦其形僂也。”

翣

扇也。《儀禮·既夕禮》“杖笠翣”注：“翣，扇。”《釋名·釋喪制》：“翣，齊人謂扇爲翣，此似之也，象翣扇爲清涼也。翣有黼有畫，各以其飾名之也。”按：《説文》羽部：“翣，棺羽飾也。”

夷衾

尸也。《儀禮·士喪禮》“幠用夷衾”注：“侇之言尸也，夷衾，覆尸柩之衾也。……今文侇作夷。”

見

加此則棺柩不復見也。《儀禮·既夕禮》“藏器於旁，加見”注：“見，棺飾也。更謂之見者，加此則棺柩不復見矣。”

輤

櫬也。《禮記·雜記上》“其輤有裧”注：“輤，載柩將殯之車飾也，輤取名於櫬與？ 舊讀如蒨旆之蒨。”

葬

藏也。《禮記·檀弓上》：“葬也者，藏也；藏也者，欲人之弗得見也。”《吕氏春秋·節喪》：“葬也者，藏也。”《御覽》卷五百五十三引《説題辭》：

"葬,尸下藏也。人生於陰,含陽充,死入地,歸所與也。"《白虎通·崩薨》:
"葬之爲言下藏之也。"《説文》茻部:"葬,藏也。"《釋名·釋喪制》:"葬,藏
也。"按:"葬、藏"假借,《易·繫辭下》"葬之中野",《後漢書·趙咨傳》引
"葬"作"藏";《淮南子·詮言》"葬其骸於廣野之中",《文子·符言》"葬"作
"藏";北京大學藏西漢竹書《揕輿》"辰爲亡人所葬","葬"爲"藏"之借。

肆

陳也。《禮記·檀弓下》"肆諸市朝"注:"肆,陳尸也。"《論語·憲問》
"肆諸市朝"集解引鄭玄曰:"有罪既刑,陳其尸曰肆也。"

戕

槍也。《説文》戈部:"戕,槍也。"段玉裁注:"槍者,距也,距謂相抵
爲害。"

傷也。《易·豐卦》"闚其户,閴其无人,自藏也","藏"釋文引鄭本作
"戕",鄭云:"傷也。"《國語·晉語一》"可以小戕而不能喪國"注:"害在内
爲戕,戕猶傷也。"

物故

無故也。《通典》卷八十三引高堂隆曰:"聞之先師,物,無也;故,事也。
言無復能於事者也。"按:"物"訓"無",蓋以"物"通"勿",《漢書·蘇建傳》
"前以降及物故,凡隨武還者九人"注:"物故謂死也,言其同於鬼物而故也。
一説不欲斥言,但云其所服用之物皆已故耳。而説者妄欲改'物'爲'勿',
非也。"顏説之"改'物'爲'勿'"即高堂隆之"物,無也"者。

諸物朽故也。《釋名·釋喪制》:"漢以來,謂死爲物故,言其諸物皆就朽
故也。"按:此以"物"通"歾",《漢書·匈奴傳》"漢士物故者亦萬數"宋祁
注:"物當從南本作歾,音没。"（宋慶元元年刻本）王念孫云:"子京説近之,物與
歾同,《説文》:'歾,終也。或作歿。'歾、物聲近而字通……歾故猶言死亡,
《楚元王傳》云:'物故流離以十萬數。'《夏侯勝傳》云:'百姓流離物故者過
半。'物故與流離對文,皆兩字平列,諸家皆不知物爲歾之借字,故求之愈深

而失之愈遠也。"（《讀書雜志·漢書第十》）

殉

璇也。《詩·秦風·黄鳥·序》"黄鳥，哀三良也，國人刺穆公以人從死而作是詩也"，疏引文公六年《左傳》"秦伯任好卒，以子車氏之三子奄息、仲行、鍼虎爲殉"服虔注："殺人以葬，琔環其左右曰殉。"按：《十三經正字》以"璇"蓋"旋"字誤。

殯

賓也。《禮記·檀弓上》："周人殯於西階之上，則猶賓之也。"《説文》歺部云："殯，死在棺，將遷葬柩，賓遇之。"《釋名·釋喪制》："於西壁下塗之曰殯，殯，賓也，賓客遇之，言稍遠也。"按："殯、賓"右文、假借，《禮記·曾子問》"而後辭於殯"注："殯當爲賓，聲之誤也。"《通典》卷八十六、九十七兩引作"賓"。《禮記·雜記上》"其輴有裧"注"輴，載柩將殯之車飾也"釋文："殯本或作賓。"《金石萃編》卷十八《蕩陰令張遷表》"荒遠既殯，各貢所有"，"殯"爲"賓"之借。

考

成也。《禮記·曲禮下》"父曰皇考，母曰皇妣"注："考，成也，言其德行之成也。"《釋名·釋喪制》："父死曰考，考，成也。"按："考"訓"成"爲"攷"之借，《周禮·天官·大宰》"立其貳，設其攷"注："考，成也，佐成事者。"

槁也。《釋名·釋喪制》："父死曰考，考，成也，亦言槁也，槁於義爲成，凡五材膠漆陶冶皮革，乾槁乃成也。"按："考、槁"假借，《文選·潘岳〈河陽縣作〉》"頴如槁石火"李善注："毛詩曰：'子有鐘鼓，弗擊弗考。'……槁與考古字通。"

妣

媲也，比也。《禮記·曲禮下》"父曰皇考，母曰皇妣"注："妣之言媲也，媲於考也。"《釋名·釋喪制》："母死曰妣，妣，比也，比之於父亦然也。"按："妣、媲"右文。"妣、比"右文、假借，《易·小過卦》"遇其妣"，馬王堆漢墓帛書本"妣"作"比";清華大學藏戰國竹簡《楚居》"凥(處)于方山,女曰比隹","比"爲"妣"之借。

縗(衰)

摧也。《三禮圖集注》卷十五引賈云:"衰之言摧也,衰當心者,明孝子有哀摧之志也。"《釋名·釋喪制》:"縗,摧也,言傷摧也。"

錫縗

錫,易也。《周禮·春官·司服》"王爲三公六卿錫縗"注引鄭司農云:"錫,麻之滑易者。"《儀禮·喪服傳》"其布曰錫"注:"謂之錫者,治其布使之滑易也。不錫者不治其縷,哀在内也;緦者不治其布,哀在外。"《釋名·釋喪制》:"錫縗,錫,易也,治其麻,使滑易也。"按:"易、錫"右文、假借,《史記·鄭世家》"哀公易",《皇王大紀》"易"作"錫";清華大學藏戰國竹簡《封許之命》"易女(汝)倉(蒼)珪、巨(秬)鬯一卣","易"爲"錫"之借。

疑衰

疑,擬也。《周禮·春官·司服》:"凡喪:王爲三公六卿錫衰;爲諸侯緦衰;爲大夫、士疑衰。"注:"疑之言擬也,擬于吉。"鄭玄云:"玄謂'疑之言擬也,擬于吉'者,以其吉服十五升,今疑衰十四升,少一升而已,故云'擬于吉'者也。"按:"疑、擬"右文、假借,《莊子·天地》"博學以擬聖",《淮南子·俶真》"擬"作"疑";《史記·平準書》"擬於南夷",《漢書·食貨志》"擬"作"疑";馬王堆漢墓帛書《稱》"疑則相傷,雜則相方(妨)","疑"爲"擬"之借。

絰

實也。《禮記·檀弓上》:"絰也者,實也。"《儀禮·喪服》"苴絰杖絞帶"注:"麻在首在要皆曰絰,絰之言實也,明孝子有忠實之心。"又《士喪禮》"苴絰大鬲"注:"絰之言實也。"《釋名·釋喪制》:"絰,實也,傷摧之實也。"按:"絰、實"假借,郭店楚墓竹簡《六德》"紽(疏)衰齊戉(牡)枻(麻)實",裘錫圭以"實"爲"絰"之借(荊門市博物館編《郭店楚墓竹簡》注十六)。

弁絰

弁，如爵弁也。《周禮·春官·司服》"凡弔事，弁絰服"注："弁絰者，如爵弁而素，加環絰。"《釋名·釋喪制》："弁絰，如爵弁而素，加絰也。"

緦

絲也。《儀禮·喪服傳》"緦者，十五升抽其半"注："謂之緦者，治其縷細如絲也。"《釋名·釋喪制》："三月曰緦麻，緦，絲也，績麻細如絲也。"

廞（淫）裘

廞，陳也。《周禮·天官·司裘》"大喪，廞裘"注："故書廞爲淫，鄭司農云：'淫裘，陳裘也。'"

廞，興也。《周禮·天官·司裘》注："廞，興也，若《詩》之興，謂象飾而作之。"

龍輴

輴車畫轅爲龍也。《禮記·檀弓上》"天子之殯也，菆塗龍輴以椁"注："天子殯以輴車，畫轅爲龍。"

綍

撥也。《禮記·檀弓下》"孺子䪝之喪，哀公欲設撥"注："撥，可撥引輴車，所謂綍。"《釋名·釋喪制》："從前引之曰綍，綍，發也，發車使前也。"按：此"發"爲"撥"之借，《禮記·檀弓下》"皆執綍"注："棺曰綍。"疏："綍是撥舉之義，故在棺。"

唅（含）

含也。《御覽》卷五百四十九引《說題辭》："口實曰唅……天子以珠，諸侯以玉，大夫以璧，士以貝，唅之爲言含也。"《釋名·釋喪制》："含，以珠貝含其口中也。"按："含、唅"古今字，典籍多通用。

明器

神明之器也。《禮記·檀弓上》："竹不成用，瓦不成味，木不成斲，琴瑟張而不平，竽笙備而不和，有鐘磬而無簨虡。其曰明器，神明之也。"《釋名·釋喪制》：“送死之器曰明器，神明之器，異於人也。”

芻靈

芻，芻薪也；靈，神靈也。《禮記·檀弓下》“塗車芻靈，自古有之”注：“芻靈，束茅爲人馬，謂之靈者，神之類。”《釋名·釋喪制》：“芻靈，束草爲人馬，以神靈名之也。”

象人

象，像似也。《周禮·春官·冢人》“鸞車、象人”注引鄭司農云：“象人謂以芻爲人。”

俑

偶也。《禮記·檀弓下》“爲俑者不仁”注：“俑，偶人也，有面目機發，有似於生人。”《孟子·梁惠王上》“始作俑者”注：“俑，偶人也，用之送死。”《論衡·薄葬》：“俑則偶人，象類生人。”按：“俑、偶”假借，俑人之“俑”即“偶”之借。

踊也。《廣韻·腫韻》引《埤蒼》：“俑，木人，送葬設關而能跳踊，故名之。”“俑、踊”右文。

墓

慕也。《周禮·春官·序官》“墓大夫”注：“墓，冢塋之地，孝子所思慕之處。”《釋名·釋喪制》：“墓，慕也，孝子思慕之處也。”按：“墓、慕”右文。

冢

種也。《水經注·渭水》：“秦名天子冢曰山，漢曰陵……《春秋說題辭》曰：‘丘者，墓也。冢者，種也；種，墓也，羅倚于山，分卑尊之名者也。’”按：此蓋有訛文。

像冢也。《周禮·春官·序官》“冢人”注：“冢，封土爲丘壠，象冢而爲之。”

腫也。《釋名·釋喪制》：“冢，腫也，象山頂之高腫起也。”

釋祭祀第二十九

祭

察也，至也（鬼神至），薦也，在也（在其孝道也）。《尚書大傳·洛誥》："祭之爲言察也，察者，至也，至者，人事至也，人事至然後祭。祭者，薦也，薦之爲言在也，在也者，在其道也。"鄭玄注："禮志曰：齋三日乃見其所爲，齋者，祭之日入室，優然必有見乎其位，周旋出户，肅然必有聞乎其容聲，出户而聽，愾然必有聞乎其歎息之聲，是之謂至。禮志曰：君子生則敬養，死則敬饗，思終身不忘，是之謂在其道。"

察也。《春秋繁露·祭義》："祭者，察也，以善逮鬼神之謂也。善乃逮不可聞見者，故謂之察。"按："祭、察"右文、假借，嶽麓書院藏秦簡《爲吏治官及黔首》"安徐審祭之，擇人與交""不祭所使，親人不固"、馬王堆漢墓帛書《十問·天下至道》"乃祭八蝆（動），觀氣所存"，"祭"并"察"之借。

薦也。《穀梁傳》成公十七年："祭者，薦其時也，薦其敬也，薦其美也，非享味也。"

際也。《春秋繁露·祭義》："祭之爲言際也。"按：《爾雅·釋詁》"禋、祀、祠、蒸、嘗、禴，祭也"疏："祭，際也，人神交際。"又，"祭、際"右文、假借，銀雀山漢墓竹簡《君臣問答·三算》"臣主之祭"，"祭"爲"際"之借。

索也。《説苑·權謀》引孔子曰："祭之爲言索也，索也者，盡也，乃孝子所以自盡於親也。"

祀

已也。《説文》示部："祀，祭無已也。"《公羊傳》定公八年"定公順祀"注："言祀者，無已長久之辭。"

鬼

歸也。《尸子》卷下："鬼者，歸也，故古者謂死人爲歸人。"《禮記·祭義》："衆生必死，死必歸土，此之謂鬼。"又《祭法》"人死曰鬼"注："鬼之言歸也。"又《禮運》"列於鬼神"注："鬼者，精魂所歸。"《爾雅·釋訓》："鬼之爲言歸也。"《御覽》卷八百八十三引《韓詩外傳》："人死曰鬼，鬼者，歸也，精氣歸於天，肉歸於土，血歸於水，脈歸於澤，聲歸於雷，動作歸於風，眼歸於日月，骨歸於木，筋歸於山，齒歸於石，膏歸於露，髮歸於革，呼吸之氣歸復於人。"《説文》鬼部："鬼，人所歸爲鬼。"《論衡·論死》："人死精神升天，骸骨歸土，故謂之鬼，鬼者，歸也。"《漢書·楊王孫傳》："精神離形，各歸其真，故謂之鬼，鬼之爲言歸也。"《風俗通·怪神》："鬼者，歸也，精氣消越，骨肉歸于土也。"按："鬼、歸"假借，上海博物館藏戰國楚竹書《亙先》"異生異，鬼生鬼"，李學勤以二"鬼"并"歸"之借（李鋭《〈恒先〉淺釋》引）。

廟

貌也。《尚書大傳·洛誥》："廟者，貌也，以其貌言之也。"《白虎通·闕文》："廟者，貌也，象先祖之尊貌也。"《説文》广部："廟，尊先祖皃也。"《詩·周頌·清廟·序》"清廟"箋："廟之言貌也，死者精神不可得而見，但以生時之居，立宮室象貌爲之耳。"《禮記·祭法》"設廟祧壇墠而祭之"注："廟之言貌也，宗廟者，先祖之尊貌也。"《公羊傳》桓公二年"納於大廟"注："廟之爲言貌也，思想儀貌而事之。"《釋名·釋宮室》："宗，尊也；廟，貌也。先祖形貌所在也。"《孝經·喪親章》"爲之宗廟"疏引舊解云："宗，尊也；廟，貌也。言祭宗廟，見先祖之尊貌也。"

清廟

清，清静也。《詩·周頌·清廟·序》"清廟，祀文王也"疏引賈逵《左傳》注云："肅然清静謂之清廟。"《詩·大雅·靈臺·序》"靈臺，民始附也"疏引蔡邕《月令論》："取其宗廟之清貌則曰清廟。"又引穎子容《春秋釋例》："肅然清静謂之清廟。"

清，清明也。《詩·周頌·清廟·序》"清廟，祀文王也"箋："清廟者，祭有清明之德者之宮也。"按：鄭説與賈説不同，孔穎達云："鄭不然者，以《書傳》説清廟之義云：於穆清廟，周公升歌，文王之功烈德澤，尊在廟中，嘗見文王者，愀然如復見文王。説清廟而言功德，則清是功德之名，非清静之義也。"

祏

石也。《説文》示部："祏，大夫以石爲主。"按"祏、石"右文。

禫

澹也。《儀禮·士虞禮記》"中月而禫"注："禫，祭名也，與大祥間一月，自喪至此凡二十七月，禫之言澹，澹然平安意也。"《釋名·釋喪制》："間月而禫，亦祭名也，孝子之意澹然，哀思益衰也。"

繹

繹繹不絶也。《玉篇》食部引《白虎通》："謂之繹者何？繹者若將地出也。"按：此處有缺文。《公羊傳》宣公八年："繹者何？祭之明日也。"注："殷曰肜，周曰繹，繹者，據今日道昨日，不敢斥尊言之，文意也。"

尋繹也。《尚書·高宗肜日》"高宗肜日"疏引孫炎注："祭之明日，尋繹復祭也。"按：繹爲尋繹昨日之祭義，《詩·周頌·絲衣》"繹賓尸也"孔穎達疏："祭宗廟之明日，又設祭事，以尋繹昨日之祭，謂之爲繹。"

肜

肜肜然不絶也。《公羊傳》宣公八年注："肜者，肜肜不絶，據昨日道今日，斥尊言之，質意也。"疏："正由昨日正祭，是以今日作又祭，相因而不絶肜肜然。"《玉篇》舟部引《白虎通》："昨日祭之，恐禮有不備，故復祭也，肜猶言肜肜若從天下也。"《尚書·高宗肜日》"高宗肜日"疏引孫炎注："肜者，相尋不絶之意。"按：殷曰肜，周曰繹。《公羊傳》宣公八年："繹者何？祭之明日也。"

祊 (𥛱)

傃也。《禮記·郊特牲》："祊之爲言傃也。"注："傃猶索也。"

旁也。《禮記·禮器》"爲祊乎外"注："祊，祭明日之繹祭也，謂之祊者，於廟門之旁，因名焉。"

祊也。《禮記·郊特牲》"索祭祝于祊"注："廟門曰祊，謂之祊者，以於繹祭名也。"

旁皇也。《説文》示部："縼，門内祭先祖所旁皇也。"（段本）按：《禮記·郊特牲》："索祭祝于祊，不知神之所在，於彼乎？於此乎？或諸遠人乎？祭于祊，尚曰求諸遠者與？"此即旁皇義。

虞

娛也，安義。《白虎通·闕文》："虞，安其神也。"《儀禮·既夕禮》"三虞"注："虞，安也，骨肉歸於土，精氣無所不之，孝子爲其彷徨，三祭以安之。"《禮記·喪服小記》"報葬者報虞"注："虞，安神也。"《儀禮·士虞禮》疏引鄭玄《目録》："虞，安也，士既葬父母，迎精而反，日中祭之於殯宮，以安之。"《公羊傳》文公二年"虞主用桑"注："虞猶安神也。"《釋名·釋喪制》："既葬還祭於殯宮曰虞，謂虞樂安神使還此也。"

卒哭

卒，卒止也。《儀禮·既夕禮》"卒哭"注："卒哭，三虞之後祭名。始朝夕之間哀至則哭，至此祭止也，朝夕哭而已。"《釋名·釋喪制》："又祭曰卒哭，卒，止也，止孝子無時之哭，朝夕而已也。"

祫

合也。《御覽》卷五百二十八引《五經通義》："祫者，皆取未遷廟主合食太祖廟中。"《説苑·修文》："祫者，合也。……祫者，大合祭于祖廟也。"《公羊傳》文公二年："大祫者何？合祭也，其合祭奈何？毀廟之主陳于大祖，未毀廟之主皆升，合食于大祖。"《後漢書·張純傳》引《禮説》："祫祭以冬十月，冬者，五穀成孰，物備禮成，故合聚飲食也。"《白虎通·闕文》："祫者，合也，毀廟之主，皆合食於太祖也。"《説文》示部："祫，大合祭先祖親疏遠近也。"《禮記·王制》"祫禘"注："祫，合也，天子諸侯之喪畢，合先君之主於祖廟而祭之謂之祫。"《詩·商頌·玄鳥》傳"玄鳥，祀高宗也"箋："祀當爲祫，祫，合也。……崩而始合祭於契之廟。"《公羊傳》文公二年"五年而再殷祭”注：“祫猶合也。”按：“祫、合”右文、假借，《儀禮·士虞禮》“哀薦祫事”注：“今文曰合事。”《穀梁傳》文公二年“祫祭者，毀廟之主陳于大祖”，《公羊傳》“祫”作“合”。

禘

諦也。《御覽》卷五百二十八引《五經通義》：“禘者，諦也，取已遷廟主合食太祖廟中。”《説苑·修文》：“禘者，諦也。……禘者，諦其德而差優劣也。”《後漢書·張純傳》引《禮説》：“禘之爲言諦，諦定昭穆、尊卑之義也。”《白虎通·闕文》：“禘之爲言諦也，序昭穆，諦父子也。”《説文》示部：“禘，諦祭也。”《舊唐書·禮儀志》引盧植云：“名禘者，諦也，事尊明諦，故曰禘。”《公羊傳》文公二年“五年而再殷祭”注：“禘猶諦也，審諦無所遺失。”按：“禘、諦”右文。

遞也。《禮記·王制》“祫禘”疏引王肅《論》引《左傳》閔公二年“吉禘于莊公”賈逵説：“禘者，遞也，審諦昭穆，遷主遞位，孫居王父之處。”按：從“帝、虒”字多爲異體字，如“啼、謕”“蹄、跧”。

袝

屬也。《儀禮·既夕禮》“明日以其班袝”注：“袝，卒哭之明日祭名，袝，猶屬也，祭昭穆之次而屬之。”

附也。《釋名·釋喪制》：“又祭曰袝，祭於祖廟，以後死孫袝於祖也。”“袝于祖”之“袝”通“附”。按：“袝、附”右文、假借，《禮記·雜記下》“猶是附於王父也”注：“附皆當作袝。”《禮記·曾子問》“殤不袝祭”，釋文本“袝”作“附”，云：“本或作袝。”《禮記·檀弓上》“周公蓋袝”，唐石經“袝”作“附”。

干祫

干，空也。《禮記·大傳》“大夫士有大事，省於其君，干祫及其高祖”注：“干，猶空也，空祫，謂無廟，祫祭之於壇墠。”按：孫希旦集解：“干者，自下而進取乎上之意，祫本諸侯以上之禮，而大夫士用之，故曰干祫。”

神

引也。《説文》示部:"神,天神引出萬物者也。"《禮記·禮運》"列於鬼神"注:"神者,引物而出,謂祖廟、山川、五祀之屬也。"

申也。《風俗通·怪神》引傳曰:"神者,申也。"《論衡·論死》:"神者,伸也[①]。申復無已,終而復始。"按:"神、申"右文、假借,《老子》六十章"非其神不傷人也",馬王堆漢墓帛書甲本"神"作"申"。

祇

提也。《説文》示部:"祇,地祇提出萬物者也。"

享(亯)

獻也。《文選·揚雄〈羽獵賦〉》"移珍來享"李善注引犍爲舍人《爾雅》注:"獻食物曰享。"《詩·小雅·天保》"是用孝享"、《周頌·我將》"我將我享"、《載見》"以孝以享"傳并云:"享,獻也。"《説文》亯部:"亯,獻也。"《詩·小雅·楚茨》"以享以祀"、《商頌·烈祖》"以假以享"、《商頌·殷武》"莫敢不來享"箋并云:"享,獻也。"《周禮·春官·大祝》"以享右祭祀"注:"享,獻也。"《考工記·玉人》"諸侯以享天子"注:"享,獻也。"《儀禮·聘禮》"受享束帛加璧"注:"享,獻也。"《禮記·曲禮下》"五官致貢曰享"注:"享,獻也。"《國語·周語上》"賓服者享""諸侯不享""精意以享"、《楚語下》"以賓享於諸侯者也"、《吳語》"明紹享余一人",注并云:"享,獻也。"

追享

追,追祭也。《周禮·春官·司尊彝》"追享朝享"注:"追享,謂追祭遷廟之主,以事有所請禱。"按:注引鄭司農云:"追享、朝享謂禘祫也。"

朝享

朝,朝廟也。《周禮·春官·司尊彝》"追享朝享"注:"朝享,謂朝受政於廟。《春秋傳》曰:'閏月不告朔,猶朝于廟。'"疏:"'朝享,謂朝受政於廟'

---

① 以下文例之,"伸"當作"申"。

者,謂天子告朔於明堂,因即朝享。"

酳尸

酳,衍也,羨也。《儀禮·特牲饋食禮》"酌酳尸"注:"酳猶衍也,是獻尸也。謂之酳者,尸既卒食,又欲頤衍養樂之。"《儀禮·少牢饋食禮》"北面酌酒,乃酳尸"注:"酳猶羨也,既食之而又飲之,所以樂之。"按:此非《釋飲食》之"酳"。

社

土也。《風俗通·祀典》引《孝經説》:"社者,土地之主,土地廣博,不可徧敬,故封土以爲社而祀之,報功也。"《論衡·順鼓》:"社,土也。"《白虎通·社稷》:"不謂之土何? 封土爲社,故變名謂之社,別於衆土也。"《漢書·郊祀志》:"社者,土也。"

齋(齊)

齊也。《禮記·祭統》:"齊之爲言齊也,齊不齊以致齊者也。"《白虎通·闕文》:"齋者,言己之意念專一精明也。"按:"專一精明"亦"齊不齊"之義。"齋、齊"右文、假借,《易·旅卦》"得其資斧"釋文:"資斧,子夏《傳》及衆家并作齊斧,……虞喜《志林》云:‘齊當作齋。’"《詩·召南·采蘋》"有齊季女"釋文:"齊本亦作齋。"《周禮·春官·鍾師》"齊夏"釋文:"齊本作齋。"

絜也。《説文》示部:"齋,戒潔也。"《吕氏春秋·孟秋紀》"天子乃齋"注:"齋,自裡潔。"《國語·楚語下》"爲齊敬也"注:"齊,潔也。"

祡

柴也。《説文》示部:"祡,燒柴尞祭天也。"(段本)按:"祡、柴"右文、假借,《尚書·舜典》"至于岱宗柴",《説文》示部引"柴"作"祡";《禮記·王制》"柴而望祀山川"釋文:"柴依字作祡。"《爾雅·釋天》"祭天曰燔柴"釋文:"柴,《説文》作祡。"

禜

營也。《説文》示部:"禜,設綿蕝爲營,以禳風雨、雪霜、水旱、厲疫於日

月、星辰、山川也。"《禮記·祭法》"雩宗祭水旱也"注："宗皆當爲禜字之誤
也……禜之言營也。"《周禮·春官·鄷人》"禜門用瓢齏"注："禜，謂營酇所
祭。"《史記·鄭世家》"水旱之菑禜之"集解引服虔曰："禜爲營，攢用幣也，
若有水旱則禜祭山川之神，以祈福也。"按："禜、營"右文。

　　縈也。《周禮·春官·大祝》"四曰禜"注："縈如日食以朱絲縈社。"按：
"禜、縈"右文。

禷（類）

　　類也。《禮記·王制》"類乎上帝"疏引《五經異義》載夏侯、歐陽説："以
類祭天者，以事類祭之。"《説文》示部："禷，以事類祭天神。"《漢書·敍傳
下》"類禡厥宗"注引應劭曰："禮，將征伐，告天而祭謂之類，告以事類也。"
按："禷、類"右文、假借，《詩·大雅·皇矣》"是類是禡"釋文："本或依《説文》
作禷。"《禮記·王制》"類乎上帝"釋文作"禷"，云："禷音類。"《爾雅·釋
天》"是禷是禡"釋文："禷，經典作類。"

禡

　　馬也。《漢書·敍傳下》"類禡厥宗"注引應劭曰："禮……至所征伐之
地表而祭之，謂之禡，禡者，馬也，馬者，兵之首，故祭其先神也。"按："禡、
馬"右文。

貉

　　百也。《周禮·春官·甸祝》"掌四時之田，表貉之祝號"注："杜子春讀
貉爲'百爾所思'之'百'。……田者，習兵之禮，故亦禡祭，禱氣勢之十百
而多獲。"[1]又《肆師》"凡四時之大甸獵，祭表貉，則爲位"注："貉，師祭也。
貉讀爲十百之百，於所立表之處，爲師祭，造軍法者，禱氣勢之增倍也。"按：
"貉、百"假借，如上引杜子春之説。又"貉、貃"異體，"貃、百"右文。

------

① 《詩·周頌·桓》疏引此作杜子春云："貉，兵祭也。田以講武治兵，故有兵祭，習兵之禮，故貉祭，禱氣
　　勢之十百而多獲。"

詛

詛也。《周禮·春官·序官》"詛祝"注："詛，謂祝之使沮敗。"按："詛、沮"右文。

阻也。《釋名·釋言語》："詛，阻也，使人行事阻限於言也。"按："詛、阻"右文、假借，《國語·晉語一》"狂夫阻之衣也"注："阻，古詛字。"

肆

肆解也。《周禮·春官·典瑞》"以肆先王"注："肆解牲體以祭，因以爲名。"

命祭

祭有所主命也。《周禮·春官·大祝》"辨九祭：一曰命祭"注引杜子春："命祭，祭有所主命也。"鄭玄注："命祭者，《玉藻》曰'君若賜之食，而君客之，則命之祭，然後祭'是也。"

衍祭

衍，羨也。《周禮·春官·大祝》"二曰衍祭"注引鄭司農云："衍祭，羨之道中，如今祭殤無所主命。"按："衍、羨"假借，《詩·大雅·板》"及爾游衍"，釋文本"衍"作"羨"，云："本或作衍。"《史記·河渠書》"河菑衍溢"，《漢書·溝洫志》"衍"作"羨"；《漢書·董仲舒傳》"富者奢侈羨溢"注："羨……讀與衍同。"

衍，延也。《周禮·春官·大祝》"二曰衍祭"注："衍字當爲延……聲之誤也。延祭者，《曲禮》曰'客若降等，執食興，辭。主人興，辭於客，然後客坐，主人延客祭'是也。"按："衍、延"假借，《周禮·春官·男巫》"掌望祀望衍"注："衍讀爲延，聲之誤也。"《文選·張衡〈西京賦〉》"巨獸百尋，是爲曼延"李善注引《漢書》曰："武帝作漫衍之戲也。"《史記·匈奴列傳》"呼衍氏"正義引顏師古云："呼衍即今鮮卑姓呼延者也。"

炮祭

炮，燔炮也。《周禮·春官·大祝》"三曰炮祭"注引鄭司農云："炮祭，燔柴也。《爾雅》曰：'祭天曰燔柴。'"

炮，包也。《周禮·春官·大祝》注："炮字當爲包……包猶兼也，兼祭者，《有司》曰'宰夫贊者取白黑以授尸，尸受，兼祭于豆祭'是也。"按："炮、包"右文、假借，《易·繫辭下》"古者包犧氏之王天下也"、《易·繫辭下》"包犧氏没"，《漢書·律曆志》并引"包"作"炮"。

周祭

周，周圍也。《周禮·春官·大祝》"四曰周祭"注引鄭司農云："周祭，四面爲坐也。"

周，周遍也。《周禮·春官·大祝》注："周猶徧也，徧祭者，《曲禮》曰'殽之序，徧祭之'是也。"

振祭

振，慎也。《周禮·春官·大祝》"五曰振祭"注引杜子春云："振祭，振讀爲慎。"

振，整振也。《周禮·春官·大祝》注引禮家讀"振"爲振旅之"振"。按：此"振"爲整頓義，《詩·小雅·采芑》："振旅闐闐。"傳："入曰振旅，復長幼也。"疏引《爾雅·釋天》"出爲治兵，尚威武也；入爲振旅，反尊卑也"孫炎注："出則幼賤在前，貴勇力也；入則尊老在前，復常法也。"

振，振動也。《周禮·春官·大祝》注引鄭司農云："至祭之末，禮殺之後，但擩肝鹽中，振之，擬之若祭狀，弗祭，謂之振祭。"鄭玄云："振祭、擩祭本同，不食者擩則祭之，將食者既擩必振乃祭也。"

擩祭

擩，擩塞也。《周禮·春官·大祝》"六曰擩祭"注引鄭司農云："擩祭，以肝肺菹擩鹽醢中以祭也。……《特牲饋食禮》曰：'取菹，擩於醢，祭于豆間。'"鄭玄云："振祭、擩祭本同，不食者擩則祭之，將食者既擩必振乃祭也。"

絕祭

絕，斷絕也。《周禮·春官·大祝》"七曰絕祭"注引鄭司農云："絕祭，不循其本,直絶肺以祭也,重肺賤肝,故初祭絶肺以祭,謂之絶祭。……《鄉飲酒禮》曰:'右取肺,左卻手執本,坐,弗繚,右絶末以祭。'"鄭玄云:"絶祭、繚祭亦本同,禮多者繚之,禮略者絶則祭之。"

繚祭

繚,繚戾也。《周禮·春官·大祝》"八曰繚祭"注引鄭司農云:"繚祭,以手從持肺本循之至於末,乃絶以祭也。"鄭玄云:"絶祭、繚祭亦本同,禮多者繚之,禮略者絶則祭之。"孫詒讓正義:"此謂以左手從持肺本,以右手從本之離處摩循之,以至於末,使肺繚戾,而復絶之以祭也。"

共祭

共,供也。《周禮·春官·大祝》"九曰共祭"注:"共猶授也,王祭食,宰夫授祭,《孝經説》曰:'共綏執授。'"按:鄭讀"共"爲"供","共、供"古今字。

挼(墮、隋)祭

挼,墮也。《儀禮·特牲饋食禮》"祝命挼祭,尸左執觶,右取菹擩于醢,祭于豆間"注:"挼祭,祭神食也。《士虞禮》古文曰'祝命佐食墮祭'、《周禮》曰'既祭則藏其墮',墮與挼讀同耳,今文改挼皆爲綏,古文此皆爲挼祭也。""挼"或作"墮",《儀禮·士虞禮》"尸取奠,左執之,取菹,擩于醢,祭于豆間,祝命佐食墮祭"注:"下祭曰墮,墮之猶言墮下也。《周禮》曰'既祭則藏其墮',謂此也。今文墮爲綏……齊魯之間謂祭爲墮。"或作"隋",《周禮·春官·守祧》"既祭,則藏其隋與其服"注:"隋尸所祭肺脊黍稷之屬,藏之以依神。"然則康成以"墮"爲下藏義。按:"墮、隋"右文。又,《説文》肉部:"隋,裂肉也。"段玉裁云:"引伸之凡餘皆曰裂,裂肉謂尸所祭之餘也。……尸祭刌肺黍稷之屬,已祭,則爲殄餘無用之物,故云裂肉。"是段玉裁以裂肉之"隋"釋"隋祭"。

間祀

間,間隙也。《周禮·春官·司尊彝》"凡四時之間祀"注引鄭司農云:

"在四時之間，故曰間祀。"按：此以間祀之"間"爲間隙義。

時祀

時，四時也。《周禮·地官·牧人》"凡時祀之牲必用牷物"注："時祀，四時所常祀，謂山川以下至四方百物。"按：此以"時祀"之"時"爲四時義。

方祀

方，四方也。《尚書大傳·洪範五行傳》"方祀"鄭玄注："方祀，祀四方也。"

臘

獵也。《禮記·月令》"臘先祖五祀"注："臘謂以田獵所得禽祭也。"《風俗通·祀典》："臘者，獵也，言田獵取禽獸，以祭祀其先祖也。"按："臘、獵"右文、假借，《老子》十二章"馳騁田獵令人心發狂"，馬王堆漢墓帛書甲、乙本"獵"并作"臘"。

接也。《風俗通·祀典》："或曰：臘者，接也，新故交接，故大祭以報功也。"《世說新語·德行》注引晉博士張亮引傳曰："臘，接也，祭則新故交接也。"

蜡

索也。《禮記·郊特牲》："天子大蜡八……蜡也者，索也，歲十二月合聚萬物而索饗之也。"注："謂求索也。"又《禮運》"仲尼與於蜡賓"注："蜡者，索也，歲十二月合聚萬物而索饗之。"又《雜記下》"子貢觀於蜡"注："蜡也者，索也，歲十二月合聚萬物而索饗之祭也。"《獨斷》卷上："蜡之言索也，祭日索此八神而祭之也。"

梗

亢也。《周禮·天官·女祝》"掌以時招、梗、禬、禳之事，以除疾殃"注："鄭大夫讀梗爲亢，謂招善而亢惡去之。"

更也。《周禮·天官·女祝》注引杜子春讀"梗"爲"更"。按："梗、更"右文、假借，詳本篇"桃梗"條。

梗禦也。《周禮·天官·女祝》注："梗禦未至也。"

禛

真也。《説文》示部："禛，以真受福也。"按："禛、真"右文。

祰

告也。《説文》示部："祰，告祭也。"按："祰、告"右文。

禬

會也。《説文》示部："禬，會福祭也。"按："禬、會"右文、假借，《周禮·秋官·大行人》"致禬以補諸侯之裁"，《大戴禮記·朝事》"禬"作"會"；《左傳》成公十八年"荀會"，《國語·晉語七》作"荀禬"，《舊音》云："内傳作會。"

刮也。《周禮·天官·女祝》"掌以時招、梗、禬、禳之事，以除疾殃"注："除災害曰禬，禬，猶刮去也。"

禳

攘也。《周禮·天官·女祝》"掌以時招、梗、禬、禳之事，以除疾殃"注："卻變異曰禳，禳，攘也。"或訓"禳"，義爲"攘"，如《周禮·春官·小祝》"將事侯禳禱祠之祝號"注："禳，禳卻凶咎，寧風旱之屬。"《儀禮·聘禮》"禳乃入"注："禳，祭名也，爲行道累歷不祥，禳之以除災凶。"按："禳、攘"右文、假借，《禮記·月令》"九門磔攘"釋文"攘"作"禳"，云："本又作攘。"《晏子春秋·内篇·諫上》"使禳去之"，《群書治要》引"禳"作"攘"。

侯

候也。《周禮·春官·小祝》"將事侯禳禱祠之祝號"注："侯之言候也，候嘉慶祈福祥之屬。"按："侯、候"右文、假借，見《釋爵秩》"侯"條。

肵

敬也。《禮記·郊特牲》："肵之爲言敬也。"注："爲尸有肵俎。"《儀禮·少牢饋食禮》"載於肵俎"注："肵之爲言敬也，所以敬尸也。"又"主人羞肵俎"注："肵，敬也。"按：錢大昕云："《説文》無肵字，當與祈同，祈敬聲相近也。《少牢禮》'主人羞肵俎'注：'肵，敬也。'《士虞記》'用專膚爲折俎'注:'今文字爲折俎,而説以爲胐俎,亦甚誣矣。'據鄭所言,知當時固有作胐字者,許君不收胐字,疑亦以折俎當胐俎,但意與鄭義不同耳。折從斤亦當有祈音。"(《十駕齋養新録》卷二)

脤(祳)

蜃也。《周禮·春官·大宗伯》"以脤膰之禮"疏引《異義》左氏説:"脤,社祭之肉,盛之以蜃。"《説文》示部:"祳,社肉,盛以蜃,故謂之祳。天子所以親遺同姓。"《漢書·五行志》"成肅公受脤于社,不敬"注引服虔曰:"脤,祭社之肉也,盛以蜃器,故謂之脤。"《國語·晉語五》"受脤於社"注:"脤,宜社之肉,盛以蜃器。"按:"脤、蜃"右文、假借,左氏《春秋》成公十七年"公孫嬰卒于貍脤",穀梁《春秋》"脤"作"蜃";《春秋》定公十四年"天王使石尚來歸脤",《周禮·地官·掌蜃》注引"脤"作"蜃";《周禮·地官·掌蜃》"祭祀共蜃器之蜃",《左傳》昭公十六年疏作"脤"。

盟

明也,昭明也。《周禮·秋官·序官》"司盟"注:"盟以約辭告神,殺牲歃血,明著其信也。"按:"盟、明"右文、假借,《詩·小雅·黃鳥》"不可與明"箋:"明當爲盟。"《左傳》襄公二十九年"以德輔此,則明主也",《史記·吳太伯世家》"明"作"盟";《戰國策·燕策一》"使使盟於周室",馬王堆漢墓帛書《戰國縱橫家書·謂燕王章》"盟"作"明"。

明也,神明也。《釋名·釋言語》:"盟,明也,告其事於神明也。"

禊

絜(潔),也。《風俗通·祀典》:"禊者,潔也。"《南齊書·禮志》:"應劭云:'禊者,絜也。'言自絜濯也。"按:"禊、絜"右文。

上巳

祉也。《風俗通·祀典》:"巳者,祉也,邪疾已去,祈介祉也。"

辛

新也。《南齊書·禮志》引盧植云:"辛之爲言自新絜也。"引鄭玄云:"用辛日者，爲人當齋戒自新絜也。”此乃郊用辛日之辛。按：“辛、新”右文、假借，見《釋天》“辛”。

雩

遠也。《禮記·月令》“大雩帝”疏引服虔云：“雩，遠也，遠爲百穀祈膏雨。”《左傳》桓公五年“龍見而雩”疏：“賈服以雩爲遠。”疏又云：“雩之言遠也，遠爲百穀祈膏雨，遠者，豫爲秋收言，意深遠也。”

籲（吁）也。《禮記·祭法》“雩宗，祭水旱也”注：“雩之言吁嗟也。”疏引《考異郵》：“雩，呼吁嗟哭泣。”又《月令》“大雩帝”注：“雩，吁嗟求雨之祭也。”《周禮·春官·女巫》“凡邦之大裁，歌哭而請”疏引董仲舒曰：“雩，求雨之術，呼嗟之。”又《司巫》“帥巫而舞雩”疏引《考異郵》：“雩者，呼嗟求雨之祭。”此以“籲”訓“雩”，籲，呼也。《公羊傳》桓公五年“大雩者何？旱祭也”注：“使童男女各八人舞而呼雩，故謂之雩。”[①]按：“雩、吁”右文。

祧

超也。《禮記·祭法》“遠廟爲祧”注：“祧之言超也，超上去意也。”

祖

徂也。《風俗通·祀典》：“禮傳：‘共工之子曰脩，好遠游，舟車所至，足迹所達，靡不窮覽，故祀以爲祖神。’祖者，徂也。”按：“祖、徂”右文。

祠

嗣也。慧琳《音義》卷三十六引《白虎通》：“祠，嗣也，百神之廟皆曰祠。”《公羊傳》桓公八年“春曰祠”注：“祠猶食也，猶繼嗣也，春物始生，孝子思親，繼嗣而食之，故曰祠。”按：“祠、嗣”右文、假借，《尚書·文侯之命》“閔予小子嗣”，《魏三體石經》“嗣”作“祠”。

辭也。《說文》示部：“祠，春祭曰祠，品物少，多文辭也。”（段本）按：“祠、辭”假借，《周禮·春官·大祝》“一曰祠”注引鄭司農云：“祠當爲辭。”

---

① “呼雩”即“呼籲”。

　　司也。《春秋繁露·祭義》：“始生故曰祠，善其司也。”按：“祠、司”右文。

　　食也。《公羊傳》桓公八年“春曰祠”注：“祠猶食也，猶繼嗣也，春物始生，孝子思親，繼嗣而食之，故曰祠。”《詩·小雅·天保》“禴祠烝嘗”疏引《爾雅·釋天》“春祭曰祠”孫炎注：“祠之言食。”《漢書·景帝紀》“遣光禄大夫吊襚祠賵”注引應劭曰：“祠，飲食也。”

礿（䤐）

　　薄也。《説文》鬲部：“䤐，内肉及菜湯中薄出之。”段玉裁云：“薄音博，迫也，納肉及菜於瀹湯中而迫出之。”

　　約也。《春秋繁露·祭義》：“夏約，故曰礿。”按：“礿、約”右文。

　　汋也。《公羊傳》桓公八年“夏曰礿”注：“薦尚麥魚，麥始熟可礿，故曰礿。”[1]《詩·小雅·天保》“禴祠烝嘗”疏引《爾雅·釋天》“夏祭曰礿”孫炎注：“礿，新菜可汋。”按：“礿、汋”右文。

嘗

　　品嘗也。《春秋繁露·四祭》：“嘗者，以七月嘗黍稷也。”《白虎通·闕文》：“秋曰嘗者，新穀熟嘗之。”《周禮·春官·肆師》“嘗之日”注：“嘗者，嘗新穀。”《公羊傳》桓公八年“秋曰嘗”注：“薦尚黍肫，嘗者，先辭也，秋穀成者非一，黍先熟，可得薦，故曰嘗。”《詩·小雅·天保》“禴祠烝嘗”疏引《爾雅·釋天》“秋祭曰嘗”孫炎注：“嘗，嘗新穀。”

　　甘也。《春秋繁露·祭義》：“先成故曰嘗，嘗言甘也。”

烝

　　衆也。《春秋繁露·祭義》：“畢熟故曰烝，烝言衆也。”《白虎通·闕文》：“冬曰烝者，烝之爲言衆也，冬之物成者衆。”《公羊傳》桓公八年“冬曰烝”注：“薦尚稻鴈，烝，衆也，氣盛貌，冬萬物畢成，所薦衆多，芬芳備具，故曰烝。”

---

[1]　“可礿”之“礿”通“汋”。

烝進也。《詩·小雅·天保》"禴祠烝嘗"疏引《爾雅·釋天》"冬祭曰蒸"孫炎注："烝，進品物也。"《禮記·王制》"冬曰烝"疏引孫炎云："烝，進也，進品物也。"按：《説文》火部："烝，火气上行也。""衆、進"并其引申義。

祼

灌也。《詩·大雅·文王》"祼將于京"傳："祼，灌鬯也。"《説文》示部："祼，灌祭也。"《周禮·天官·小宰》"祼將之事"注："贊王酌鬱鬯以獻尸謂之祼，祼之言灌也。"又《春官·大宗伯》"以肆獻祼享先王"注："祼之言灌，灌以鬱鬯，謂始獻尸求神時也。"《國語·周語上》"王祼鬯"注："祼，灌也。"按："祼、灌"假借，見《釋書契》"祼圭"條。

禋

煙也。《周禮·春官·大宗伯》"以禋祀祀昊天上帝"注："禋之言煙，周人尚臭，煙，氣之臭聞者。"按："禋、煙"右文、假借，《隸釋》卷一《史晨祠孔廟奏銘》"以共煙祀"，洪适以"煙"爲"禋"；《尚書·舜典》"禋于六宗"，《尚書大傳·堯典》引"禋"作"煙"，《隸釋》卷十九《魏公卿上尊號奏》"禋"作"煙"。"煙、烟"異體。

高禖（郊禖、郊媒）

高，高辛氏也；禖，媒也。《禮記·月令》"大牢祠于高禖"注："高辛氏之出，玄鳥遺卵，娀簡吞之而生契，後王以爲媒官嘉祥，而立其祠焉，變媒言禖，神之也。"按："禖、媒"右文。

高，尊高也；禖，媒也。《詩·大雅·生民》"克禋克祀"傳"以大牢祠於郊禖"疏引蔡邕《月令章句》："高禖，祀名，高猶尊也，禖猶媒也。吉事先見之象，謂之人先。"

高，郊也；禖，禖氏也。《詩·大雅·生民》"克禋克祀"傳："古者必立郊禖焉。"《詩·商頌·玄鳥》"天命玄鳥"傳："祈于郊禖而生契。"《吕氏春秋·仲春紀》"以太牢祀于高禖"注："《周禮》，禖氏以仲春之月合男女，於時也，奔則不禁。因祭其神於郊，謂之郊禖。郊音與高相近，故或言高禖。"

禂

禱也。《周禮·春官·甸祝》"禂牲禂馬"注引杜子春云："禂，禱也，爲馬禱無疾，爲田禱多獲禽牲。"《説文》示部："禂，禱牲馬祭也。"按："禂、禱"假借，《爾雅·釋天》"既伯既禱"釋文："禱，《説文》亦作禂。"《詩·小雅·吉日》"既伯既禱"，《説文》示部引"禱"作"禂"。

侏也。《周禮·春官·甸祝》"禂牲禂馬"注："禂讀如伏誅之誅，今侏大字也，爲牲祭求肥充，爲馬祭求肥健。"

瘞薶

瘞，翳也；薶，埋也。《爾雅·釋天》"祭地曰瘞薶"疏引孫炎云："瘞者，翳也，既祭，翳藏地中。"按：《爾雅·釋天》疏引李巡云："祭地，以玉埋地中曰瘞薶。"疏："瘞繒埋牲，因名祭地曰'瘞埋'。"

桃梗

梗，更也。《風俗通·祀典》："桃梗，梗者，更也，歲終更始受介祉也。"《緯書集成·春秋内事》："周人木德，以桃爲梗，言氣相更也。……桃梗，今之桃符也。"按："梗、更"右文、假借，《周禮·天官·女祝》"掌以時招、梗、禬、禳之事，以除疾殃"注："杜子春讀梗爲更。"睡虎地秦墓竹簡《日書甲種·詰咎》"爲桃更而敀（撍）之""以桃更毄（擊）之"，"更"并"梗"之借。

葦茭

茭，交也。《風俗通·祀典》："用葦者，欲人子孫蕃殖，不失其類，有如萑葦。茭者，交易，陰陽代興也。"按："茭、交"右文。

方相

放想也。《周禮·夏官·序官》"方相氏"注："方相，猶言放想，可畏怖之貌。"疏："鄭云'方相猶言放想'者，漢時有此語，是可畏怖之貌，故云方相也。"按："方、放"右文、假借，《尚書·堯典》"方命圮族"，《漢書·傅喜傳》作"放命圮族"；《國語·楚語下》"不可方物"，《史記·曆書》"方"作"放"；《莊子·天地》"若相放"，釋文"放"作"方"，云："本亦作放。""相、想"右文。

祲

侵也。《周禮·春官·眡祲》“視祲掌十煇之法……一曰祲”注引鄭司農云：“祲，陰陽氣相侵也。”《周禮·春官·序官》“眡祲”注：“祲，陰陽氣相侵漸成祥者。”《釋名·釋天》：“祲，侵也，赤黑之氣相侵也。”按：“祲、侵”右文、假借，左氏、穀梁《春秋》昭公十一年“盟于祲祥”，公羊《春秋》“祲”作“侵”；《穀梁傳》襄公二十四年“五穀不升謂之大侵”，《韓詩外傳》卷八“侵”作“祲”（陳士珂疏證本）；銀雀山漢墓竹簡《占書》“是故翌（聖）人慎觀侵恙（祥）”，“侵”爲“祲”之借。

浸也。《緯書集成·感精符》“天有十煇……也。一曰祲”宋均注：“祲，謂陰陽五色之氣祲淫相浸。”按：“祲、浸”右文。

鑴

佩鑴也。《周禮·春官·眡祲》“眡祲掌十煇之法……三曰鑴”注：“鑴讀如童子佩鑴之鑴，謂日旁氣刺日也。”《緯書集成·感精符》“天有十煇……三曰鑴”宋均注：“鑴，謂日旁刺氣，如童子所佩之鑴也。”

監

臨也。《周禮·春官·眡祲》“眡祲掌十煇之法……四曰監”注引鄭司農云：“監，雲氣臨日也。”《緯書集成·感精符》“天有十煇……四曰監”宋均注：“監，謂雲臨在日上也。”按：“監、臨”假借，《史記·陳涉世家》“陳王出監戰”，《漢書·陳勝傳》“監”作“臨”。

瞢

瞢瞢也。《周禮·春官·眡祲》“眡祲掌十煇之法……六曰瞢”注引鄭司農云：“瞢，日月瞢瞢無光也。”

彌

彌漫也。《周禮·春官·眡祲》“眡祲掌十煇之法……七曰彌”注引鄭司農云：“彌者，白虹彌天也。”《緯書集成·感精符》“天有十煇……七曰彌”宋均注：“彌，謂白虹彌天而貫日也。”

敍

序也。《周禮·春官·眂祲》“眂祲掌十煇之法……八曰敍”注引鄭司農云：“敍者，云有次序也，如山在日上也。”按：“敍、序”假借，《易·乾卦》“與四時合其序”，《論衡·感虛》引“序”作“敍”；《尚書·舜典》“百揆時敍”，《史記·五帝本紀》作“百官時序”；《尚書·禹貢》“三苗丕敍”，《史記·夏本紀》作“三苗大序”。

想

想象也。《周禮·春官·眂祲》“眂祲掌十煇之法……十曰想”注：“想，雜氣有似，可形想。”《緯書集成·感精符》“天有十煇……十曰想”宋均注：“想謂五色有形想也。”

庪（庋）縣

庪而縣（懸）之也。《公羊傳》僖公三十一年“山川有能潤于百里者，天子秩而祭之”疏引《爾雅·釋天》“祭山曰庪縣”李氏注：“祭山以黃玉及璧，以庋置几上，遙遙而眂之，若縣，故曰庪縣。”孫氏注：“庪縣，埋於山足曰庪，埋於山上曰縣。”“庪、庋”異體。

浮沈

或浮或沈也。《公羊傳》僖公三十一年“山川有能潤于百里者，天子秩而祭”注引《爾雅·釋天》“祭川曰浮沈”孫氏注：“置祭於水中，或浮或沈，故曰浮沈。”

磔

辜磔也。《公羊傳》僖公三十一年“山川有能潤于百里者，天子秩而祭之”疏引《爾雅·釋天》“祭風曰磔”疏引李巡注：“祭風以牲，頭蹄及皮破之以祭，故曰磔。”孫氏注：“既祭，披磔其牲，以風散之。”

爟

觀（涫）也，熱義。《周禮·夏官·序官》“司爟”注：“爟讀如‘予若觀火’之觀，今燕俗名湯熱爲觀，則爟火謂熱火與？”段玉裁云：“燕俗名湯熱爲觀，此即湢字,湢,瀋也。今俗語滾水是也。古音觀、湢、爟三字同音,官因湯熱爲湢,知熱火謂之爟。"(《周禮漢讀考》卷四）按:"觀、爟"右文。

權也,舉義。《吕氏春秋·本味》"燀以爟火,釁以犧猳"注:"《周禮》司爟掌行火之政令。火者,所以祓除其不祥,置火於桔皋,燭以照之。……爟讀曰權衡之權。"《漢書·郊祀志》"通權火"注引張晏云:"權火,烽火也,狀若井挈皋矣,其法類稱,故謂之權火。欲令光明遠照,通於祀所也。漢祀五時於雍,五十里一烽火。"如淳曰:"權,舉也。"《説文》火部:"《周禮》曰'司爟掌行火之政令',舉火曰爟。"(段本）段玉裁按:"如云'權,舉也',許云'舉火曰爟',高云'爟讀曰權',然則'爟、權'一也。"按:"觀、權"右文。

面禳

四面禳也。《周禮·春官·雞人》"凡祭祀,面禳釁,共其雞牲"注引鄭司農云:"面禳,四面禳也。"

百祀

百縣之祀也。《禮記·檀弓下》"虞人致百祀之木,可以爲棺椁者斬之"注:"百祀,畿内百縣之祀也。"

升

升起也。《埤雅》卷二十引《釋名》曰:"祭雨曰升……升取其氣之升也。"

布

布散也。《爾雅·釋天》"祭星曰布"疏引李巡云:"祭星者,以祭布露地,故曰布。"孫炎云:"既祭,布散於地,似星布列也。"《埤雅》卷二十引《釋名》:"祭星曰布……布,取其象之布也。"

釁

釁郤也。《孟子·梁惠王上》"釁鍾"注:"新鑄鍾,殺牲以血塗其釁郤,因以祭之曰釁。"《漢書·高帝紀》"而釁鼓"注引應劭曰:"釁,祭也。殺牲以血塗鼓釁呼爲釁。"按:"釁"爲罅隙之稱,或作"衅",俗作"舋"。

參考文獻

〔春秋〕左丘明《國語》,四部叢刊景明金李刊本。

〔漢〕司馬遷《史記》,中華書局,1959年。

〔漢〕劉向集録《戰國策》,上海古籍出版社,1998年。

〔漢〕班固《漢書》,中華書局,1962年。

〔漢〕班固《白虎通》,乾隆四十九年盧文弨校本。

〔漢〕許慎《説文解字》,中華書局,1963年。

〔漢〕桓譚撰,朱謙之校輯《新輯本桓譚新論》,中華書局,2009年。

〔漢〕蔡邕《獨斷》,文淵閣《四庫全書》156册,臺灣商務印書館,1986年。

〔漢〕劉熙《釋名》,中華書局,2016年。

〔魏〕何晏《論語集解》,四部叢刊景日本正平本。

〔晉〕陳壽《三國志》,中華書局,1982年。

〔南朝〕范曄《後漢書》,中華書局,1965年。

〔隋〕杜臺卿《玉燭寶典》,《續修四庫全書》885册,上海古籍出版社,2002年。

〔唐〕徐堅《初學記》,見《唐代四大類書》,清華大學出版社,2003年。

〔唐〕虞世南《北堂書鈔》,見《唐代四大類書》。

〔唐〕歐陽詢《藝文類聚》,見《唐代四大類書》。

〔唐〕白居易《白氏六帖》,見《唐代四大類書》。

〔唐〕李善《文選注》,中華書局,1977年。

〔唐〕慧琳《一切經音義》,《中華大藏經》57—59册,中華書局,2004年。

〔唐〕顏師古《匡謬正俗》,中華書局,1985年。

〔唐〕瞿曇悉達《唐開元占經》,文淵閣《四庫全書》807册。

〔宋〕王應麟《周易鄭注》,商務印書館叢書集成初編本。

〔宋〕王應麟《詩考》,商務印書館叢書集成初編本。

〔宋〕李昉《太平御覽》,中華書局,1960年。

〔宋〕聶崇義《三禮圖集注》,文淵閣《四庫全書》129册。

〔宋〕洪興祖《楚辭補注》,中華書局,1983年。

〔宋〕洪适《隸釋》,乾隆四十三年汪氏樓松書屋刊本。

〔遼〕希麟《續一切經音義》,《中華大藏經》59册。

〔明〕馮應京輯、戴任增釋《〈月令〉廣義》,《四庫存目叢書》史部164—165
　　册,齊魯書社,1996年。

〔清〕黃生撰、黃承吉合按《字詁義府合按》,中華書局,1984年。

〔清〕臧琳《經義雜記》,《續修四庫全書》172册。

〔清〕胡文英《吳下方言考》,《續修四庫全書》195册。

〔清〕戴震《方言疏證》,《續修四庫全書》193册。

〔清〕錢大昕《十駕齋養新錄》,《續修四庫全書》1151册。

〔清〕錢大昕《廿二史考異》,《續修四庫全書》454册。

〔清〕畢沅《釋名疏證》,《續修四庫全書》189册。

〔清〕桂馥《札樸》,中華書局,1992年。

〔清〕段玉裁《說文解字注》,上海古籍出版社,1988年。

〔清〕段玉裁《周禮漢讀考》,《續修四庫全書》80册。

〔清〕王念孫《廣雅疏證》,中華書局,2004年。

〔清〕王念孫《讀書雜志》,江蘇古籍出版社,1985年。

〔清〕孔廣森《大戴禮記補注》,《續修四庫全書》107册。

〔清〕孫星衍《尚書今古文注疏》,《續修四庫全書》46册。

〔清〕郝懿行《爾雅義疏》,中國書店,1982年。

〔清〕郝懿行《山海經箋疏》,中國書店,1991年。

〔清〕阮元校刊《十三經注疏》,中華書局,1980年。

〔清〕王引之《經義述聞》,江蘇古籍出版社,2000年。

〔清〕陳壽祺《五經異義疏證》,上海古籍出版社,2012年。

〔清〕陳壽祺、陳喬樅《三家〈詩〉遺説考》,《續修四庫全書》76册。

〔清〕趙在翰輯《七緯》,中華書局,2012年。

〔清〕張金吾《廣釋名》,《續修四庫全書》190册。

〔清〕張文虎《舒藝室隨筆》,《續修四庫全書》1164册。

〔清〕陳立《白虎通疏證》,光緒十四年《皇清經解續編》本。

〔清〕汪繼培《潛夫論箋》,中華書局,1979年。

〔清〕郭慶藩《莊子集釋》,中華書局,2004年。

〔清〕蘇輿《春秋繁露義證》,《續修四庫全書》150册。

〔清〕皮錫瑞《尚書大傳疏證》,《續修四庫全書》55册。

〔清〕俞樾《諸子平議》,《續修四庫全書》1161—1162册。

〔清〕孫詒讓《古籀拾遺》,《續修四庫全書》904册。

〔清〕孫詒讓《札迻》,《續修四庫全書》1164册。

安居香山、中村璋八輯《緯書集成》,河北人民出版社,1994年。

白於藍《簡帛古書通假字大系》,福建人民出版社,2017年。

岑仲勉《墨子城守各篇簡注》,中華書局,1958年。

陳橋驛《水經注校證》,中華書局,2007年。

陳直《漢書新證》,中華書局,2008年。

陳偉《郭店楚簡别釋》,《江漢考古》,1998年第4期。

敦煌寫本《論語鄭氏注》殘卷（P.2510）,見《鳴沙石室佚書》第三册,1928年。

高亨纂、董志安整理《古字通假會典》,齊魯書社,1989年。

高明《帛書老子校注》,中華書局,1996年。

何寧《淮南子集釋》,中華書局,1998年。

何有祖《讀北大簡〈妄稽〉條記(一)》,簡帛網,2016年6月5日。

黃暉《論衡校釋》,中華書局,1990年。

季旭昇《〈上博九·史蒥問於夫子〉釋讀及相關問題》,《吉林大學社會科學學
　　　報》,2015年第4期。

荆門市博物館編《郭店楚墓竹簡》,文物出版社,1998年。

黎翔鳳《管子校注》,中華書局,2004年。

李鋭《〈恒先〉淺釋》,簡帛研究網,2003年4月23日。

李學勤《論楚帛書中的天象》,《湖南考古輯刊》第一集,嶽麓書社,1982年。

李雲光《三禮鄭氏學發凡》,華東師範大學出版社,2012年。

梁啟雄《荀子簡釋》,中華書局,1983年。

劉敬林《“鰥鰥”注釋商榷》,《紅樓夢學刊》,2017年第5輯。

劉青松《〈白虎通〉義理聲訓研究》,商務印書館,2018年。

劉潤清《西方語言學流派》,外語教學與研究出版社,2013年。

劉信芳《包山楚簡中的幾支楚公族試析》,《江漢論壇》,1995年第1期。

劉文典《淮南鴻烈集解》,中華書局,1989年。

錢玄、錢興奇《三禮辭典》,江蘇古籍出版社,1998年。

裘錫圭《談談上博簡和郭店簡中的錯別字》,《新出楚簡與儒學思想國際學
　　　術研討會論文集》,清華大學,2002年。

史傑鵬《嶽麓書院藏秦簡〈爲吏治官及黔首〉的幾個訓釋問題》,《簡帛》第
　　　十輯,上海古籍出版社,2015年。

蘇建洲《讀〈上博(六)·天子建州〉筆記》,簡帛網,2007年7月22日。

唐文《鄭玄辭典》,語文出版社,2004年。

汪榮寶《法言義疏》,中華書局,1987年。

王利器《新語校注》,中華書局,1986年。

王利器《鹽鐵論校注》,中華書局,1992年。

王利器《風俗通義校注》,中華書局,2010年。

向宗魯《説苑校證》,中華書局,1987年。

徐復《釋名補疏》,見《徐復語言文字學晚稿》,江蘇教育出版社,2007年。

許維遹《韓詩外傳集釋》,中華書局,1980年。

許維遹《吕氏春秋集釋》,中華書局,2009年。

閻振益、鍾夏《新書校注》,中華書局,2000年。

楊樹達《積微居金文説》,中國科學院出版,1952年。

章炳麟《春秋左傳讀》,上海人民出版社,1982年。

張家山漢簡研讀班《張家山漢簡〈二年律令〉校讀記》,《簡帛研究二〇〇二、
　　　二〇〇三》,廣西師範大學出版社,2005年。

張舜徽《鄭學叢著》,齊魯書社,1984年。

張震澤《孫臏兵法校理》,中華書局,1984年。

朱惠民主編《獻縣墓志銘鈎沉》,見《朱惠民集》第七卷,花山文藝出版社,
　　　2016年。

筆畫索引